物流からみた道路交通計画

―物流を、分ける・減らす・換える―

監修／苦瀬　博仁
編著／㈱建設技術研究所物流研究会

国久荘太郎／渡部　幹／江守　昌弘／岩崎　順一／内田　大輔／
大井　孝通／小澤　俊博／井上　恵介／安達　弘展／増山　淳

大成出版社

はじめに

　世界の大都市のほとんどは、川や海などの水辺に面している。なぜなら鉄道や自動車のない時代、人々に食料や生活物資を供給するための大量輸送機関は船しかなかったため、多くの人々が生活する都市も、必然的に水辺に発達したからである。このように、物資供給なくして生活が成り立たないからこそ、都市や地域の発展を考えるときに、物資供給は不可欠なのである。

　平成23年（2011）3月11日におきた東日本大震災において、被災地への物資供給がままならないことがあった。また工場や倉庫が被災したり、部品供給が滞ったために、企業の生産活動が止まったこともあった。さらには震災復興の過程では、戦後の復興と同じように、食料供給、インフラ整備、産業復興が必要である。これらはいずれも円滑な物資流動が不可欠であることから、物流の重要性が再認識されたところである。

　このように平時にあっては人々の生活を支えるために、災害のような有事にあっては生命の維持のために、いずれも物資供給が重要なことは論を待たない。

　生活だけでなく、産業においても物資供給は不可欠である。島国である我が国は、原材料や半製品の輸入と製品の輸出により、産業立国として生き残るしかない。だからこそ、原材料の輸入に始まり、製品の生産と消費地への輸送を結ぶロジスティクスは、国家の命運さえ握っている。

　しかし我が国では、行政においても民間企業においても、物流を軽視する傾向がある。行政では、産業振興を支える物流の部署も多岐にわたるために、平成9年（1997）に始まる総合物流施策大綱以前は、総合的な政策が不十分だった。

　企業においても、物流部門を外注部門と見なし、価値を生む部門とは見ようとしない。このことは、兵站（ロジスティクス）を軽視し、輸送船が攻撃を受けて兵站線が断絶され、「兵糧攻め」によって戦わずして負けていった昭和の日本軍に似ている。

はじめに

　教育研究の面でも、不備がある。欧米では物流やロジスティクスを専門とする学科を持つ大学も多く、学生の人気も高いが、これは行政や企業が物流やロジスティクスの重要性を認識しているからでもある。我が国では、数大学しか物流専門の学科を持っていないが、米国では約180の大学、ドイツでは約45の大学に専門の学科があるとされている。韓国も、国家をあげて大学院での物流教育に取り組んでいる。

　交通計画については我が国で取り組んでいる大学も多いが、残念ながら物流に関する議論は極めて希薄だった。その理由は、戦後の交通計画が人の交通を主体に発展してきたこと、物流が単に交通ではなく経済・経営問題も含む複雑な問題のために後回しにされてきたこと、物流が企業活動の一環として公共部門の計画になじまないとの「誤解」があったこと、などだろう。

　この結果、交通計画や交通経済学は、いまだに人の交通を主な対象としている。

　物流が身近にならないことには、用語の混乱も大きく災いしている。

　「物流」という用語は、「物的流通」と「物資流動」という2つの意味で使用されている。この2つの定義の異なる用語が、たまたま略すと同じ「物流」になることで混乱を招いているが、最近では「貨物車交通」のことを「物流」と誤って呼ぶことさえある。現象をありのまま見ると、道路の上を貨物車が走り（貨物車交通）、貨物車に積まれた物資が流動し（輸送）、在庫管理などとともに物的流通（物流）が構成されている。

　このとき、「バスが満員であれば人の交通量は多く」、「空っぽであれば人の交通量はゼロ」だから、同じように「貨物車が満載なら物の交通量は多く」、「空っぽであれば物の交通量はゼロ」である。つまり、積載量とは無関係に「貨物車交通量が多いから、『物流が多い』」と表現することは誤りなのである。

　そもそも、ＳＣＭ（サプライチェーン・マネジメント）、ロジスティクス、物的流通、物資流動（輸送）、貨物車交通、道路計画の間には、極めて明快な階層構造があるのだが、なかなか理解されていない。ならば、いっそのこと徹底的に、物流の視点で貨物車交通や道路計画を整理することを考えた。

これも都市計画や交通計画に携わってきた者の使命と思うようになったのである。

　すなわち、自動車交通のうちの「貨物車交通」と、貨物車に積まれた「物資流動（輸送）」と、輸送よりも広い概念である「物的流通（輸送・保管・流通加工・包装・荷役・情報）」を的確に区別する。このうえで、「貨物車」と「物資流動（輸送）」に焦点をあてて、道路交通の計画論を明らかにしたいと考えたのである。

　「貨物車交通と物資流動から、道路交通計画を考える」という行為が、物的流通やロジスティクスとかけ離れていることは十分に意識している。つまり同じ距離の引っ越しでも、輸送そのものよりも、積み込みや荷おろし、段ボールからの取り出しと箱詰めが、何倍も大変なのが実態である。だから、都市計画や交通計画の範囲で貨物車交通を主な対象にしている本書は、ロジスティクスのほんの一部分を対象にしているに過ぎない。このため本書では、物流の概念を明らかにするとき以外は、サプライチェーンやロジスティクスという用語を基本的には使用していない。

　よって、サプライチェーンやロジスティクスを専門とする人から見れば、「内航海運や鉄道は不要か」、「貨物車交通だけで意味があるのか」、「生産や在庫を扱わずにロジスティクスは語れない」などの疑問と批判がわき、明らかに期待はずれとなるだろう。

　しかし逆に、「都市計画や交通計画における『物流（物資流動）』の位置づけ」が明らかになれば、都市計画や交通計画の人々が、的確に誤解なく「物流」を考えるときに役立つことだろう。そして都市計画や交通計画での「物流」の概念が明確になれば、その先にあるロジスティクスやサプライチェーンとの違いや取り組み方も、より鮮明になることだろう。

　そんなことを考えていたとき、株式会社建設技術研究所の道路・交通部から、物流研究に取り組みたいとの話があった。道路・交通部であるから、物流から貨物車交通や道路計画を見直すには最適な専門家集団である。そこで、彼らと一緒に、徹底的に貨物車交通と物流（物資流動）を考えてみようと思

はじめに

い立った。

　執筆にあたっては、まず最初に、建設技術研究所のメンバーと議論しながら、本書の構成と分担を決めてから、それぞれが分担する分野を発表して議論を深めていった。当然のことながら、貨物車交通と物流（物資流動）の相互関係については、長い時間を割いた。そして、都市計画や交通計画を専門にしている人たちに読んでもらえる内容にすることを目標とした。このことは、執筆者のほとんどは土木工学科出身の交通計画の専門家であるが故に、「貨物車交通を物流とする『誤解』から抜け出すこと」が大きなハードルであり、その分極めて自らに厳しい仕事でもあった。それだけに、都市計画や交通計画の専門家にとっては、親しみやすく読みやすいのではないかと、密かに自負している。

　出版を快く引き受けていただいた株式会社大成出版社の第2事業部の御子柴部長には、編集者の視点で有益なアドバイスをいただいた。

　本書は、貨物車交通という限られた視点でしかないが、物流にかかわる都市計画や交通計画の発展に少しでも寄与できることを願っている。そして、本書をきっかけに、物流に興味が向き、次にロジスティクスやサプライチェーンにもアプローチしようとする人が少しでも増えれば、望外の幸せである。

　　　　　　　　　　　　　　　平成25年8月25日
　　　　　　　　　　　　　　　　　執筆者を代表して　苦　瀬　博　仁

目　次

はじめに

1．物流の役割と内容 ……………………………………………1
1-1　物流の役割……………………………………………………1
　（1）　歴史からみた物流と道路 ………………………………1
　（2）　貨物輸送システムの変遷 ………………………………5
　（3）　我が国の物流政策の変遷 ………………………………6
1-2　ロジスティクスと物流………………………………………9
　（1）　サプライチェーンとロジスティクス …………………9
　（2）　近年のロジスティクスの特徴…………………………10
　（3）　ロジスティクス・システムとロジスティクス・インフラ……12
　（4）　ロジスティクスと道路…………………………………13
1-3　物流の定義と内容 …………………………………………15
　（1）　商流（商取引流通）と物流（物的流通）……………15
　（2）　物流の2つの解釈（物的流通と物資流動）……………16
1-4　物流機能の定義と内容 ……………………………………17
　（1）　リンクにかかわる物流機能……………………………17
　（2）　ノードにかかわる物流機能……………………………18
　（3）　物流をコントロールする情報機能……………………19
　（4）　道路交通計画と物流機能………………………………20
1-5　商品と物流の高付加価値化 ………………………………21
　（1）　商品の高付加価値化……………………………………21
　（2）　物流の高付加価値化……………………………………21

2．道路交通と物流マネジメント ……………………………23
2-1　道路交通と物流機能 ………………………………………23
　（1）　道路交通計画のノード・リンク・モードと物流機能……23
　（2）　ノードとリンクの連携の重要性………………………24

v

目　次

2-2　人の交通と比較した物流の特徴 …………………………………25
　（1）　移動単位の不定性……………………………………………25
　（2）　品目の多様性…………………………………………………26
　（3）　移動過程での変化……………………………………………26
　（4）　移動方法………………………………………………………26
　（5）　移動目的の多様性……………………………………………27
　（6）　移動サイクルの多様性………………………………………27
　（7）　移動量変動の多様性…………………………………………27
2-3　物流ネットワークと貨物車交通 …………………………………27
　（1）　物流ネットワークの内容……………………………………27
　（2）　都市内物流の体系（広域物流・地区物流・端末物流）…28
　（3）　都市内物流の交通路（リンク）……………………………30
　（4）　都市内物流の結節点施設（ノード）………………………31
2-4　都市の物流マネジメント …………………………………………32
　（1）　物流と都市計画………………………………………………32
　（2）　物流マネジメントの定義……………………………………33
　（3）　物流マネジメントの構成要素………………………………33
2-5　物流マネジメントにおける計画の相互関係 ……………………35
　（1）　物流マネジメントのノード・リンク間の計画
　　　　（ヨコの連携）…………………………………………………35
　（2）　物流マネジメントのノード内とリンク内の計画
　　　　（タテの連携）…………………………………………………35
　（3）　道路交通計画にかかわる対策………………………………36
2-6　都市物流マネジメントの対策例 …………………………………37
　（1）　都市内道路計画と建物内動線計画…………………………37
　（2）　方法1「分ける」（空間と時間の「分散」）………………37
　（3）　方法2「減らす」（台・距離・時間・回の「削減」）……38
　（4）　方法3「換える」（空間・手段・業者の「転換」）………38

3．貨物輸送と貨物車 ……………………………………………………43

目　次

3-1　国内の貨物輸送機関の種類とその特徴 …………………43
　（1）　様々な貨物輸送機関……………………………43
　（2）　貨物車……………………………………………43
　（3）　貨物鉄道…………………………………………46
　（4）　内航海運…………………………………………49
　（5）　国内航空…………………………………………51
3-2　我が国における貨物車輸送の変遷 ………………………53
　（1）　明治時代～昭和10年代…………………………53
　（2）　昭和20年代～昭和40年代………………………57
　（3）　昭和50年代～平成時代…………………………67
3-3　貨物車の分類 ………………………………………………76
　（1）　貨物車の分類方法………………………………76
　（2）　車両制限令による貨物車の分類………………77
　（3）　道路運送車両法による貨物車の分類…………81
　（4）　道路構造令による貨物車の分類………………83
　（5）　運転免許制度による貨物車の分類……………84
3-4　貨物車と貨物車交通の特徴 ………………………………84
　（1）　貨物車と乗用車の違い…………………………84
　（2）　車両の多様性……………………………………85
　（3）　環境負荷の大きさ………………………………86
　（4）　発生サイクルの多様性…………………………87
　（5）　交通量の変動の大きさ…………………………87

4．物流のための道路整備計画 ………………………………89

4-1　道路と貨物車交通 …………………………………………90
　（1）　道路の機能………………………………………90
　（2）　道路の分類………………………………………91
　（3）　道路整備計画と貨物車交通……………………94
4-2　物流のための道路整備の課題 ……………………………96
　（1）　道路整備の5つの課題…………………………96

目　次

　　（2）　都市部における貨物車と乗用車の混在⋯⋯⋯⋯⋯⋯⋯⋯⋯⋯97
　　（3）　高速道路と港湾や空港の未接続⋯⋯⋯⋯⋯⋯⋯⋯⋯⋯⋯⋯99
　　（4）　環境問題の発生 ⋯⋯⋯⋯⋯⋯⋯⋯⋯⋯⋯⋯⋯⋯⋯⋯⋯⋯100
　　（5）　重さ・高さ指定道路の区間の不連続 ⋯⋯⋯⋯⋯⋯⋯⋯⋯⋯102
　　（6）　貨物車の大きさを考慮しない交差点整備計画 ⋯⋯⋯⋯⋯⋯103
　　（7）　貨物車交通の集中を考慮しない道路整備計画 ⋯⋯⋯⋯⋯⋯103
　　（8）　貨物車交通の定時性重視を考慮しない道路整備計画 ⋯⋯⋯104
　4-3　物流のための道路整備計画の考え方⋯⋯⋯⋯⋯⋯⋯⋯⋯⋯⋯⋯105
　　（1）　道路整備計画の3つの考え方 ⋯⋯⋯⋯⋯⋯⋯⋯⋯⋯⋯⋯105
　　（2）　「分ける（分散）」⋯⋯⋯⋯⋯⋯⋯⋯⋯⋯⋯⋯⋯⋯⋯⋯105
　　（3）　「減らす（削減）」⋯⋯⋯⋯⋯⋯⋯⋯⋯⋯⋯⋯⋯⋯⋯⋯105
　　（4）　「換える（転換）」⋯⋯⋯⋯⋯⋯⋯⋯⋯⋯⋯⋯⋯⋯⋯⋯106
　4-4　物流のための道路整備計画⋯⋯⋯⋯⋯⋯⋯⋯⋯⋯⋯⋯⋯⋯⋯⋯106
　　（1）　物流のための道路整備の計画メニュー ⋯⋯⋯⋯⋯⋯⋯⋯106
　　（2）　物流のための道路整備計画の立案 ⋯⋯⋯⋯⋯⋯⋯⋯⋯⋯107
　　＜参考資料＞物流のための道路整備計画の立案の流れ ⋯⋯⋯⋯112

5．物流のための交通管理計画 ⋯⋯⋯⋯⋯⋯⋯⋯⋯⋯⋯⋯⋯⋯⋯⋯119

　5-1　交通管理と貨物車交通⋯⋯⋯⋯⋯⋯⋯⋯⋯⋯⋯⋯⋯⋯⋯⋯⋯120
　　（1）　交通管理 ⋯⋯⋯⋯⋯⋯⋯⋯⋯⋯⋯⋯⋯⋯⋯⋯⋯⋯⋯⋯120
　　（2）　交通管理計画と貨物車交通 ⋯⋯⋯⋯⋯⋯⋯⋯⋯⋯⋯⋯⋯121
　5-2　物流のための交通管理の課題⋯⋯⋯⋯⋯⋯⋯⋯⋯⋯⋯⋯⋯⋯⋯123
　　（1）　交通管理の3つの課題 ⋯⋯⋯⋯⋯⋯⋯⋯⋯⋯⋯⋯⋯⋯123
　　（2）　都市部における貨物車と乗用車の混在 ⋯⋯⋯⋯⋯⋯⋯⋯123
　　（3）　環境への影響発生 ⋯⋯⋯⋯⋯⋯⋯⋯⋯⋯⋯⋯⋯⋯⋯⋯124
　　（4）　貨物車の路上駐車 ⋯⋯⋯⋯⋯⋯⋯⋯⋯⋯⋯⋯⋯⋯⋯⋯124
　5-3　物流のための交通管理計画の考え方⋯⋯⋯⋯⋯⋯⋯⋯⋯⋯⋯⋯125
　　（1）　交通管理計画の3つの考え方 ⋯⋯⋯⋯⋯⋯⋯⋯⋯⋯⋯⋯125
　　（2）　「分ける（分散）」⋯⋯⋯⋯⋯⋯⋯⋯⋯⋯⋯⋯⋯⋯⋯⋯125
　　（3）　「減らす（削減）」⋯⋯⋯⋯⋯⋯⋯⋯⋯⋯⋯⋯⋯⋯⋯⋯125

（4）「換える（転換）」……………………………………………126
　5-4　物流のための交通管理計画 ……………………………………126
　　　（1）　物流のための交通管理の計画メニュー ………………126
　　　（2）　物流のための交通管理計画の立案 ……………………127
　　　＜参考資料＞物流のための交通管理計画の事例 ……………132

6．物流施設の計画 ……………………………………………137
　6-1　物流施設 ……………………………………………………………138
　　　（1）　物流施設の種類と内容 ……………………………………138
　　　（2）　物流施設の立地にかかわる法制度 ……………………143
　6-2　物流施設の課題 ……………………………………………………150
　　　（1）　物流施設の2つの課題 ……………………………………150
　　　（2）　物流施設と住宅の混在 ……………………………………150
　　　（3）　物流施設の大型化と郊外への立地 ……………………152
　6-3　物流施設の計画の考え方 ………………………………………154
　　　（1）　物流施設の計画の3つの考え方 …………………………154
　　　（2）「分ける（分散）」……………………………………………154
　　　（3）「減らす（削減）」……………………………………………155
　　　（4）「換える（転換）」……………………………………………155
　6-4　物流施設の計画 ……………………………………………………155
　　　（1）　物流施設の計画メニュー …………………………………155
　　　（2）　物流施設の計画の立案 ……………………………………156
　　　＜参考資料＞物流施設整備の最新事例 ………………………158

7．荷さばき施設の計画 ………………………………………163
　7-1　荷さばき施設 ………………………………………………………164
　　　（1）　荷さばき施設の種類と内容 ………………………………164
　　　（2）　荷さばき施設にかかわる法制度 …………………………168
　7-2　荷さばき施設の課題 ……………………………………………176
　　　（1）　荷さばき施設の3つの課題 ………………………………176

目　　次

　　（2）　人の移動と物の搬送の混在 …………………………………176
　　（3）　搬入時間の集中 …………………………………………………177
　　（4）　荷さばき施設の寸法の不足 …………………………………178
　7-3　荷さばき施設の計画の考え方……………………………………180
　　（1）　荷さばき施設の計画の3つの考え方 ………………………180
　　（2）　「分ける（分散）」……………………………………………180
　　（3）　「減らす（削減）」……………………………………………181
　　（4）　「換える（転換）」……………………………………………181
　7-4　荷さばき施設の計画………………………………………………182
　　（1）　荷さばき施設の計画メニュー ………………………………182
　　（2）　荷さばき施設の計画の立案 …………………………………182
　　　　＜参考資料＞荷さばき施設計画の立案の流れ …………………191

8．災害に備えたロジスティクス計画と道路計画 ……………201
　8-1　我が国における災害………………………………………………201
　　（1）　災害の種類と内容（自然災害・人為災害）………………201
　　（2）　我が国における自然災害 ……………………………………202
　　（3）　災害による被害 ………………………………………………204
　8-2　東日本大震災の被害………………………………………………206
　　（1）　東日本大震災の発生状況 ……………………………………206
　　（2）　物流を支えるインフラの被災と復旧 ………………………208
　　（3）　物流を支えるライフラインの被災と復旧 …………………213
　　（4）　支援物資の緊急輸送 …………………………………………215
　8-3　災害に備えたロジスティクス計画………………………………217
　　（1）　災害に備えたロジスティクス計画で考えるべき項目 ……217
　　（2）　災害に備えたロジスティクス計画の提案 …………………219
　8-4　災害に備えた道路計画……………………………………………222
　　（1）　災害に備えた道路計画で考えるべき項目 …………………222
　　（2）　災害に備えた道路計画の提案 ………………………………225

用語索引 ……………………………………………………………………233
図表索引 ……………………………………………………………………242

1. 物流の役割と内容

第1章では、物流の役割と内容について述べる。
1-1では物流の役割について述べる。1-2ではロジスティクスと物流、1-3では物流の定義と内容、1-4では物流機能の定義と内容、1-5では商品と物流の高付加価値化について述べる。

1-1 物流の役割

(1) 歴史からみた物流と道路
1) 物流のための交通インフラ

歴史を振り返ってみれば、道路などの交通インフラを整備するとき、物の交通に力点が置かれていた。物流を支える港や道路などの基盤施設が、都市や国家の骨組みを作り、その行く末を左右する大きな役割を果たしてきた。塩野七生は、「ローマ人の物語Ⅹ」で、「ローマ人は、インフラ整備を国家の責務として『公』の役割としていた」「人と物産双方の流通が増大すれば、自給自足の生活が過去のものになり、これはイコール生活向上を意味した」としている。

我が国の物流体系の骨格は、江戸時代の河村瑞賢による東廻りと西廻りの廻船航路開発（寛文11年（1671）、寛文12年（1672））を契機に、できあがったと考えて良い。この廻船航路開発において、ハードな施設整備では、海上輸送路の設定や寄港地の港湾整備があった。ソフトな交通管理には、安全確保のための灯台（灯明台）の設置や、幕府の船舶の優先航行制度があった。盗難防止や火災防止などの安全管理、不正防止のための役人による在庫管理、積み替えを少なくして荷傷みを減少させる品質管理なども考慮されていた。さらに海難防止のための入港税免除や、海難遭遇時の補償の対策も考え

1．物流の役割と内容

られていた。このように、航路開発という名ではあるが、航路整備だけでなく、交通管理制度、さらには商品管理や物流管理を整えることで、安全確実な物流システムを構築し、江戸時代の安定した社会づくりに貢献した（表1-1）。

　明治時代に入り鉄道が発達すると、水運と鉄道の共存時代に入る。明治は富国強兵の時代だからこそ、産業振興と軍事強化のために、鉄道が整備されたのである。産業振興では、明治15年（1882）に着工した高崎線が代表的である。当時の最大の輸出品目である生糸を港まで短時間に運ぶために、生糸の生産地である群馬県と輸出港の横浜を結んだ。また軍事目的では、鉄道によって主要な軍事基地と大都市や軍港を結ぶことで、兵力や軍事装備の短時間の移動を可能にしたのである。

　特に大都市への生活物資供給のためには、水運と鉄道輸送の連携が図られた。明治23年（1890）に神田の野菜河岸に接して秋葉原貨物駅が設置され、

表1-1　江戸期の廻船航路開発での整備内容

①　廻船航路開発におけるロジスティクス・システムの整備
1）商品管理（在庫管理・貨物管理）
数量管理　：米蔵設置による物資の安定供給と盗難防止
品質管理　：積み替え数削減と在庫管理による荷傷みの減少
2）物流管理（作業管理・輸送管理）
優先航行　：幕府の船舶の優先航行と優先荷役
船番所設置：難破船への救援、危険な過積載の監視
嚮導船配置：不慣れな航路での水先案内船による安全航行の確保
②　廻船航路開発における3つのインフラ整備
1）施設インフラ
航路開発　：潮流や波浪を考慮した安全な航路の開発
寄港地整備：寄港地の港湾整備や、物資保管用の蔵の整備
廻船　　　：商船の雇いあげによる船舶供給と初期投資削減
2）技術インフラ
船員雇用　：船員の徴発を廃止し、技術の高い熟練水夫を雇用
灯明台設置：灯明台（灯台）設置で、危険を回避する航行管理技術
3）制度インフラ
入港税免除：寄港を無税にし、悪天候時の避難と安全航行の確保
事故の補償：海難遭遇時の物資の精算方法の確立

明治29年（1896）に隅田川に接した千住貨物駅が設置される。さらには昭和4年（1929）の貨物支線（亀戸―小名木川）の建設や延伸と小名木川貨物駅の整備によって、艀（はしけ）の不要な港湾と倉庫の整備が進んだ。

　明治中期から昭和初期にかけて、北海道や九州などでは軌間600～1,000mm程度の軽便鉄道が建設された。軽便鉄道のなかには、花巻温泉の温泉客輸送や、神奈川県の秦野市で煙草を運ぶ軽便鉄道もあったが、主たる目的は木材や石炭などの物資輸送にあった。

2）　都市の発展と物流

　世界の大都市の多くは、水辺に面している。なぜなら大都市に発展するためには、そこに住む多くの人々に食料や生活用品を供給し、産業振興のために原材料を供給し製品を輸送しなければならない。そして鉄道や自動車がない時代の物資輸送は、水運を利用した船や舟に頼らざるを得ないからこそ、世界の大都市は海や川に面しているのである。

　大都市に限らず、小さな都市も物流に縁が深い街は多い。小京都や小江戸と呼ばれる街では、河川沿いの蔵が古い街並みの美しさを引き立てている。河川は舟運の交通路であり、蔵は物資の保管庫であるから、小京都も小江戸も物流で発展した街なのである。それほどまでに、都市と物流の結びつきは強い。

　近世日本の代表的な大都市だった江戸も、その発展には物流が欠かせなかった。江戸に移封された徳川家康は、天正18年（1590）に江戸城直下まで舟が入れるように堀を設けるとともに、塩を始めとする日常物資の定期的な輸送のために小名木川を開削した。その後元和6年（1620）には、神田川放水路を造り隅田川につなげた。

　「江戸の都市計画は、当時唯一の大量輸送手段としての水運と、その基地を確保するためのものであった。そのため、従来の自然的条件を利用した形の湊（みなと）を、埋立て・運河・舟入堀といった人工を加えることによって、近世的な湊に再編成する作業をともなった」と、江戸について研究している歴史家の鈴木理生は記している。

　このように、都市の発展に物流は不可欠だからこそ、物流のための施設整備がなされてきたのである。

1．物流の役割と内容

3） 物流と道路整備

　長い歴史のなかで、水運や鉄道などの交通インフラの整備の目的は、軍事とともに産業振興にあった。産業振興にとっては、物資の円滑な流通が不可欠であり、円滑な流通の実現のためには交通インフラが必要である。つまり長い歴史の中では、交通は常に物流が中心だった。通勤通学交通や観光交通など、人の交通が注目を浴びるのは、20世紀の後半からである。

　我が国の交通の歴史のなかでは、江戸時代は「人は土の道、物は水の道」とされ、人は道を歩き、物は廻船や舟運で運ばれた。明治時代には「物は、水と鉄の道」となり、廻船や舟運とともに、鉄道輸送が盛んになる。その後、道路交通が発達していくなかで、物資や商品の大半が貨物車で運ばれるようになり、「物も、土の道」へと変わっていったのである。

　一方で、20世紀後半の高度成長期には、大都市への人口集中による大量の通勤通学交通や、急激に進んだモータリゼーションによる道路の混雑や渋滞への対応が求められるようになり、人や乗用車の交通が注目されるようになった。また乗用車交通を基本とする道路交通計画が発展する過程では、物流は企業活動であるから公共が関与すべき部分が少ない、との誤解もあった。こうして、渋滞解消と道路整備を目標に、乗用車交通を基礎にした交通計画・交通工学が発展していった。そのぶんだけ物流のための交通は影が薄くなって、物流が軽視されるという極めて異例の時代を迎えた。

　都市計画においても、高度成長期は大都市の人口集中に対処する住宅政策が主流となって、物流施設のための計画は後回しにされていった。このため交通計画や都市計画の教科書において、乗用車交通の記述や住宅政策の記述に比べ、物流の記述はわずかしかない。

　「日本の道路ネットワークは、東京で言えば丸ノ内とか銀座を中心に環状線を造りというのはいいけど、貨物用にはどうなっているのかというと、ないわけです」と、都市計画中央審議会の会長を務めた井上孝（東京大学都市工学科教授を務めた都市計画の専門家）でさえ、物流のための交通ネットワークの不備を指摘していた。

　現在の大都市では、輸送物資の約半数が食料品や日用品など日常生活用品なので、物流のための交通インフラが不十分であれば、日常生活やビジネス

活動も停滞してしまう。平成23年（2011）3月11日に発生した東日本大震災では、緊急支援物資が被災地に十分に届かなかったこともあって、一部の被災者が生活の危機に直面した。また我が国が産業貿易国家であり続けるとしたら、産業活力維持や環境対策で遅れをとってはいけない。効率的で環境にやさしい物流の実現と、これを支える道路に代表される交通インフラの整備は、公共部門の重要な使命である。

　幸いにも21世紀目前の平成9年（1997）に閣議決定された総合物流施策大綱は4年ごとに見直され、現在も引き継がれている。国家および都市に求められているインフラ整備の必要性と存在感は、以前にも増して強まっている。それゆえ、生活物資供給・産業振興・居住環境確保などの目的のもとで、交通・道路・港湾・土地利用・建築などの物流に関連する様々な計画を連携させつつ、ハードとソフトの両面からのインフラ整備が望まれている。

（2）　貨物輸送システムの変遷
1）　物流からみた戦後の時代区分

　戦後の物流の変化を大局的にながめると、高度成長期と石油危機（昭和48年（1973））以後の安定成長期において大きな変化を読み取ることができる。これを細分するならば、6つの時期に区分できる（表1-2）。

　第1期（戦後～1965年）は流通革新以前の時期であり、第2期（1965～1975年）は高度成長期における流通革新の時期であり、第3期（1975～1985年）は安定成長期における流通革新の時期であり、第4期（1985～1995年）は流通革新がほぼ浸透した時期であった。第5期（1995～2005年）は、国際化と情報化が本格化した時期であり、第6期（2005年～現在）は、環境問題に対処し生活の安心・安全を目指す時期である。

2）　貨物輸送システムの改善目標の変化

　貨物輸送システムは、物流の変遷とともに、その改善目標も変化してきた。つまり、荷役機械や専用車両の導入（第1期）、路線便ネットワークの整備（第2期）、宅配便やジャスト・イン・タイム（JIT）輸送の普及（第3期）、共同輸配送の普及（第4期）、企業間情報システムや業務代行の普及（第5期）、環境負荷削減や安心・安全の確保（第6期）という変化である。

1．物流の役割と内容

　この間、主要な貨物輸送システムが海運から鉄道、自動車へと変化するなかで、自動車による貨物輸送が路線便ネットワークの整備から宅配便ネットワークの整備へと変化し、配送システムの改善も共同輸配送や納品代行へと移行したのである。また、JITやカンバン方式の発展は、企業内の貨物輸送システムに留まらず、企業間の貨物輸送システムを対象にして、生産と販売の一貫システムへと進化した。
　このため物流施設の整備の対象も、港湾や貨物駅に始まり、トラックターミナルから都市内配送センターへ、さらには駐車場や荷さばき施設や、都市内のデポへと変化した。

表1-2　貨物輸送システムの改善目標の変化

第1期（戦後〜1965年）「流通革新以前」 　貨物輸送システム：荷役の機械化、特殊専用車両の導入 　物流施設　　　　：港湾整備、鉄道貨物駅 第2期（1965〜1975年）「高度成長期の流通革新」 　貨物輸送システム：路線便ネットワークの構築 　物流施設　　　　：長距離トラックターミナル、流通業務団地 第3期（1975〜1985年）「安定成長期の流通革新」 　貨物輸送システム：宅配便の普及、ジャスト・イン・タイム（JIT） 　物流施設　　　　：流通業務団地、都市内配送センター 第4期（1985〜1995年）「流通革新浸透期」 　貨物輸送システム：共同輸配送、建物内共同配送 　物流施設　　　　：都市内配送センター、駐車場・荷さばき施設整備 第5期（1995〜2005年）「国際化・情報化」 　貨物輸送システム：企業間情報システム、業務代行化・統合化 　物流施設　　　　：駐車場・荷さばき施設整備、地区・建物内物流デポ 第6期（2005年〜現在）「環境負荷削減、安心・安全」 　貨物輸送システム：環境負荷削減、省資源、安心・安全システム 　物流施設　　　　：地区・建物内物流デポ、リサイクルセンター

（3）　我が国の物流政策の変遷
　1）郊外立地型の施設整備に始まる物流政策
　都市における物流のための施設整備が注目されるようになったのは、物資

輸送機関の主役が貨物自動車となった昭和後半である（表1-3）。

　昭和41年（1966）に公布された「流通業務市街地の整備に関する法律」は、東京や大阪などの大都市の人口集中や業務施設の集中に対応して、都心の物流施設の郊外移転のために考えられた。同時期の運輸経済懇談会（1967～1969年）の報告では、ユニットロードシステム、協同一貫輸送、複合ターミナル、流通団地などについて対策が示された。

　石油危機（昭和48年（1973））以後の安定成長期に入ると、郊外立地型の大規模流通団地だけでは物流の主要課題は解決できず、都市内にも小規模拠点が必要なことが指摘された。昭和49年（1974）には、運輸政策審議会都市交通部会が、郊外立地型物流施設だけでは都市問題の解決が困難として、住宅地、商業地、工業地など、土地利用の特徴に合わせた物流対策（ハードな対策、ソフトな対策、大都市再開発、交通規制）を示した。

　このように都市の物流対策は、郊外立地型の大規模な施設整備に始まり、次第に都市内の物流施設整備に重点が移っていった。

2）都市内物流政策の進展

　消費生活の多様化によって多品種少量生産方式が主流になり、多頻度小口配送のニーズが多くなると、より細やかな物流に対応するための物流対策と施設整備が必要となった。

　平成4年（1992）の都市計画中央審議会答申では、都市内配送拠点と端末物流施設整備の必要性が指摘された。平成5年（1993）の「流通業務市街地の整備に関する法律」の一部改正により、流通業務団地の入居の基準が緩和された。平成6年（1994）の「駐車場法」の一部改正では、大規模建築物における荷さばき駐車場が附置義務化された。平成6年（1994）には道路審議会で、広域物流拠点（ロジスティクス・センター）の整備が提案された。

　平成10年（1998）には、「大規模小売店舗立地法」が制定され、集中する商品と貨物車のための荷さばき施設の設置が義務化された。

3）国家目標としての総合物流施策大綱

　近年の物流対策でもっとも注目すべきは、平成9年（1997）4月4日に閣議決定された総合物流施策大綱である。ここでは、①社会資本の整備、②規制緩和の推進、③物流システムの高度化を掲げ、分野別の課題への対応とし

1．物流の役割と内容

て、①都市内物流、②地域間物流、③国際物流、に分けて対策を整理している。

　その後、総合物流施策大綱は、平成13年（2001）、平成17年（2005）、平成21年（2009）に見直され、物流・環境・国民生活に目標をシフトしていった。そして平成25年（2013）に決定された総合物流施策大綱では、①産業活動と国民生活を支える効率的な物流の実現、②さらなる環境負荷低減に向けた取組、③安全・安心の確保に向けた取組、の目標と取組みが掲げられた。

　こうして物流の目標と、これを支えるインフラという視点で、交通施設整備が位置づけられたのである。

4）　環境対策としての物流政策

　21世紀になってからは、総合物流施策大綱においても環境対策が盛り込まれ、環境負荷削減のための物流政策が打ち出されるようになった。

　「流通業務の総合化及び効率化の促進に関する法律」は、物流コストの低減を通じた国際競争力の強化と、環境に配慮した物流体系の構築の必要性のもとで、平成17年（2005）に公布・施行された。

　「エネルギー使用の合理化に関する法律の改正（改正省エネ法）」は、地球環境問題の深刻化に対応し、物流分野での環境負荷低減を図る法制度として、平成17年（2005）8月に改正され、平成18年（2006）4月から施行された。ここでは、新たに運輸部門に関する措置が追加され、一定規模以上の荷主と輸送事業者に、省エネ計画の策定とエネルギー使用量（CO_2排出量等）の定期報告が義務付けられた。

　「道路交通法の一部を改正する法律」は、放置車両の確認と標章の取り付けに関する事務の民間委託や短時間駐車の違反車両に対する取り締まり強化などを主たる内容として、平成18年（2006）6月に施行された。ここでは違反車両の取り締まりとともに、道路交通の円滑化や環境改善対策も意図されている。

表1-3 戦後の日本の物流政策の変遷

昭和38年(1963)：大都市問題懇談会（流通業務市街地の形成）
昭和41年(1966)：流通業務市街地の整備に関する法律（流通業務団地）
昭和42年(1967)以降：運輸経済懇談会の物流対策の提案 　　　　　　　　（ユニットロード、複合一貫輸送、複合ターミナル、流通業務団地）
昭和48年(1973)：流通業務団地への疑問（局地的混雑、都市内拠点の必要性）
昭和49年(1974)：運輸政策審議会都市交通部会・貨物輸送小委員会報告 　　　　　　　　（ターミナル・トラックベイ・共同配送センターなどの整備、道路容量と物流需要量の整合、大都市再開発、交通規制）
平成4年(1992)：都市計画中央審議会（広域・都市内拠点・端末物流施設）
平成5年(1993)：「流通業務市街地の整備に関する法律」の一部改正（入居基準の緩和）
平成6年(1994)：駐車場法の一部改正（荷さばき駐車場の附置義務） 　　　　　　　　道路審議会（広域物流拠点の整備）
平成9年(1997)：総合物流施策大綱、閣議決定
平成12年(2000)：大規模小売店舗立地法＝荷さばき駐車場、荷さばき時間指定
平成13年(2001)：新総合物流施策大綱
平成17年(2005)：総合物流施策大綱（都市物流対策が重要な政策課題に入る）
平成17年(2005)：流通業務の総合化及び効率化の促進に関する法律 　　　　　　　　（環境に配慮した物流体系の構築）
平成17年(2005)：エネルギー使用の合理化に関する法律の改正 　　　　　　　　（省エネ計画策定とエネルギー使用量の定期報告が義務付け）
平成18年(2006)：道路交通法の一部を改正する法律 　　　　　　　　（放置車両の取り締まり、道路交通の円滑化や環境対策）
平成21年(2009)：総合物流施策大綱 　　　　　　　　（グローバル・サプライチェーン、環境負荷削減、安全・確実な物流）
平成25年(2013)：総合物流施策大綱 　　　　　　　　（強い経済の再生と成長を支える物流システムの構築）

1-2　ロジスティクスと物流

（1）　サプライチェーンとロジスティクス

　1）サプライチェーン

　サプライチェーン（Supply Chain）とは、原材料調達から消費までを結ぶ

1．物流の役割と内容

「供給の鎖」のことである。企業内では、調達・生産・輸送・販売部門の一連の連鎖を示している。また企業間では、供給業者・メーカー・卸売業者・小売業者・消費者などの一連の連鎖を示している（図1-1）。

　この一連の連鎖を管理するサプライチェーン・マネジメント（Supply Chain Management：SCM）は、企業内と企業間を連携させ、サプライチェーン全体のなかで商品や製品の最適な供給を実現することを目的としている。

2）ロジスティクス

　ロジスティクス（Logistics）とは、「原材料調達から生産を経て消費に至る流通の過程において、顧客のニーズに適合させながら原材料の仕入れから仕掛品や完成品の効率的な流れを、計画し、実施し、管理すること」である。このためには、「必要な商品や物資を、適切な時間に・場所に・価格で・品質と量（Right Time, Right Place, Right Price, Right Quality and Right Quantity）を、少ない費用で供給すること」を目標としている。

　原材料調達から生産・卸小売を経て消費に至るとき、生産・卸売間や、卸売・小売間で、「発注・受注・発送・納品」が繰り返されていく。これをロジスティクスの一工程とみなすことができる。

　このロジスティクス（Logistics：兵站）は、もともと戦略（Strategy）、戦術（Tactics）とともに、三大軍事用語の一つであった。このうち、戦略は戦争を実行するための計画であり、戦術は戦闘のための技術であるが、ロジスティクスは戦場の後方にあって、食糧や軍需品の供給・補充・輸送を意味した。我が国の自衛隊の兵站とは、補給・輸送・整備・回収・建設・衛生・役務・労務の業務を通じて、必要な人員、物資、機材、施設の調達と管理をすることである。

　このようにロジスティクスは、軍事用語の「兵站」がビジネス用語として使用されたのである。

（2）　近年のロジスティクスの特徴

1）リードタイム・ロジスティクス

　リードタイムとは、「注文（発注）から配達完了（納品）までの時間のこ

と」である。たとえば、宅配ピザや寿司屋に出前を注文するときは、「ピザの発注・受注・生産・発送・納品」が一組のサイクルになっている。リードタイムは、「ピザ屋→配達→住宅」という2つのノードと1つのリンクの組み合わせであり、ここでは「ピザの生産と配達」が連携している。

このように近年の物流は、生産と物流が統合されて、ノードとリンクが連携したロジスティクスになっている。特に都市内物流問題は、短距離で頻繁な配送が多く、リードタイム・ロジスティクスが基本になっている。

2）ラストワンマイル・ロジスティクス

ラストワンマイルのロジスティクスとは、「最終消費者のもとに物資や商品を届けること」である。たとえば、海外から商品が港や空港に輸送されても、最終消費者に届けることができなければ、ロジスティクスが完成したとは言えないため、しばしば「ラストワンマイル（最後の1マイル（1.6km））が重要」と表現している。

すなわち、物資や商品の最終到着地である住宅や店舗やオフィスに届けてこそロジスティクスが完結する。経済が発展途上の段階では、えてして遠距離輸送が重視されるが、経済が発展すればするほど、ラストワンマイルを担

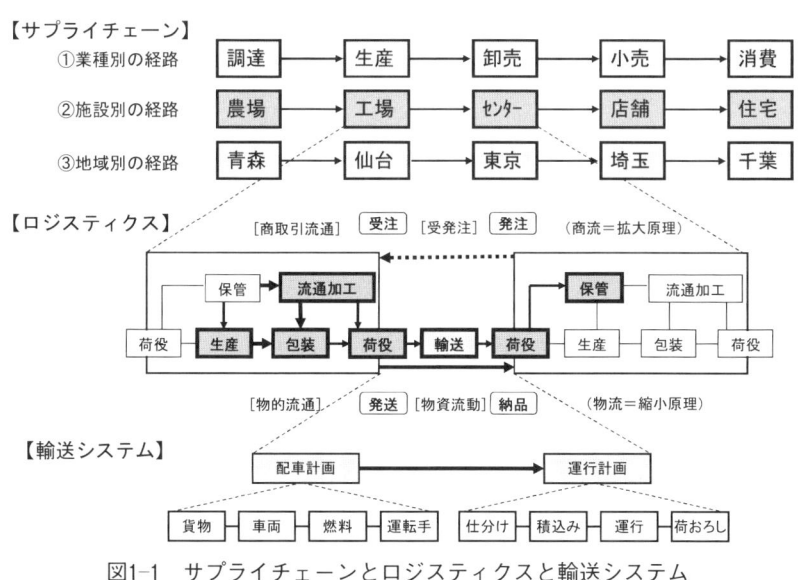

図1-1　サプライチェーンとロジスティクスと輸送システム

1．物流の役割と内容

う都市内物流が重要となる。

（3） ロジスティクス・システムとロジスティクス・インフラ
1）ロジスティクス・システム

ロジスティクス・システム（Logistics System）とは、「輸送や保管を含めた様々なシステムをまとめたもの」である。たとえば、宅配貨物を輸送するときには、道路を走行する貨物車があり（輸送管理システム）、貨物車に貨物が積まれ（貨物管理システム）、貨物のデータが荷主に提供される（電子データ交換システム）。同じようにコンビニエンスストアでは、①届けられた商品を引き取って棚に入れ（作業管理システム）、②これにより商品の在庫を管理し（在庫管理システム）、③商品が不足すれば発注する（受発注システム）。このように多くのシステムによって、ロジスティクス・システムが形成されている。

宅配便やコンビニエンスストアのロジスティクスを「ロジスティクス・システム」とすれば、このシステムを構成する作業管理や貨物管理のシステムは「ロジスティクスの個別システム」とすることができる（図1-2）。

2）ロジスティクス・インフラ

ロジスティクス・インフラは、施設、技術、制度の3つから考えることができる（表1-4）。

ロジスティクスをスポーツに例えるならば、ロジスティクスがサッカーで、インフラはサッカー・グラウンドにあたる。グラウンドが良いほどサッカーも素晴らしいパフォーマンスを生み出すことと同じように、ロジスティクスにとってインフラは重要な舞台なのである。特にグローバル・ロジスティクスでは、各国の異なるインフラを経由していくことが多いことから、シームレスで円滑なロジスティクスを実現するためには、インフラの不整合は取り除いておく必要がある。

第1の施設インフラは、リンク（交通路：道路、航路など）・モード（交通機関：貨物車、船舶など）・ノード（交通結節点：工場、倉庫、港湾など）の具体的なハードな施設と、交通管理・制御などのソフトな対策である。もちろん港や道路が整っていれば貨物や商品が集まるわけではなく、本源的な

需要である商取引がなければロジスティクスはありえない。しかし商取引による需要が発生したときに道路が未整備であれば、運びたくても運べないのである。しかも、単に道路があればよいだけではなく、重量や幅の大きい貨物車が、現実に通行可能か否かが重要である。

　第2の技術インフラは、人材・管理・情報・資源の4つに分かれる。人材インフラとは、労働力・教育水準、国民性、言語・宗教・民族などである。国や宗教によっては、労働時間の制約や労働者の勤労意欲、さらには品質に対する感覚も異なることは多い。管理インフラは、パレットやコンテナの使用や、冷蔵・冷凍技術など、輸送管理・貨物管理技術のレベルである。これらの技術が低ければ、冷蔵冷凍品や精密機械などの高付加価値の製品を運ぶことはできない。情報インフラは、ハードとしての情報通信施設や機器と、ソフトとしてデータベース、標準化・規格化・共有化という情報利用のルールである。いくら在庫量を減らしたり輸送時間を短くしても、情報の受け渡しに時間がかかったり荷役が非効率であれば、円滑なロジスティクスは実現しない。そこでロジスティクスのさまざまな場面で、情報の渋滞や滞留を解消するために、電子データの標準化や共有化とコードの共通化が不可欠である。資源インフラは、電力、電話、上下水・工業用水などである。停電がしばしば起きたり、十分な上水が供給できなければ、想定していた操業率や生産性も確保できない。

　第3の制度インフラは、法律や商慣行と、金融税制や保険システムなどである。規制緩和や環境保護などの政策も、ここに含まれる。たとえば、国際物流に必要な情報や諸手続が煩雑な例が多いが、これらの手続きが円滑に処理されれば効率化につながる。

（4）　ロジスティクスと道路

　原材料調達から消費に至るサプライチェーンの過程で、どこか1つでも途切れたら、物資は届かない。同じようにロジスティクスにおいても、必要な物流機能の一部が欠ければ、ロジスティクスは成立しない。

　たとえば東日本大震災では、東北地方の卸売業者が被災して販売データを失ったために、どこにどのように商品を届けるかがわからなくなってしまっ

1．物流の役割と内容

た。また、包装用のラップが手に入らなくて納豆を出荷できなかったり、キャップの生産が間に合わずにペットボトルが品薄になった。たった1つの原材料の不足が、ロジスティクスを断絶させるのである。

　さらに輸送するときには、運行計画や配送計画の一部のどれか1つが欠けても輸送できなくなる。東日本大震災では、燃料が不足して緊急支援物資の輸送に手間取った。もちろん道路が通行可能でなければ、いくら物資や車両を用意できても輸送はできない。よって、道路が整備されず、大型貨物車の通行ルートが確保できなければ、ロジスティクスは成立しない。

　一方で道路は、あくまでもロジスティクスにおける一部分の構成要素なのである。道路が整備されたとしても、燃料がなければ走行できないし、貨物がなければ輸送する必要もない。

　堤防の最も低い部分から水が溢れるように、ロジスティクスを構成する要素のなかで、もっとも能力の低い要素によって、ロジスティクス全体の能力が決まるのである。そして道路は、あくまでもロジスティクスを支えるインフラの一つなのである。

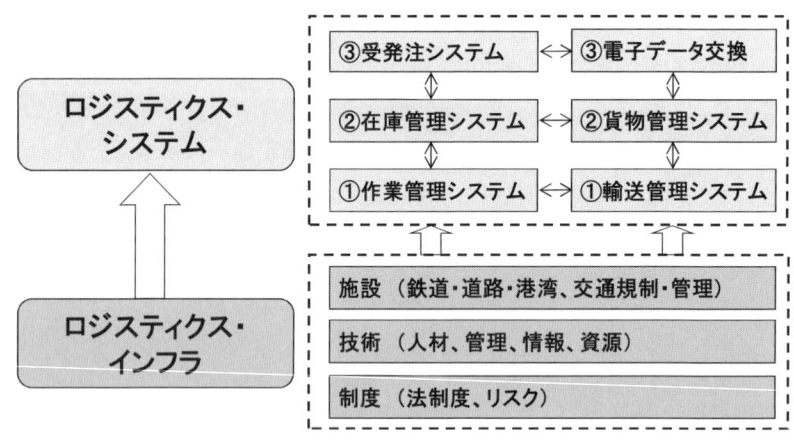

図1-2　ロジスティクス・システムとロジスティクス・インフラ

表1-4　ロジスティクスのインフラ

① 施設 　ハード：道路、鉄道、港湾、貨物ターミナルなど 　ソフト：渋滞対策・交通規制、交通管理、土地利用規制など ② 技術 　人材　：（公共）行政・手続遂行、不正防止・公平性、法令遵守など 　　　　　（民間）品質管理技術、改善意識、機密保持など 　管理　：輸送管理・貨物管理技術のレベル、 　　　　　パレットやコンテナの使用実態、冷蔵・冷凍技術など 　情報　：情報通信機器、伝票ラベルの統一、管理データの収集管理、 　　　　　データ標準化・規格化・共有化、コード共通化、利用ルールなど 　資源　：電力、電話、上下水・工業用水などの利用可能性 ③ 制度 　法制度：規制と許可の基準、通関・検査・検疫システム、 　　　　　金融税制、世界標準との調整、公平性の担保、市場論理の調整など 　リスク：損害補償システム、契約不履行、紛争・事故、生活保全など

1-3　物流の定義と内容

（1）　商流（商取引流通）と物流（物的流通）[1]

　原材料の調達から生産を経て消費に至るサプライチェーンにおいて、ロジスティクスがあってこそ、実際に商品を流通させたり運ぶことが可能となる。このロジスティクスにおける流通段階は、商取引流通（商流）と物的流通（物流）によって構成されている（図1-3）。

　商流は、「受発注行為と、所有権と金銭を移動させること」である。一方の物流は、「輸送（空間的移動）と保管（時間的移動）を基礎に、流通加工・包装・荷役・情報機能とともに、商品を受注者から発注者に届けること」である。

　商流と物流を比べてみれば、商品の受発注があってこそ、商品が移動するので、商流が本源的需要で物流が派生的需要となる。

　商流を担当する生産者・卸売業者・小売業者は、それぞれより多くの商品

1．物流の役割と内容

を販売することで、自らの業務拡大を目指す。このため商流は、「より遠く・より高く・より多く」という拡大原理が基本となる。

しかし物流では、同じ商品を輸送や保管する場合には、長距離輸送よりも短距離輸送の方が効率は良いし、長期保管より短期保管の方が費用は小さい。このため物流は、空間と時間の移動が少なくなるように、「より近く・より安く・より少なく」という縮小原理が基本である。

（2）　物流の2つの解釈（物的流通と物資流動）

物流という用語は、交通分野だけでなく流通分野でも使用されている。流通分野における「物流」は、物的流通（Physical Distribution）の意味であり、交通分野の「物流」は物資流動（Freight Transport）の意味である。つまり2つの分野において、意味の異なる「物流」という用語が使用されているために、しばしば混乱が生じる。

この2つの物流の違いは、物流機能の何を対象にするかによって異なってくる。すなわち、流通分野における物流（物的流通）は、移動だけでなく、保管なども対象とするため、輸送・保管・流通加工・包装・荷役・情報の6つの物流機能のすべてを対象としている。この一方、交通分野における物流（物資流動）は、商品や物資の移動現象そのものに着目しているため、輸送・荷役・情報の3つの機能を対象としている。

この違いをコンビニエンスストアへの商品配送で例えてみると、前者の物的流通（物流）はコンビニエンスストアの店長の感覚である。つまり店長は、商品の在庫を気にするとともに、配送貨物車の到着時間を気にするが、配送貨物車が通る道路や経路を気にすることはない。一方で、後者の物資流動（物流）は貨物車のドライバーの感覚である。ドライバーは、指定された配送時刻を気にしながら渋滞を避けつつ輸送するが、店舗内の在庫は考えることはない。

なお近年では、道路交通計画において貨物車交通量（台数）を物流と表現することもある。しかし、これは輸送機関（台数）に着目したものであり、物資の流動量（トン、個数、リットルなど）を示してはいない。このため、貨物車交通量を物流（物的流通や物資流動）と表現することは正確ではない。

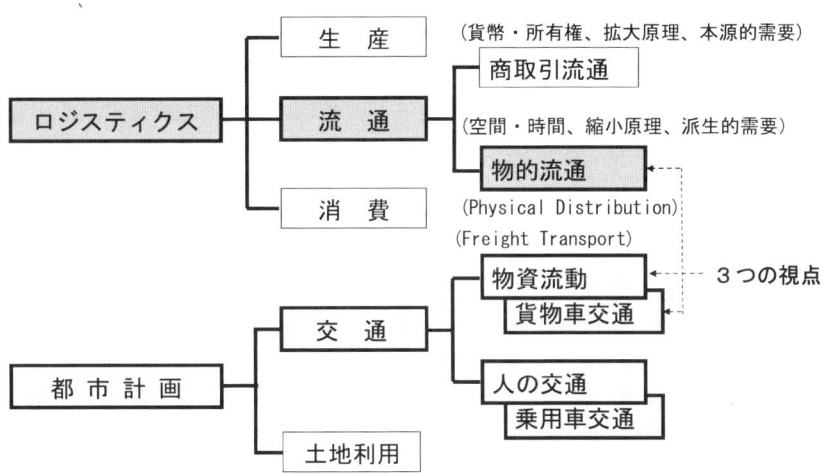

図1-3　ロジスティクスと物流（物的流通と物資流動）

1-4　物流機能の定義と内容

（1）　リンクにかかわる物流機能
1）輸送機能
輸送機能は、商品や物資の空間的な移動に関する機能である。

「輸送」とは、2地点間の空間的な移動の総称であるが、特に長距離の2地点間の移動を「輸送」とし、1地点と複数地点間の輸送を「集荷」ないし「配送」とすることが多い。

長距離の輸送では、船舶、鉄道、航空機、自動車など様々な交通機関を利用できるが、短距離の集荷と配送は、貨物車を基本に使用しており、最近では台車や自転車も使うこともある。

2）荷役機能
荷役機能とは、いわゆる「積み込み・荷おろし」の作業である。

「積み込み」は、倉庫などの物流施設から、貨物車などの交通機関に、商品や物資を運び入れるものである。この逆に「荷おろし」は、交通機関から倉庫や店舗などに運び込むものである。このときコンテナなどの輸送用具への積み込みと荷おろしも、「荷役」と呼ばれている。

1．物流の役割と内容

　ターミナルや倉庫などの施設内では、横持ち・縦持ち・庫内作業、置き換え・積み換えなどの作業があるが、これらは「施設内作業」とも言われている（表1-5）。たとえば、倉庫における商品の流れは、入庫の際に輸送されてきた商品の数量や品質を検査し（検品）、商品特性に合わせて商品を分類し（仕分け）、保管場所に納める作業（棚入れ）が必要となる。次に出荷先が決まると、商品を保管場所から取り出し（ピッキング）、出荷先に合わせて商品を分割したり（仕分け）、配送先ごとに商品を分類すること（配分）になる。

（2）　ノードにかかわる物流機能
1）　保管機能

　保管機能は、商品や物資の時間的な移動に関する機能である。「保管」は時間的な移動の総称であるが、特に長期間では「貯蔵・備蓄」、短期間では「一時保管」と使い分けることもある。

　「貯蔵・備蓄」は、石油や米の長期保管など、月単位や年単位で長期間保管する。一方、短期間の「一時保管」は、小売店の配送センターで店舗への配送商品を保管するように、流通の過程において、荷主や物流専業者が、商品を一時的に留め置くような場合である。

　保管機能を受け持つ業者は、倉庫免許を持つ倉庫業者が代表的であるが、生産者・卸売業者・小売業者などの荷主や輸送業者も、それぞれ配送センターやデポなどにおいて、流通の過程において一時的な保管をおこなっている。

2）　流通加工機能

　流通加工機能は、商品や物資を輸送したり保管する場合に必然的に生じる細かな作業と、商品の付加価値を高めるための作業である。

　この流通加工機能は、生産加工と販売促進加工（販促加工）の2つに分類できる。

　生産加工は、商品を販売するときに、商品そのものに手を加えて加工し、商品そのものを変化させる作業であり、生産機能の一部とすることもできる。家具のような商品を物流施設で組み立てたり（組み立て）、倉庫の加工

場でパンやハムをスライスしたり（スライス）、鋼材製品や反物を注文に合わせて切断したりすること（切断）である。

販売促進加工（販促加工）は、商品そのものに手を加えるわけではないが、商品を販売するために必要な作業や付加価値を高める作業である。商品に値札を付けたり（値付け）、商品をダース単位に整えたり（ユニット化）、贈答品用に海苔とお茶を詰め合わせたりする作業（詰合せ）などがある。

　3）　包装機能

包装機能には、工業包装と商業包装がある。

工業包装は、商品の品質維持のための包装であり、輸送・保管包装とも言われている。また商業包装は、商品の付加価値を高める包装であり、販売包装ないしマーケティング包装とも言われている。

デパートで販売されている化粧品が、ダース単位で段ボールに包装されている状態は、輸送や保管時に商品を保護するための工業包装（輸送・保管包装）であるが、店頭に陳列されたのちに包装紙で包んだり贈答用にリボンをかけることは、付加価値を高める商業包装（販売包装）である。

なお包装機能には、外装・内装・個装という分類もある。CDラジカセを例にとれば、外装は段ボールであり、内装は箱の中の発砲スチロールであり、個装は製品全体を包装紙で包んだりすることをいう。このうち外装と内装が工業包装であり、個装が商業包装となる。

（3）　物流をコントロールする情報機能

情報機能は、輸送や荷役だけでなく、保管などの他の物流機能も含めて、物流を効率的におこなうためのものであり、商品の内容や数量に関する情報など、物資や商品そのものに付属する情報である。このため物流情報は、数量管理情報・品質管理情報・作業管理情報に大別できる。

数量管理情報には、貨物車の運行管理や貨物追跡管理、入庫・在庫・出庫管理情報などがあり、これらはいずれも、商品や物資の数量を適切に把握しようとするものである。

品質管理情報は、品質の劣化や安全を保つための情報であり、輸送中の振動にかかわる情報や、温湿度管理や製造日などの情報などである。

1．物流の役割と内容

　作業管理情報は、自動仕分けシステムやデジタルピッキングなど流通加工に必要な情報とともに、倉庫などで商品や物資の位置を知るための情報がある。

（4）　道路交通計画と物流機能

　既に示したように、「物流」の本来の意味は「物的流通」であり、輸送・保管・荷役・包装・流通加工・情報の6つの機能がある。

表1-5　物流機能の内容

(1)　リンクにおける物流機能 　　1）輸送・集配送機能 　　　　　輸送　　：長距離、トラフィック機能、1対1 　　　　　集荷　　：短距離、アクセス機能、多対1 　　　　　配送　　：短距離、イグレス機能、1対多 　　2）荷役機能（リンクとノードの接続機能） 　　　　　積み込み　：物流施設から交通機関へ 　　　　　荷おろし　：交通機関から物流施設へ 　　　　　施設内作業：横持ち・縦持ち、置き換えなど 　　　　　　　　　　（検品・仕分け・棚入れ・配分など） (2)　ノードにおける物流機能 　　1）保管機能 　　　　　貯蔵　　：長時間、貯蔵型保管 　　　　　保管　　：短時間、流通型保管 　　2）流通加工機能 　　　　　生産加工：組立て・スライス・切断など 　　　　　販促加工：値付け・ユニット化・詰合せなど 　　3）包装機能 　　　　　工業包装：輸送・保管用、品質保証主体 　　　　　商業包装：販売用、マーケティング主体 (3)　物流をコントロールする情報機能 　　　　　数量管理情報：貨物追跡、入在出庫 　　　　　品質管理情報：温湿度管理、振動管理など 　　　　　作業管理情報：自動仕分け、ピッキングなど

　しかし本書は、道路交通計画のなかでの物流を考え、施設インフラとしての道路整備・交通管理・物流施設整備・荷さばき施設整備を対象にしてい

る。このため、本書で取り上げる物流機能は、「交通にかかわる物流機能（輸送機能、荷役機能）」と「情報機能」である。

1-5　商品と物流の高付加価値化[2]

（1）　商品の高付加価値化

　ロジスティクスの目的は、ロジスティクスの効率化と結びつけて、コストダウンと考えがちである。しかしロジスティクスの本来の目的には、効率化によるコストダウンと、高付加価値化の2つがある。この高付加価値化には、商品の高付加価値化と物流の高付加価値化がある。

　商品の高付加価値化とは、商品そのものの価値を、物流機能によって高めていくことである。たとえば小麦という原材料があって、製粉という技術によって、小麦粉ができる。小麦粉を原材料にして、焼いたらパンになる。パンを料理したら、サンドイッチになる。さらに、ジュースを組み合わせるとランチセットになる。このように、少しずつ技術が加わることで、高付加価値の商品に変わっていく（図1-4）。

　このときに、必要な技術は生産技術とともに物流技術である。たとえば小麦粉を詰めた袋よりも、サンドイッチの包装の方が高度な技術が必要であり、弁当を作ることはサンドイッチとサラダを詰め合わせる流通加工である。商品の高付加価値化には、流通加工や包装などの物流技術が不可欠なのである。

（2）　物流の高付加価値化

　物流の高付加価値化とは、ソフトな管理技術を加えていくことで、輸送機能を高めていくことである。たとえば、輸配送に荷役管理を加えれば配送と貨物の連携となり、配送に運行管理を加えるとJIT配送になり、JIT配送に在庫管理を加えると輸送と保管の連携となり、商品管理を加えて生産流通統合、生産管理を加えて生産と流通の連携が成立する。こうして単なる輸送からロジスティクス、さらにはサプライチェーン全体を管理するようになる（図1-5）。

1．物流の役割と内容

　このように、輸送や保管さらには生産にかかわる管理技術が加わることで、物流の高付加価値化が実現する。このような変化のなかで、多頻度小口輸送が増え、運輸事業者も荷主の在庫管理や商品管理までをおこなうようになっている。

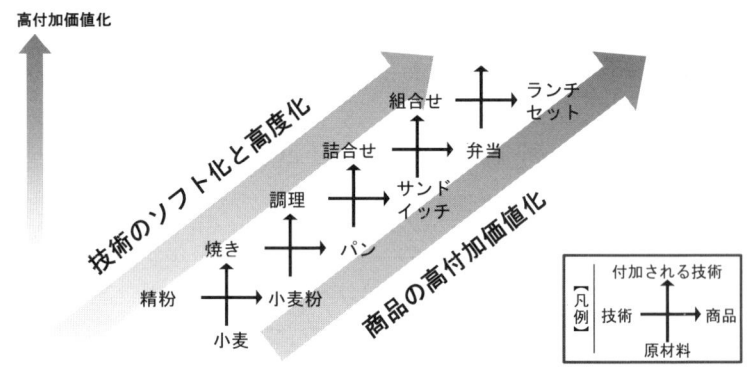

図1-4　商品の高付加価値化

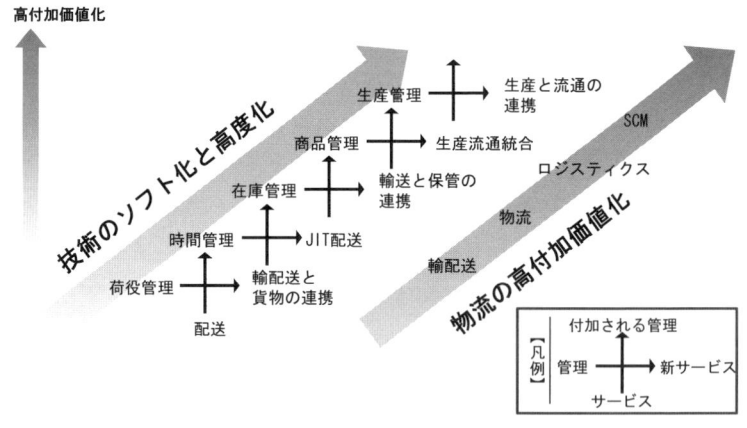

図1-5　物流の高付加価値化

参考文献
1　苦瀬博仁・高田邦道・高橋洋二「都市の物流マネジメント」pp11-18、頸草書房、2006
2　苦瀬博仁「付加価値創造のロジスティクス」pp89-108、税務経理協会、1999

2. 道路交通と物流マネジメント

第2章では、道路交通と物流マネジメントについて述べる。
2-1では道路交通と物流機能について述べる。2-2では人の交通と比較した物流の特徴、2-3では物流ネットワークと貨物車交通について述べる。2-4では都市の物流マネジメント、2-5では物流マネジメントにおける道路交通計画の役割、2-6では都市物流マネジメントの対策例について述べる。

2-1 道路交通と物流機能

(1) 道路交通計画のノード・リンク・モードと物流機能[1]

交通のノード（Node：交通結節点）とリンク（Link：交通路）とモード（Mode：交通機関）を、交通の3要素という。物資の輸送を交通の3要素で示すと、ノード間のリンク上を、モードを利用して物資や商品を運ぶことである。物資や商品が、「工場→流通センター→店舗→住宅」へと流れていく場合は、これらの施設のそれぞれがノードであり、ノードの間にリンクが存在している（図2-1）。

工場や店舗などのノードに商品や物資が輸送されると、荷役（荷おろし）されて保管される。そして必要に応じて工場や倉庫で流通加工や包装がなされてから、荷役（積み込み）されて、再び次のノードに輸送されていく。このように考えると、倉庫や流通センターだけでなく、工場も住宅もオフィスも、物流のノードなのである。

物流の6つの機能のうち、保管・流通加工・包装機能は施設内の機能なので、施設間において物資や商品を空間的に移動させる物流機能は、輸送と荷役機能が主になる。このため道路交通計画では、主に「商品や物資の貨物車

2．道路交通と物流マネジメント

への積み込みや荷おろし（荷役）と、発地から着地までの移動（輸送）」を主な対象としている。

（2） ノードとリンクの連携の重要性

　物流においては、リンクよりもノードが、しばしば重要になる。たとえば引越のとき、家財道具を荷造りしたり（包装）、仕分けしたり（流通加工）、運び出すこと（荷役）が大仕事であり、いざ貨物車が走り出してしまえば、引越先が10km先でも、100km先でも、輸送についてはあまり気にならない。また、いくら効率よく輸送ができたとしても、到着先に駐停車施設がなかったり、配送先のビルにエレベータがない場合は、搬入も重労働になる。

　このように都市内物流では、物資の発生は倉庫やトラックターミナルなどの物流施設であり、物資の集中は商店やオフィスなどの商業業務施設である。このため、これらの施設ごと、ないし施設を含む地区単位に、物資の発生集中量を分析する必要がある。

　一方で、従来からの交通計画では、交通渋滞の解消などを目的に、道路交通量（リンク交通量）を計画の根拠とすることが多い。このとき、施設や地区からの交通発生量や集中量が調査分析の基礎となるものの、すでに第1章で述べたように、輸送機能だけを物流と誤解する傾向が多い。

　しかし道路交通計画における物流の視点は、いかに商品や物資の滞留や渋滞をなくしながら、円滑に商品や物資を届けるかということにある。このためには、単にリンクにおける輸送機能だけでなく、ノードにおける荷役機能も同時に計画する必要がある。

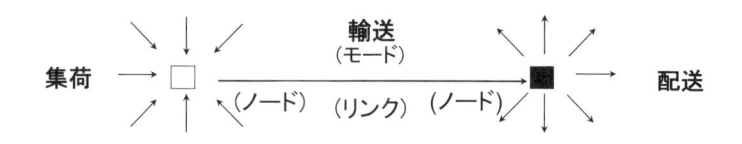

2-2　人の交通と比較した物流の特徴

```
                    輸送
                   (モード)
   集荷  →  □ ━━━━━━━━━━━━━━━ ■  →  配送
            (ノード) (リンク) (ノード)

ノード：      流通センター              配送センター
             港湾・空港                 港湾・空港
             ターミナル                 ターミナル
モード：貨物車        船舶、航空機、貨車、貨物車      貨物車
リンク：(道路)       (航路・航空路、鉄道、道路)      (道路)
```

図2-1　貨物輸送におけるノード・モード・リンク

2-2　人の交通と比較した物流の特徴

（1）移動単位の不定性

　交通における物流（物資流動）は、人の交通（パーソントリップ）に比較して、①移動単位の不定性、②移動品目の多様性、③移動過程での変化、④移動方法、⑤移動目的の多様性、⑥移動サイクルの多様性、⑦移動量の変動の多様性、などの特徴を持っている（表2-1）。

　移動単位の不定性とは、商品や物資の測定単位が複雑で、一定でないことを示している。人の交通は、年齢や性別などによる違いはあっても、「人」という1つの単位で数えることができる。しかし物は、重量、体積、個数など、様々な単位があり、また同じ品目であっても、鉛筆を本、ダース、箱などと数えるように、取引の内容により単位が異なることがある。

表2-1　人の交通と比較した物流の特徴

①	移動単位の不定性	：トン、個、m³など（人間は人だけ）
②	移動品目の多様性	：コンビニには約3,000品目ある
③	移動過程での変化	：移動中に加工されたり組み合わされる
④	移動方法	：荷役が必要（赤ちゃんと同じ）
⑤	移動目的の多様性	：物の移動経路と商取引の経路は必ずしも一致しない
⑥	移動サイクル	：物は一方通行、人は家に戻る
⑦	移動量の変動	：季節変動や週変動が大きい

2．道路交通と物流マネジメント

　このため、物流の調査や分析にあたっては、物資や商品の測定単位に留意する必要がある。

（2）　品目の多様性
　品目の多様性とは、物流で扱う品目の多さと複雑さである。たとえば、スーパーマーケットは1万〜5万品目の商品を扱うと言われている。コンビニエンスストアも、約3,000品目を扱うとされている。これらの商品を品目ごとに個別に扱えば、非常に複雑となるし、だからといって食料品や衣料品などという大まかな分類では品目特性が違いすぎる。
　このため品目をどのように集約すべきかが、物流を分析するうえで重要である。

（3）　移動過程での変化
　移動過程での変化とは、物流の過程で商品や物資の内容が変化することである。たとえば、海外から材木が輸入され、国内で製材された商品を購入する場合、製材工場には原木のままで搬入されるが、製材工場から購入者の倉庫までは板や柱になって貨物車で搬出される。
　このように商品や物資は、工場や倉庫で変化することがあるので、物流の起点と終点が不明確になることがある。

（4）　移動方法
　移動方法とは、移動の際に荷役が必要か否かである。多くの場合、人は自らの意志で移動し、行先も自分で知っている。しかし物は、自らの意志で移動できるわけではないし、また行き先が店舗なのか倉庫なのかも解らない。商品自らは、貨物車の荷室の温度の不満を伝えることもできないため、温度管理が不十分であれば冷凍品が溶けてしまう。
　生まれたての赤ちゃんを運ぶときには、落とさぬように風邪を引かさぬように大事に扱うことだろう。商品や物資も、赤ちゃんと同じように丁寧に扱わなければ、破損したり品質が低下する。

（5） 移動目的の多様性

移動目的の多様性とは、商品が必ずしも商取引相手に輸送されずに、商取引経路と物流経路が対応しないことである。たとえば通販会社に注文しても、商品そのものは通販会社ではなく、契約している倉庫から運ばれてくる。総合商社は、石油や鉄鉱石を取り引きしているが、石油が輸入され運び込まれる先は港の石油タンクであって、商社の本社ではない。

このように物流の経路を解明するために商取引経路を追跡したとしても、これが直ちに実際の商品や物資の移動経路を示しているとは限らない。

（6） 移動サイクルの多様性

移動サイクルの多様性とは、輸送や保管における時間や期間が様々なことである。

旅行や引越しを除けば、人の交通は朝自宅を出発して夜帰宅するため、1日で移動が完結する。しかし物流は、原材料調達から生産を経て消費されるまでの一方通行であり、しかも移動時間が時、日、週、月など様々である。

（7） 移動量変動の多様性

移動量の変動の多様性とは、季節や曜日などによる移動量の変動が激しいことである。

人の交通は平日と休日に大別でき、しかも平日の交通は類似している。しかし物流は商品によって特定の季節や取引上重要な日（五・十日、月末など）にピークが集中することが多く、しかも類似したパターンを見出しにくい。

2-3　物流ネットワークと貨物車交通

（1） 物流ネットワークの内容

1） 物流ネットワークの定義

物流ネットワークは、ノード・リンク・モードの交通の3要素で構成される。つまり、港湾や工場から、倉庫、流通センター、店舗、住宅へと商品が

2．道路交通と物流マネジメント

流れていく場合、これらの施設（ノード）と、その間を結ぶ道路（リンク）と、物資を積む貨物車（モード）によって、物流ネットワークが構成されている。

2）地域間物流と都市内物流の特徴

商品や物資が発地から着地まで移動するとき、複数の都道府県間をまたがるような長距離の地域間物流と、比較的短距離の都市内物流がある（図2-2）。

地域間物流は比較的長距離の輸送になるため、利用されるモードは自動車・鉄道・船舶・航空機などがあり、リンクもそれぞれ道路・線路・航路・航空路となる。そして地域間物流は、都市の外縁部に位置する港湾・空港・鉄道貨物駅・トラックターミナル・倉庫などのノードを経由して、国際物流ネットワークとつながるとともに都市内物流とも結ばれている。

都市内物流は、広域物流と地区物流と端末物流に分けることができる。このとき図2-2に示すように、広域物流拠点・都市内集配拠点・荷さばき施設などがノードであり、幹線輸送・輸送・配送・搬送のための交通路がリンクである。

3）物流ネットワークにおける貨物車交通

広域物流拠点から商品や物資の発着地に至る物流ネットワークにおいて、地域間物流では幹線輸送路があり、都市内物流では輸送・配送・搬送の3つの交通路がある。

都市間の幹線輸送路では、船舶や鉄道も使用される。しかし都市内の輸送・配送路では、貨物車を使用することが一般的である。そして、搬送路では、台車や手持ちが多い。よって、物流ネットワークにおける貨物車交通は、主に輸送・配送路が対象となる。

（2）都市内物流の体系（広域物流・地区物流・端末物流）

1）広域物流

広域物流とは、港湾・空港・鉄道貨物駅・トラックターミナル・倉庫など広域物流拠点を発着する物流である。都市内物流のなかでは比較的広いエリアを対象にしており、都市内で収集された商品や物資を仕分けたり、都市内

に配送するための拠点でもある。と同時に、地域間物流の拠点でもある。

このため、広域物流では、輸配送先の施設や輸送量によって大型貨物車やコンテナで輸送することもあれば、地区物流の一部を含んで、小型貨物車により荷さばき施設に配送することもある。

2）地区物流

地区物流とは、広域物流拠点ないし都市内集配拠点から、荷さばき施設までの物流を主とするものである。比較的短距離の配送をおこなうもので、都市内の狭い地域を対象にしている。

大都市の物流では、広域物流拠点から荷さばき施設まで直接配送すると、距離や時間が長くなり、貨物車の積載率が低下したり輸送コストが増加することがある。このようなときには、広域物流拠点と荷さばき施設の中間に、貨物の積み替えをおこなう都市内集配拠点を設置することもある。これらの都市内集配拠点は、配送センターやデポなど、様々な名称で呼ばれている。

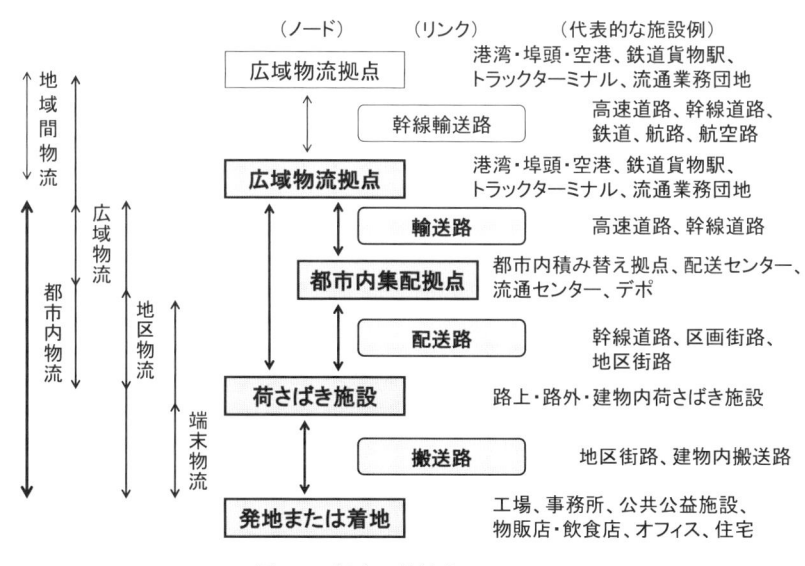

図2-2　都市の物流ネットワーク

2．道路交通と物流マネジメント

3）端末物流

端末物流とは、主に路上や建物内の駐車場で荷おろしされてから、最終届け先の店舗やオフィスなどに搬送される物流である。端末物流のうち、高層建築物などで上下方向に搬送する場合を「縦持ち」と呼び、商店街などで水平方向に搬送する場合を「横持ち」と呼ぶことがある。

端末物流は、都市生活に必要な日常生活物資の配送と搬送に相当することから、届け先は店舗・オフィス・住宅となることも多い。

（3） 都市内物流の交通路（リンク）

1）輸送路

都市内物流のうち輸送路とは、高速道路や幹線道路などの、広域物流拠点と都市内集配拠点を結ぶ交通路である。

都市の物流が円滑に機能するためには、広域物流・地区物流・端末物流が交通路により体系的かつ有機的に結ばれていなければならない。そのため、トラックターミナル・倉庫・流通団地などの物流施設は幹線道路が利用しやすい場所に設置されることが望ましい。さらに貨物車が住宅地や商業業務地内を通過しないように、交通計画・土地利用計画上の配慮をする必要がある。

2）配送路

配送路とは、幹線道路や区画街路などの、都市内集配拠点と荷さばき施設を結ぶ交通路である。

都市内物流の特徴は面的サービスである点であるため、道路は幹線道路だけではなく区画街路や地区街路も対象となる。一般に市街地内での大型貨物車やコンテナ車などの走行は、環境上問題がないところに限定されるべきであり、小型の貨物車や商用車などが利用されるべきである。

3）搬送路

搬送路とは、細街路や建物内搬送路などの、荷さばき施設と発地または着地を結ぶ交通路である。

配送先に到着し貨物車を駐車して荷おろしした後には、商品や物資を最終届け先まで搬送しなければならない。このための交通路が搬送路であり、敷

地内の通路や建物内のエレベータや階段が含まれる。搬送手段としては、手持ちもあれば、台車もある。

　これらの搬送路は個々の建築物や敷地内のシステムであり、公的部門が直接的に関与すべき対象とはならない。しかし、地区内交通の混雑や渋滞が著しく、環境悪化が深刻なときは、複数の建物の物流の荷さばきや搬送を共同でおこなったり、そのための荷さばき施設を共同で設置する場合がある。このような場合には、公的部門が支援・誘導のために、交通規制や条例によって直接的・間接的に関与することが考えられる。

（4）都市内物流の結節点施設（ノード）
1）広域物流拠点

　都市内物流における物流施設は、都市全体の物流をカバーする「広域物流拠点」、都市内の一定地区内の集配送の拠点となる「都市内集配拠点」と、貨物車が停車し、届け先ごとに仕分けをする「荷さばき施設」の3つに大別できる。

　このうち広域物流拠点は、鉄道・海運・航空など線的な輸送をおこなう地域間物流と、貨物車による面的な輸送をおこなう都市内物流との間の、積み替え機能を持つ施設である。これらの代表的な施設は、港湾・埠頭・空港、鉄道貨物駅、トラックターミナル、流通業務団地、倉庫などがある。さらに、物資の積み替えや保管だけではなく、流通加工機能や商取引機能をあわせ持つ流通センターなどもある。

2）都市内集配拠点

　都市内の集配にかかわる物流施設は、保管機能を持つ倉庫、集配拠点としての配送センター、流通加工をおこなう加工センター、狭い地区の配送を受け持つデポなどがある。

　たとえば大都市圏の郊外部に位置する物流施設からの都心への配送が長くなったり、大型貨物車の市街地内通行により、交通問題・環境問題を引き起こすことがある。このような場合には、公的部門が大型貨物車から小型貨物車へ積み替えるための施設整備や、不特定多数の企業が利用できる物流団地の整備が、問題解決に有効なことがある。

2．道路交通と物流マネジメント

3）荷さばき施設

　荷さばき施設は、物資や商品を届けるために貨物車が停車し、荷おろしをして、届け先ごとに仕分けるための施設である。乗用車の駐停車施設は、車が停車して人が乗り降りする施設である。一方、商品や物資を運ぶには、貨物車は単に停車するだけでなく、荷おろしと仕分けを含み、荷おろしや仕分け後には台車で運ぶこともある。このため、乗用車の駐車施設とは異なって、貨物車の施設は駐車施設というよりも荷さばき施設というべきである。

　物流の発生・集中場所は、住宅・工場・商店・事務所・物流施設など都市内のすべての施設にわたる。だからこそ、これらの商品や物資の最終到着地点では、集配送用の貨物車の駐停車施設を含む荷さばき施設が必要なのである。

　本来、これらの荷さばき施設は、物流を発生集中させている建物内において整備することが原則であるが、都市の成立と発展の経緯から、敷地内や建物内で整備できないことも多い。だからといって路上で荷さばきをおこなうことは、渋滞をひきおこしたり、交通事故の原因ともなる。

　そこで個々の建物内や敷地内に荷さばき施設が整備できない場合には、地区や街区の荷さばき需要に対応できるように、路外に共同の荷さばきスペースを設置したり、道路上に荷さばきのためのローディングベイや貨物車用パーキングメータを設置する対策が必要となる。

2-4　都市の物流マネジメント[2]

（1）　物流と都市計画

　都市における物流ネットワークのノードは工場や店舗や住宅などのため、建築計画と土地利用計画の影響を受ける。またリンクは、交通計画・道路計画の影響を受ける。つまり物流計画は、土地利用計画と道路計画の両面から考えるべきものであり、建築計画と交通計画を通じて、荷主や物流事業者の活動を支えている。そして、これらを全体的に支えるのが、自治体による総合的な計画である。

　一方で、荷主と物流事業者の活動を通じて、生産・卸売・小売等でのビジ

ネスが生まれ、円滑な日常生活をおくることで、市民は物流の成果を受け取ることになる（図2-3）。

（2） 物流マネジメントの定義

都市において物流のための施設や計画が不十分であれば、市民の日常生活やビジネス活動も停滞し、さらには環境対策も遅れをとる。

つまり「物流マネジメント」は、「交通の円滑化や都市と産業の活性化のために、環境にやさしく効率的な物流の実現」を目指し、「物流施設計画（ノード）、交通ネットワーク計画（リンク）」を対象に、「ハード・ソフトの物流対策」を組み合わせて「都市の物流の総合的な管理をすること」である。

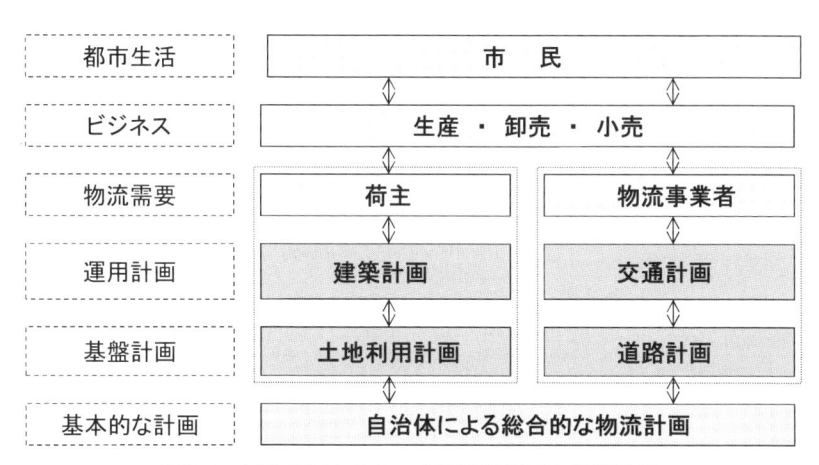

図2-3　都市生活を支える土地利用計画と道路計画

（3） 物流マネジメントの構成要素

物流マネジメントのための計画は、発ノードとリンクと着ノードに分けることができる。それぞれの計画には、第1段階で企業のロジスティクス計画、第2段階で建築・交通計画、第3段階で基盤施設計画がある（図2-4）。

発ノードにおいては、第1段階のロジスティクス計画では、入在出庫計画を通じて、適正在庫を維持し物流を効率化するものである。第2段階の建築

2．道路交通と物流マネジメント

計画では、流通センターや倉庫などで、必要な床面積の需要を予測するとともに、商品や物資の搬送のための物流動線を計画する。第3段階の基盤施設計画では、土地利用計画を通じて用途地域や地区指定などの公的な規制をもとに、周辺の居住環境を維持し、物流の効率化を図る。

リンクにおいては、第1段階の輸配送計画において、貨物の品質管理と、配車計画や運行管理などの貨物車管理をおこなう。第2段階の交通計画では、交通管理の面から貨物車走行ルートなど「人と物の交通の時間的・空間的分離」の対策や、居住環境整備として人々の生活環境保全を優先する対策などがある。第3段階の基盤施設計画では、道路計画を通じて道路構造改善による荷さばき施設の整備、高架下やアンダーパスなどの道路空間の有効利用、地下空間における地下ネットワークの形成などがある。

着ノードにおいては、第1段階の荷さばき計画において、商取引や物流システムの改善をおこなうものである。第2段階の建築計画では、建物のオーナーや設計者などにより、高層ビルの荷さばき施設や動線が計画される。一方で公的部門は、設計基準の見直しや共同配送導入補助などの法制度を通じ

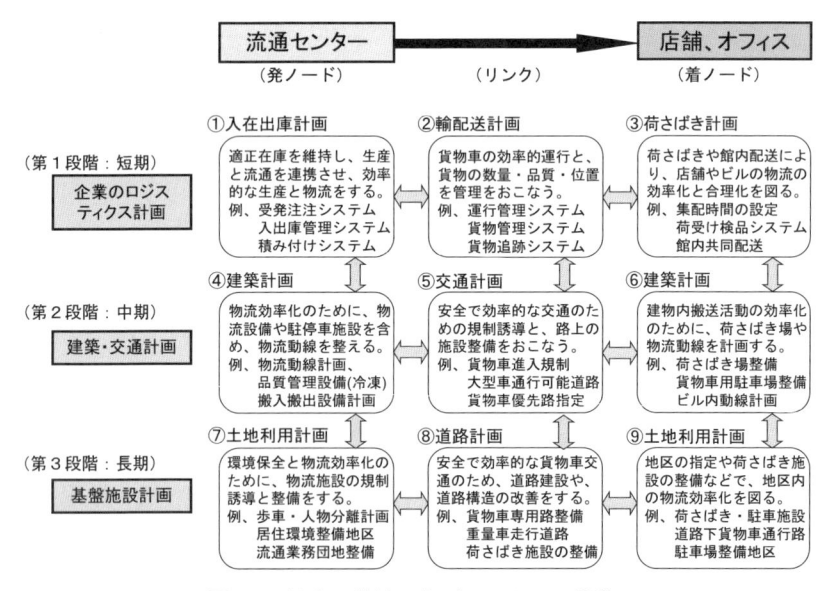

図2-4　都市の物流マネジメントの3段階

て関与している。第3段階の土地利用計画では、用途地域や地区指定などの公的な規制もあれば、都心のビル街や商店街における協議会を通じて、地域に適したルールづくりをおこなっている例がある。

2-5　物流マネジメントにおける計画の相互関係

（1）　物流マネジメントのノード・リンク間の計画（ヨコの連携）

　物流が商取引に派生することと、その内容が複雑であることから、都市の物流問題は、単一の対策のみで解決できることは少ない。短期・中期・長期の計画段階で連携を図ることと、発ノード・リンク・着ノードで連携を図ることが必要である。

　段階別の連携については、第1段階の民間企業のロジスティクスにおいて、「入在出庫計画・輸配送計画・荷さばき計画」の連携が必要である。たとえば輸配送計画で効率的な輸送ルートを策定したとしても、荷受け側で検品作業に時間がかかったり荷さばきに時間がかかれば、貨物車の駐車時間が長くなるため効率的な輸送をおこなうことができない。よって、輸配送計画は荷さばき計画次第という面がある（図2-4の①と②と③）。

　第2段階では、「建築計画・交通計画・建築計画」の連携が必要である。たとえば交通計画で駐車規制をしても、建物側に十分な荷さばき施設が確保できなければ、結局は道路上で荷さばきをしなければならない。よって、建物内の荷さばき施設の位置や規模を考慮しながら、路上路外の駐車計画を考えていく必要がある（図2-4の④と⑤と⑥）。

　第3段階では、「土地利用計画・道路計画・土地利用計画」の連携が必要である。たとえば道路整備をおこなうとき、周辺に商業施設やオフィスなどが多くあれば、交通容量以上の貨物車が道路に集中することとなる。よって交通集中を避けるためにも、道路計画と土地利用計画の連携を取る必要がある（図2-4の⑦と⑧と⑨）。

（2）　物流マネジメントのノード内とリンク内の計画（タテの連携）

　一方で、発ノード・リンク・着ノードのそれぞれで、各段階を連携させる

2．道路交通と物流マネジメント

ことも必要である。つまり、発ノードでの「入在出庫計画・建築計画・土地利用計画」、リンクでの「輸配送計画・交通計画・道路計画」、着ノードでの「荷さばき計画・建築計画・土地利用計画」である。

発ノードでは、入在出庫の量により建築計画で倉庫の規模が決まり、これが土地利用計画によって規制誘導されることになる（図2-4の①と④と⑦）。

リンクでは、通行規制や荷さばき規制が導入されれば、企業はこれに対応させて輸配送計画を変更するし、基本的な交通容量の不足については道路計画が対処すべきものである（図2-4の②と⑤と⑧）。

着ノードでは、企業が荷さばき計画をたてるときには、配送先のビルのエレベータなどの建築計画に左右されるし、この建築計画は土地利用計画によって影響されるのである（図2-4の③と⑥と⑨）。

（3） 道路交通計画にかかわる対策

物流マネジメントの対策を、さらに詳細に基盤施設計画に着目すれば、発ノード・リンク・着ノードごとに、規制誘導対策（ソフトな対策）と施設整備対策（ハードな対策）に分けることができる（図2-5）。

発ノードでのソフトな規制誘導対策は、環境保全と物流効率化のための、用途規制や建築規制などが代表的である。ハードな施設整備対策では、産業振興と環境保全のための、流通業務団地の造成や都市内集配拠点の整備がある。

リンクでのソフトな規制誘導対策は、安全で効率的な交通流を確保するための、大型車の通行規制や時間帯別の進入規制などがある。ハードな施設整備対策では、大型車通行可能道路の整備や、貨物車優先道路・専用道路の整備がある。

着ノードでのソフトな規制誘導対策は交通の整序化と物流効率化のための、附置義務駐車場の設置誘導や、集配時間規制による進入規制などがある。ハードな施設整備対策では、物流効率化と環境保全のための、駐車場や荷さばき施設の整備がある。

2-6 都市物流マネジメントの対策例

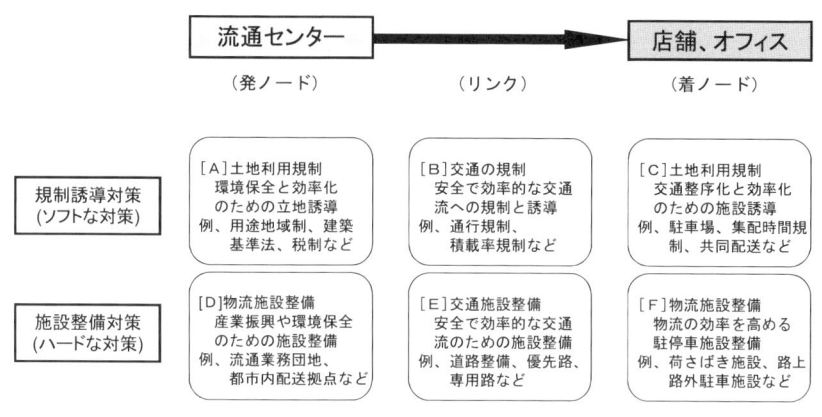

```
             流通センター  ───────▶  店舗、オフィス
             （発ノード）    （リンク）    （着ノード）

規制誘導対策  [A]土地利用規制      [B]交通の規制       [C]土地利用規制
（ソフトな対策）  環境保全と効率化     安全で効率的な交通   交通整序化と効率化
              のための立地誘導     流への規制と誘導     のための施設誘導
              例、用途地域制、建築   例、通行規則、      例、駐車場、集配時間規
              基準法、税制など     積載率規制など       制、共同配送など

施設整備対策  [D]物流施設整備      [E]交通施設整備      [F]物流施設整備
（ハードな対策）  産業振興や環境保全    安全で効率的な交通    物流の効率を高める
              のための施設整備     流のための施設整備    駐停車施設整備
              例、流通業務団地、    例、道路整備、優先路、  例、荷さばき施設、路上
              都市内配送拠点など    専用路など         路外駐車施設など
```

図2-5　基盤施設計画のソフトとハードな対策

2-6　都市物流マネジメントの対策例

(1)　都市内道路計画と建物内動線計画

　都市物流マネジメントの対策を目的で分類すると、「分ける（分散）」、「減らす（削減）」、「換える（転換）」という3つになる。

　このとき、いままでと同じく「流通センター（ノード）→道路（リンク）→店舗・オフィス（ノード）」という組み合わせで考えてみることにする（図2-6）。

(2)　方法1「分ける」（空間と時間の「分散」）

　「分ける（分散）」とは、「異なるものを別々に分け、同じものを集める」ことである。都市のなかでの「人と物の分離」を基本に、空間や時間で分離と集約を進める必要がある。その方が、人も物も互いに便利で、効率も良い。

　「空間で分ける例」には、住宅と物流施設の立地場所の分離や、乗用車と貨物車の通行路・駐車場所の分離がある。たとえば、東京駅の駅前にある大手町丸の内有楽町地区での貨物車の入れる地下駐車場整備、東京の汐留の再開発地区（汐留シオサイト）での貨物車通行可能な周回道路、ニューヨークなどでの都心の交通混雑を避けるために貨物車の通行可能な道路（トラック

2．道路交通と物流マネジメント

ルート）の指定などがある。建物内動線や店舗などでは、人が行き交う通路と貨物の通路を分け、店舗でも来客に商品や物資の搬出搬入をみせない工夫をしている。

「時間で分ける例」には、午前中は貨物車が走行でき、午後は歩行者天国になる商店街はよくある。通行規制の事例は、諸外国に多い。北京、ハノイ、パリ、ロンドンなどで導入されている。建物内動線や店舗などでは、店舗の開店前に商品や物資の搬入をおこなうことや、宅配便などの集配時間を設定することで、人と物の動きを分けている。

(3)　方法2「減らす」（台・距離・時間・回の「削減」）

「減らす（削減）」とは「物流活動そのものを減らすこと」で、具体的には「貨物車交通量の削減（台）」「輸配送距離の短縮（距離）」「輸配送時間や在庫時間の削減（時間）」「輸配送回数や荷役回数の削減（回）」となる。

「台数の削減」は、流通センターを積み替え拠点にして貨物を詰め合わせたり、積載率の低い貨物車を走行禁止にしたり、商店街での共同配送により、貨物車の台数を減らすことである。「距離の削減」は、商品や物資を輸送したり移動する距離そのものの短縮である。「時間の削減」は、輸配送時間や荷役時間を短縮することである。宅配便の配送車がビルの駐車場に到着すると、荷役エレベータを使って高層階に向かうが、エレベータの数が少ないと待ち時間が長くなる。こんなときは、ビル内での配送を受託する専門業者などが必要だろうし、その場合には駐車場の横に荷さばきのためのスペースが必要になる。

建物内の動線では、建物内の商品や物資の搬送を共同化することで、貨物車の搬入台数を減らしたり、店舗やオフィスへの搬入回数を減らすことができる。今後は、物流の視点から動線計画や施設計画がより進むと考えられる。

(4)　方法3「換える」（空間・手段・業者の「転換」）

「換える（転換）」とは「物流を他の方法に転換すること」であり、具体的には「物流施設や物流活動の場所の転換（空間）」「輸送方法や在庫方法の転

換(手段)」「物流業者の転換(業者)」となる。

「空間の転換」は、住宅地にある物流施設を流通業務団地などに移転することや、ビル内に荷さばき施設を新設したり貨物車駐車場を新たに設けることなどである。「手段の転換」は、貨物車の替わりに鉄道や台車を使ったり、ビル内の搬送で台車の替わりに搬送機器を組み込むことである。「業者の転換」は、輸配送をアウトソーシングしたり、ビル内配送を専門業者に委託することである。

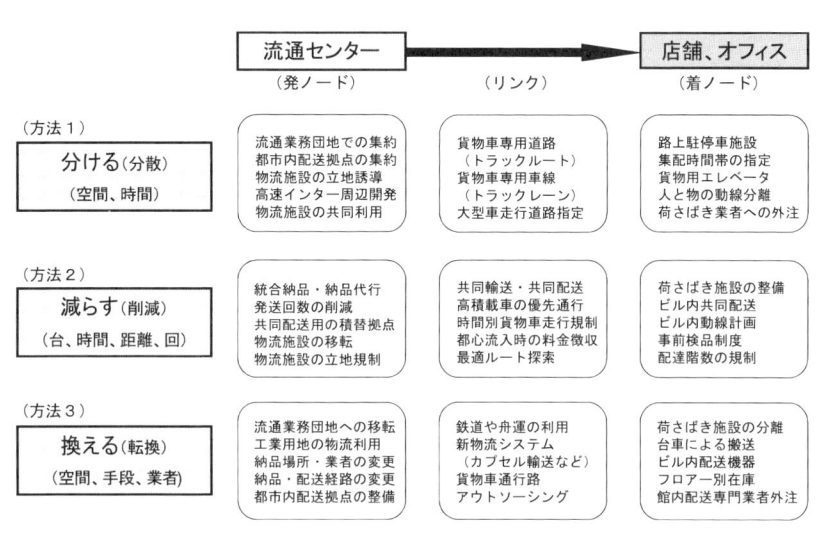

図2-6 都市の物流マネジメントの3つの対策(分ける、減らす、換える)

2. 道路交通と物流マネジメント

表2-2 都市の物流マネジメントにおける対策立案の流れ

（4章）

課題 (表4-10)	①都市部における貨物車と乗用車の混在 ②高速道路と港湾や空港の未接続 ③環境問題の発生 ④重さ・高さ指定道路の区間の不連続 ⑤貨物車や貨物車交通に適さない道路の存在		
	分ける	減らす	換える
計画の 考え方 (表4-11)	A．貨物車と乗用車が走行する空間の分離	B．貨物車の輸送距離や時間の短縮、環境影響の削減	C．貨物車交通の他路線への転換
計画 メニュー (表4-12)	a1．貨物車専用道路の整備 a2．高速道路の港湾・空港などの広域物流施設への接続	b1．貨物車交通の特性を踏まえた渋滞対策の実施 b2．環境対策の実施 b3．暫定供用中の高速道路の完成供用	c1．右左折が困難な交差点の解消 c2．重さ・高さ指定道路の不連続区間の解消

（5章）

課題 (表5-3)	①都市部における貨物車と乗用車の混在 ②環境への影響発生 ③貨物車の路上駐車		
	分ける	減らす	換える
計画の 考え方 (表5-4)	A．貨物車と乗用車が走行・駐停車する空間や時間の分離	B．貨物車の走行台数や走行距離、走行時間の削減	C．貨物車が走行する空間や時間の転換
計画 メニュー (表5-5)	a1．貨物車専用道路・優先道路 a2．貨物車の通行時間規制 a3．貨物車の駐車の許可と規制	b．路上荷さばき施設の設置	c1．情報提供による交通誘導 c2．高速道路の料金割引

(6章)

課題 (表6-15)	①物流施設と住宅の混在 ②物流施設の大型化と郊外への立地		
	分ける	減らす	換える
計画の 考え方 (表6-16)	A．物流施設の空間的な分離	B．貨物車交通による沿道環境への影響の削減	C．貨物車交通の発生集中場所の転換
計画 メニュー (表6-17)	a1．用途地域の見直し a2．物流施設の立地誘導	b．高速道路と物流施設の直結	c．物流施設の移転

(7章)

課題 (表7-5)	①人の移動と物の搬送の混在 ②搬入時間の集中 ③荷さばき施設の寸法の不足		
	分ける	減らす	換える
計画の 考え方 (表7-8)	A．乗用車と貨物車の駐車場所や人と物の通路の空間的・時間的な分離	B．貨物車の駐車台数や駐車時間の削減、積載率の向上	C．荷さばき施設の新設や増改築、時間帯の指定による転用
計画 メニュー (表7-9)	a．荷さばき施設の確保	b．共同配送	c．荷さばき施設の新設・増改築

参考文献

1　苦瀬博仁・高田邦道・高橋洋二「都市の物流マネジメント」pp18-26、勁草書房、2006
2　文献1、pp32-40

3．貨物輸送と貨物車

第3章では、我が国における貨物輸送の特徴と貨物車を取り上げる。
3-1では貨物輸送機関の特徴を貨物車、貨物鉄道、内航海運、国内航空ごとに述べる。3-2では明治時代から現在までの貨物車輸送の変遷を述べる。3-3では道路交通計画を立案する際に留意すべき貨物車の分類について述べる。3-4では乗用車との比較による、貨物車の特徴について述べる。

3-1 国内の貨物輸送機関の種類とその特徴

（1） 様々な貨物輸送機関

貨物は、貨物駅、港湾、空港などの交通結節点（ノード）を経由し、その交通結節点を結ぶ交通路（リンク）上を、様々な輸送機関（モード）によって運ばれている。

主要な貨物輸送機関には、道路を使う貨物車、鉄路を使う貨物鉄道、海路を使う船舶（内航海運）、空路を使う航空（国内航空）がある。上記以外にも、パイプラインやベルトコンベヤ、索道、モノレール、台車など、用途に応じた貨物輸送方法がある。

本節では、国内の主要な貨物輸送機関として、貨物車、貨物鉄道、船舶（内航海運）、航空機（国内航空）の4つについて、それぞれの特徴を述べる。

（2） 貨物車
1） 車両と輸送方法の特徴

貨物車とは商品や物資を運搬する自動車の総称であり、総重量1トン（積

3．貨物輸送と貨物車

載重量350kgほど）程度の軽貨物車から、総重量が25トンを超える車両まで、様々な大きさのものがある。

また、コンテナを運ぶトレーラや、生コンクリートを運ぶミキサー車のように、貨物の重量や形状にあわせた専用車両がある。

貨物車は、道路を走行し、いつでもどこにでも貨物を輸送することができることから、同じ陸上交通機関でも線路が必要な貨物鉄道に比べて機動性が高い。また、多くの道路から利用する経路を選択できるため、経路の代替性が高い。ただし、車両の高さや重さにより一部車両の通行を制限している道路があり、そのような道路では通行可能な貨物車が限られる。

貨物車による輸送を他の輸送機関と比較すると、輸送量は重量、件数ともに最大であるが、輸送ロットは0.82トン／件と国内航空の次に小さく、多頻度少量輸送に特徴がある（表3-1）。

表3-1　輸送機関別の輸送量と輸送ロット（平成22年度（2010））

	輸送量注）（重量）（トン）	輸送量注）（件数）（件）	輸送ロット注）（トン／件）
貨物車	19,897,820	24,366,732	0.82
貨物鉄道	192,338	32,186	5.98
内航海運	2,161,946	22,131	97.69
国内航空	2,974	168,585	0.02

注）原典では、流動量・流動ロットと表現しているが、本書では輸送量・輸送ロットという。
（資料：国土交通省「全国貨物純流動調査（物流センサス）報告書」平成24年3月をもとに作成）

2）輸送量と輸送品目の特徴

貨物車の輸送量は、平成21年度（2009）実績で輸送トン数4,454百万トン、輸送トンキロ3,347億トンキロであり、国内貨物輸送量全体のそれぞれ92％、64％を占めている（図3-1）。

貨物車の輸送品目は、輸送トン数では砂利・砂・石材や廃棄物、食料工業品が多く、輸送トンキロでは食料工業品、日用品、機械が多い（表3-2）。

3-1 国内の貨物輸送機関の種類とその特徴

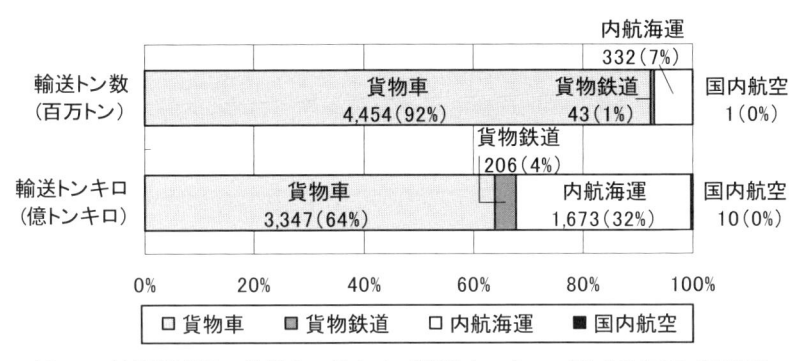

図3-1 輸送機関別の輸送トン数および輸送トンキロ（平成21年度（2009））
（資料：以下4つの資料をもとに作成）
・国土交通省「自動車輸送統計年報」平成21年度分
・国土交通省「鉄道輸送統計年報」平成21年度分
・国土交通省「内航船舶輸送統計年報」平成21年度分
・国土交通省「航空輸送統計年報」平成21年度分

表3-2 貨物車の輸送量の品目別シェア（平成21年度（2009））

貨物車			
輸送トン数		輸送トンキロ	
砂利・砂・石材	11.9%	食料工業品	14.0%
廃棄物	10.7%	日用品	12.2%
食料工業品	10.0%	機械	11.1%

注）上位3位のみ記載
（資料：国土交通省「交通関連統計資料集」平成23年度をもとに作成）

3）発着地と輸送距離・輸送時間・速度の特徴

　物流が発生する工場や倉庫の多くは、鉄道貨物駅、岸壁、空港から離れているため、運び出すときには貨物車が使われることが多い。そして貨物は、鉄道、船舶、航空機などの輸送機関から貨物車に積み替えられて、工場、都市内集配施設、商業施設などの着地に配送される。
　輸送距離帯別の貨物車の分担率は、100km以下で約90％、101km以上1,000km以下で約60％～約80％、1,001km以上で約20％となっている。このように、

3．貨物輸送と貨物車

　貨物車は短距離輸送での利用が圧倒的に多いものの、輸送の用途が多様であることから、1,000kmを超える長距離輸送も担っている（図3-2）。

　貨物車の輸送時間は、輸送距離や輸送速度によって短時間で終わる配送から、休憩をはさみつつ長時間かかる長距離輸送まである。なお、貨物車の速度は、道路の種別によって異なるものの、一般道では最高で60km/h、高速道路では100km/hと規制されている。

　貨物車の運行は、船舶や航空機と比較すると、天候に左右されることは少ないが、渋滞による到着遅れや駐車場所を探す時間などにより、定時性が確保できないこともある。

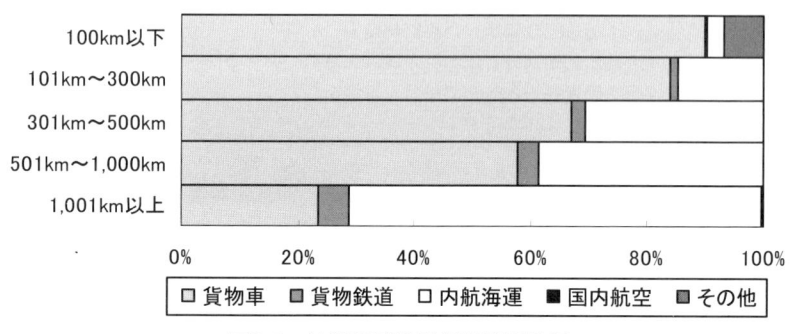

図3-2　輸送距離帯別輸送機関分担
（資料：国土交通省「全国貨物純流動調査（物流センサス）報告書」平成24年3月をもとに作成）

（3）貨物鉄道
1）車両と輸送方法の特徴

　貨物鉄道輸送は、コンテナ輸送と車扱輸送[注1]の2種類に大別される（写真3-1、写真3-2）。

　わが国の鉄道コンテナ輸送の輸送能力は、最大で1編成26両、1両あたり鉄道コンテナ5個積みで、貨物車（10トン車）65台分に相当する。貨物鉄道は、貨物車と比べて大量かつ重量のある貨物輸送が可能であり、原材料や部品の大量一括輸送に適している。また、貨物車や航空機と比べてエネルギー効率がよく、CO_2排出量も少ない（図3-3、図3-4）。

3-1 国内の貨物輸送機関の種類とその特徴

　鉄道では、線路を通行できる空間的な大きさ（建築限界）が決められている。そのため、鉄道輸送される貨物は高さや幅の制限を受ける。また、輸送可能な貨物の重量に制限がある場合もある。さらに、事故や災害などで線路が不通になった場合には、迂回や待避が困難なために、輸送を中断し、代わりに貨物車で輸送することがある。

写真3-1　コンテナ輸送
（提供：日本貨物鉄道株式会社）

写真3-2　車扱輸送
（提供：日本オイルターミナル株式会社）

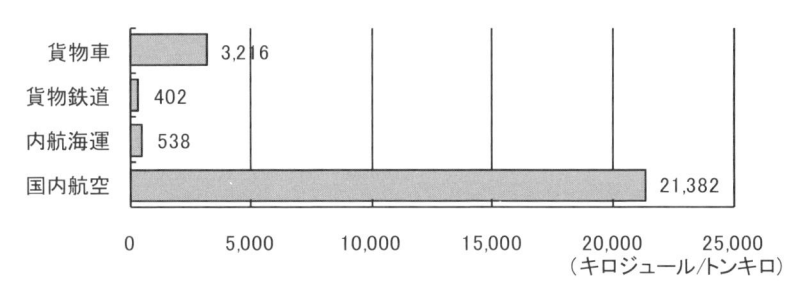

輸送機関	キロジュール/トンキロ
貨物車	3,216
貨物鉄道	402
内航海運	538
国内航空	21,382

図3-3　1トンの貨物を1キロ輸送するのに必要なエネルギー消費量の比較
　　　（平成19年度（2007））
（資料：国土交通省「交通関連統計資料集」平成23年度をもとに作成）

3．貨物輸送と貨物車

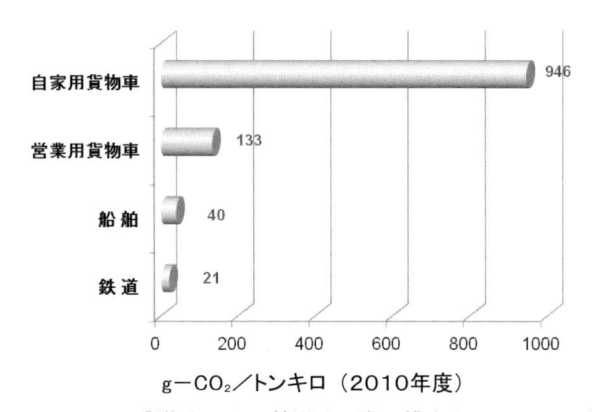

```
自家用貨物車  946
営業用貨物車  133
船舶         40
鉄道         21
```
g－CO₂／トンキロ（2010年度）

図3-4　1トンの貨物を1キロ輸送する際に排出される CO_2 の比較
（平成22年度（2010））

（出典：国土交通省ホームページ）

2）輸送量と輸送品目の特徴

　貨物鉄道の輸送量は、平成21年度（2009）で輸送トン数43百万トン、輸送トンキロ206億トンキロである。鉄道による輸送は、国内貨物輸送量全体のそれぞれ1％、4％を占めている（前出図3-1）。

　貨物鉄道の輸送トン数ベースの輸送品目は、コンテナでは食料工業品、紙・パルプ等、積合せ貨物等が多く、車扱では石油・石灰石などの原材料、車両が多い（表3-3）。

　特に、車扱輸送は、石油の輸送が多く、臨海部の製油所で生産された石油製品を内陸の油槽所まで輸送する役割を担っている。

表3-3　貨物鉄道の輸送量の品目別シェア（平成22年度（2010））

貨物鉄道			
コンテナ		車扱	
食料工業品	15.4%	石油	68.4%
紙・パルプ等	15.1%	車両	9.8%
積合せ貨物等	10.4%	石灰石	6.4%

注）上位3位のみ記載
（資料：日本貨物鉄道株式会社ホームページをもとに作成）

3）発着地と輸送距離・輸送時間・速度の特徴

　貨物鉄道による輸送は貨物駅を発着地としており、日本貨物鉄道株式会社の貨物取扱駅は、平成24年（2012）4月1日現在で全国に253駅ある[1]。貨物取扱駅までの集荷や貨物取扱駅から最終目的地までの配達には、貨物車を利用する。ただし、火力発電所や石油化学コンビナート、製鉄所、臨海部にある工場などには専用線で直結している場合もある。

　輸送距離帯別の貨物鉄道の分担率は、300km以下では約1％であるが、1,000kmを超える長距離輸送では約5％となっている（前出図3-2）。

　貨物鉄道輸送は、距離が長いほど分担率が高くなり、輸送時間は、数時間から最長約40時間（福岡〜札幌間）になる。速度は区間によって異なるが、佐川急便の専用貨物電車である「スーパーレールカーゴ」は、最高速度が130km/hで東京〜大阪間を6時間12分で結び、この区間の貨物鉄道輸送の最短時間を記録している[2]。

　また、貨物鉄道は、ダイヤにもとづき運行しているため、事故や災害がない限り貨物車や船舶と比べて定時性が高い。

（4）　内航海運
1）船体と輸送方法の特徴

　内航海運で使われる船舶は、コンテナを輸送するコンテナ船や原材料を輸送するバルク船、自動車を輸送する自動車運搬船などがある。船舶には、輸送目的に応じて総トン数100トン未満から6,500トンを超えるものまで様々な大きさがある[3]。なお、内航海運で利用される代表的な船種である499型[注2] 1隻あたりの輸送量は、貨物車（10トン車）約160台分に相当する（写真3-3）。

　船舶は、海図に示された水深、海岸地形、航路標識などを頼りに安全を確認しながら海上を航行するが、瀬戸内など狭い水路では幅数百mの航路があらかじめ決められており、その航路内を航行する。機動性と利便性の面で貨物車や貨物鉄道より劣っている一方で、貨物車や貨物鉄道よりも輸送能力が大きく、エネルギー消費原単位が小さいことから、長距離大量輸送や大型貨物の輸送に適している。

3．貨物輸送と貨物車

写真3-3　内航海運の船舶（499型 RORO 船）
（提供：日本通運株式会社）

2）輸送量と輸送品目の特徴

内航海運の輸送量は、平成21年度（2009）で輸送トン数332百万トン、輸送トンキロ1,673億トンキロである。内航海運による輸送は、国内貨物輸送量全体のそれぞれ7％、32％となっている（前出図3-1）。

また、内航海運の輸送品目は、輸送トン数および輸送トンキロベースともに石油製品、非金属鉱物、金属などの原材料が多い（表3-4）。

表3-4　内航海運の輸送量の品目別シェア（平成23年度（2011））

内航海運			
輸送トン数		輸送トンキロ	
石油製品	25.1%	石油製品	23.0%
非金属鉱物	19.1%	非金属鉱物	20.5%
金属	12.0%	金属	12.4%

注）上位3位のみ記載
（資料：国土交通省「内航船舶輸送統計年報」平成23年度分をもとに作成）

3）発着地と輸送距離・輸送時間・速度の特徴

内航海運が発着する港湾は、全国に997港ある。ただし、港湾の水深や広さによっては入港できない船舶があるため、船舶の大きさによって港湾の利用が制限される。

港湾から内陸への輸送は、貨物車や貨物鉄道を利用することが多いが、これ以外に石油やセメントなどの原材料をパイプラインやベルトコンベアで輸

送する方法や、河川、運河を小型船舶で輸送する方法もある。

輸送距離帯別の内航海運の分担率は、101km以上300km以下では約15%であるが、1,000kmを超える長距離輸送では70%に達する（前出図3-2）。

また、内航海運は定期航路と不定期航路に分けられる。定期航路はスケジュールに従って定期的に運航される航路であり、不定期航路は輸送需要に応じて寄港地とスケジュールを決める航路である。

最高速度が30ノット（55.6km/h）を超える船舶も開発されているが、一般的な船舶の航海速度は毎時10ノット（18.5km/h）〜20ノット（37.0km/h）程度であり、他の輸送機関と比べて低速度である。

輸送時間は、特定の2港間を結ぶ数時間程度から、長距離を多港寄りし、数日間に及ぶものまで様々である。

内航海運は、天候不良による欠航や、寄港地の混雑による洋上待機などにより、定時性が確保できない場合がある。

（5）　国内航空
1）機体と輸送方法の特徴

国内航空貨物輸送は、貨物専用機（フレイター）による輸送と、旅客機の胴体腹部に設けられた貨物室を利用したベリー輸送の2つがある。貨物専用機には、機種により異なるものの、最大で120トン（10トン車12台分）程度の貨物を搭載できる。一方、ベリー輸送に用いる旅客機の貨物室には、大型のジャンボ機で25トン（10トン車2.5台分）程度の貨物を搭載できるが、機種によっては1トンに満たない貨物の搭載に限られる。

航空貨物輸送は、輸送時間が短いものの、運送料金が高く、他の輸送機関と比べて1トンあたりの輸送エネルギー効率が悪いため、付加価値の高い小さな貨物や軽量物の輸送に適している（前出図3-3）。

2）輸送量と輸送品目の特徴

航空貨物の輸送量は、平成21年度（2009）で輸送トン数百万トン、輸送トンキロ10億トンキロである。航空による輸送は、国内貨物輸送量全体のそれぞれ0.02%、0.2%となっており、輸送量ベースのシェアは小さい（前出図3-1）。

3．貨物輸送と貨物車

　輸送トン数ベースの輸送品目は、ガラス・ガラス製品、電気機械、その他の化学工業品の順に多い（表3-5）。

表3-5　国内航空の輸送量の品目別シェア（平成22年度（2010））

国内航空	
ガラス・ガラス製品	13.9%
電気機械	12.2%
その他の化学工業品[注]	10.2%

注）上位3位のみ記載
注）その他の化学工業品とは、化粧品、医薬品、石ケン、洗剤、写真感光材料、火薬、農薬、殺虫剤、印刷インキ、接着剤などを指す。
（資料：国土交通省「全国貨物純流動調査（物流センサス）報告書」平成24年3月をもとに作成）

3）発着地と輸送距離・輸送時間・速度の特徴

　航空機が発着する空港は、全国に98港ある。航空による定期輸送は、航空路線が設定されている空港間で可能である。しかし空港によって、1日の離着陸回数や離着陸できる航空機の大きさに制限があり、1日あたりの輸送可能な貨物量が限られる。

　空港から工場や物流施設などへの配送には、貨物車が利用される。

　輸送距離帯別の国内航空の分担率は、1,000kmを超える長距離輸送で0.4%である（前出図3-2）。

　航空機は、ジェット機の場合900km/h程度の速度のため、他の輸送機関と比べて速く、国内の空港間の飛行時間は長くても2～3時間である。

　しかし、貨物車による集荷配達と、貨物の搭載や取りおろしの時間を考慮すると、東京～大阪間程度の距離では貨物車の輸送時間とさほど変わらず、速達性が生かされない場合がある。このため、国内の航空輸送は1,000kmを超える長距離での利用が多い。

　また、天候の不良や空港混雑が運航に影響を及ぼす場合がある。

3-2 我が国における貨物車輸送の変遷

（1） 明治時代～昭和10年代
1）明治時代（貨物車の登場）[4,5]

　我が国の貨物車輸送の変遷を振り返ると、我が国に初めて貨物車が持ち込まれた明治時代の黎明期から高度経済成長期、その後の安定成長期まで、貨物車輸送量は増加傾向にあった。そのなかにあって、貨物車輸送量は、太平洋戦争の戦時下における貨物車の減少、石油ショックを契機とした輸送量の減少、リーマンショックの影響による輸送量の減少と3度減少した。この3つの時期を大きな時代の節目ととらえ、明治時代から現在までを「明治時代～昭和10年代」、「昭和20～40年代」、「昭和50年代～平成時代」の3つの時代に大きく区分し、貨物車輸送の変遷をたどる。

　我が国最初の自動車は、明治31年（1898）にフランス人のM・テブネが持参したフランス製のガソリン自動車であり、わが国最初の貨物車は、明治36年（1903）に三井呉服店（現・三越）が商品配送用として購入したフランス製クレメント商用車であった（写真3-4）。

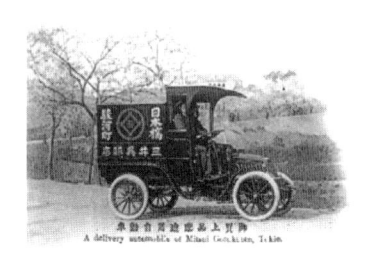

写真3-4　三井呉服店の商品配送用自動車
（出典：日本自動車工業会 JAMAGAZINE　2009年9月号）

　我が国最初の自動車による貨物輸送会社は、明治41年（1908）に設立された帝国運輸自動車であった。この会社は、フランス製の1.5トン積み貨物車11台と商用車2台により貨物輸送事業を開始した。しかし、当時、自動車は貴重であったため、宣伝用には使用されたが、貨物運送事業は拡大せず、同社は明治45年（1912）に解散した。

3．貨物輸送と貨物車

　貨物車が登場した明治時代、我が国の陸上輸送は、鉄道輸送が旅客も貨物も中心的な役割を果たしていた。明治5年（1872）に新橋（汐留）～横浜間の鉄道が開通し、翌明治6年（1873）に新橋～横浜間で1日1往復の貨物輸送が開始された。我が国でこれが、初めての鉄道貨物輸送であった。

　我が国の鉄道建設は新橋～横浜間をはじめとして、政府直轄の事業でおこなわれたが、その後財政的な問題により、鉄道建設は主に民間事業に移行した。明治25年（1892）公布の鉄道敷設法により全国に鉄道路線が延伸し、民間資本による鉄道の割合は75％に達した。しかし、明治37年（1904）に勃発した日露戦争において鉄道が軍事輸送の大部分を担ったことから、明治39年（1906）公布の鉄道国有法により鉄道の90％が国有化された。以降、鉄道は、太平洋戦争までほぼ国営の時代が続いた。

2）大正時代～昭和10年（貨物車の普及）[6]

　我が国の貨物車の保有台数は、大正4年度（1915）には全国で24台、大正9年度（1920）には889台にすぎなかったが、大正14年度（1925）には約7,900台、昭和10年度（1935）には約79,000台まで急増し、大正の後半から昭和初期にかけて大きく増加した（図3-5、表3-6）。

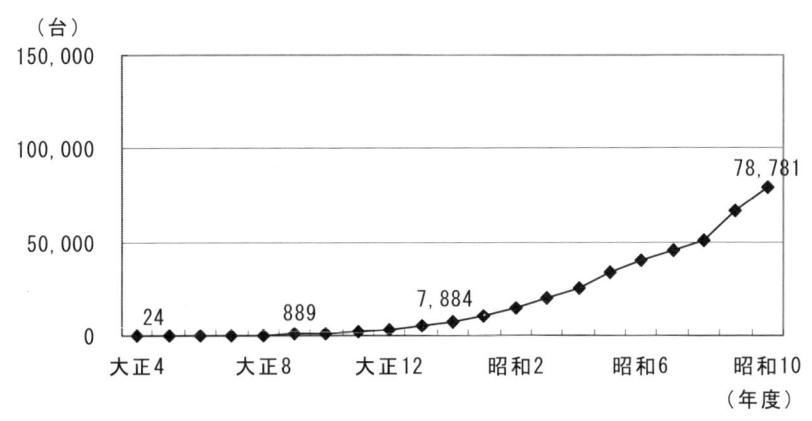

図3-5　貨物車台数の推移（大正4年度～昭和10年度）
(資料：財団法人運輸経済研究センター　近代日本輸送史研究会「近代日本輸送史」昭和54年10月5日をもとに作成)

3-2 我が国における貨物車輸送の変遷

表3-6 自動車保有台数の推移（大正4年度～平成21年度）

年度		総計	貨物車	乗用車 （バス含む）	その他 （二輪車、特殊車、軽自動車等）
大正4	1915	897	24	873	0
大正9	1920	7,912	889	7,023	0
大正14	1925	26,446	7,884	18,562	0
昭和5	1930	106,092	33,394	57,827	14,871
昭和10	1935	176,252	78,781	77,976	19,495
昭和15	1940	217,219	127,981	74,504	14,734
昭和20	1945	144,351	101,408	38,325	4,618
昭和25	1950	413,732	279,677	68,734	65,321
昭和30	1955	1,501,740	693,012	192,964	615,764
昭和35	1960	3,403,798	1,321,631	498,187	1,583,980
昭和40	1965	8,123,096	2,870,249	1,983,298	3,269,549
昭和45	1970	18,919,020	5,460,393	6,967,015	6,491,612
昭和50	1975	29,143,445	7,381,024	15,042,038	6,720,383
昭和55	1980	38,992,023	8,682,978	21,772,929	8,536,116
昭和60	1985	48,242,000	8,306,000	26,079,000	13,857,000
平成2	1990	60,500,000	8,835,000	32,682,000	18,983,000
平成7	1995	70,107,000	8,858,000	39,346,000	21,903,000
平成12	2000	75,524,000	8,106,000	42,601,000	24,817,000
平成17	2005	78,992,000	7,160,000	42,979,000	28,853,000
平成21	2009	78,693,000	6,362,000	40,647,000	31,684,000

（資料：以下2つの資料をもとに作成）
・国土交通省（平成12年以前、運輸省）「自動車保有車両数（月報）」
　（昭和25年度～平成21年度）
・財団法人運輸経済研究センター　近代日本輸送史研究会「近代日本輸送史」昭和54年10月5日
　（大正4年度～昭和20年度）

3．貨物輸送と貨物車

　大正12年（1923）、関東大震災が発生し、関東地域の鉄道は線路の破損や貨車の損傷など、大きな被害を受けた。その一方で、機動性が高く、道路復旧により通行が可能になった貨物車が、震災直後の被災者の救済や復興時の資材の輸送を担った。このように、貨物車は、車両も燃料も輸入に頼らなければならなかった時代ではあったが、ドア・ツー・ドアの便利な輸送機関として認識されるようになった。

　3）　昭和10年代（戦時下の貨物車）[7]

　貨物車の保有台数は、昭和10年度（1935）に約79,000台であったが、昭和15年度（1940）には約128,000台に増加した。しかし、太平洋戦争が始まった昭和16年度（1941）以降、貨物車の台数は減少し、終戦を迎える昭和20年度（1945）には約101,000台になった（図3-6）。

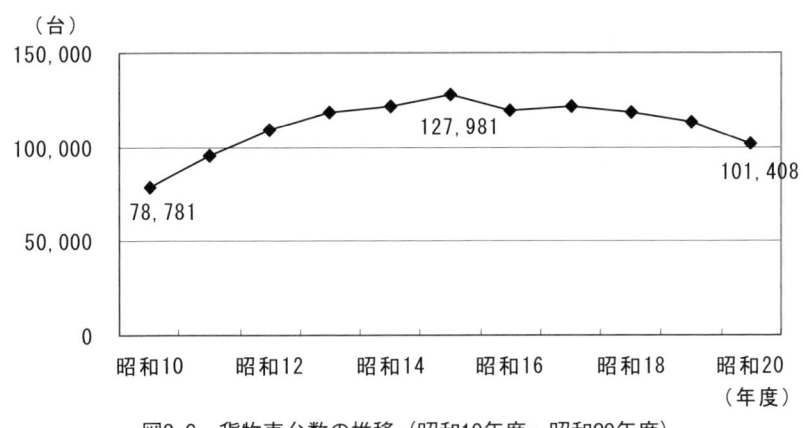

図3-6　貨物車台数の推移（昭和10年度～昭和20年度）
（資料：財団法人運輸経済研究センター　近代日本輸送史研究会「近代日本輸送史」昭和54年10月5日をもとに作成）

　戦時中、昭和13年（1938）に外国製の貨物車の輸入が禁止され、一方で軍需物資の輸送に不可欠な貨物車の国内生産も徐々に低下した。このことにより、新車の補充も十分にできないなかで、既存車両の損耗が激しくなり、加えて戦争の終盤になると本土空襲により多くの貨物車が破壊された。

　また、戦争が始まると、軍需用の石油需要が増大し、石油の消費規制が強

化されていった。昭和13年（1938）に「揮発油及重油販売取締令」が制定さ
れ、配給制が始まるとともに、自動車用ガソリンへのアルコール混入が実施
され、さらに昭和15年（1941）の米国による対日石油禁輸を機に消費規制が
強化された。これにより、営業用を含む乗用車、バスへのガソリン給油が禁
止され、代用燃料（薪・木炭など）へと切り替わった。貨物車も、燃料の供
給が限られるなかで代用燃料車が使用された。

（2） 昭和20年代～昭和40年代
1） 昭和20年代（終戦直後の貨物車)[8]

昭和20年代に入ると、貨物車の保有台数は再び増加傾向を示し、終戦翌年
の昭和21年度（1946）に約120,000台であった貨物車は、昭和25年度（1950）
には約280,000台、昭和30年度（1955）には約693,000台に増え、10年間で5
倍以上に増加した（図3-7）。

また、貨物車による輸送量も徐々に増加し、昭和21年度（1946）から昭和

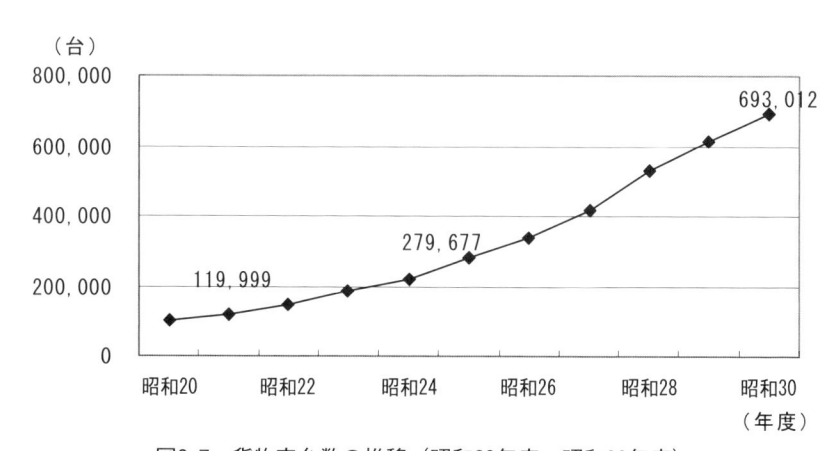

図3-7　貨物車台数の推移（昭和20年度～昭和30年度）
（資料：以下2つの資料をもとに作成）
- 財団法人運輸経済研究センター　近代日本輸送史研究会「近代日本輸送史」昭和54年
  10月5日
  （昭和20年度）
- 運輸省「自動車保有車両数（月報）」
  （昭和21年度～昭和30年度）

3．貨物輸送と貨物車

30年度（1955）の10年間で、約20億トンキロから約95億トンキロに増加した。しかし、鉄道の貨物輸送量も194億トンキロから433億トンキロに増加し、50％以上のシェアを維持していたことから、昭和20年代の貨物輸送は依然として鉄道が主体であった（表3-7、図3-8）。

3-2 我が国における貨物車輸送の変遷

表3-7 輸送機関別国内貨物輸送トンキロの推移（昭和21年度～平成21年度）

(単位：百万トンキロ)

年度		総計	貨物車 輸送量	シェア(%)	鉄道 輸送量	シェア(%)	内航海運 輸送量	シェア(%)	定期航空 輸送量	シェア(%)
昭和21	1946	25,652	2,000	7.8	19,352	75.4	4,300	16.8	-	-
昭和25	1950	54,824	5,400	9.8	33,824	61.7	15,600	28.5	-	-
昭和30	1955	81,765	9,510	11.6	43,254	52.9	29,000	35.5	1	0.0
昭和35	1960	138,920	20,801	15.0	54,515	39.2	63,600	45.8	4	0.0
昭和40	1965	186,343	48,392	26.0	57,298	30.7	80,635	43.3	18	0.0
昭和45	1970	350,644	135,916	38.8	63,423	18.1	151,243	43.1	62	0.0
昭和50	1975	360,762	129,701	36.0	47,347	13.1	183,579	50.9	135	0.0
昭和55	1980	439,045	178,901	40.7	37,701	8.6	222,173	50.6	270	0.1
昭和60	1985	434,323	205,941	47.4	22,134	5.1	205,818	47.4	430	0.1
平成2	1990	546,621	274,244	50.2	27,196	5.0	244,546	44.7	635	0.1
平成7	1995	558,841	294,648	52.7	25,101	4.5	238,330	42.6	762	0.1
平成12	2000	577,831	313,118	54.2	22,136	3.8	241,671	41.8	906	0.2
平成17	2005	570,245	334,979	58.7	22,813	4.0	211,576	37.1	877	0.2
平成21	2009	523,524	334,667	63.9	20,562	3.9	167,315	32.0	980	0.2

(資料：以下6つの資料をもとに作成)
・運輸省「陸運統計要覧」
　（貨物車・鉄道の昭和30年度～昭和60年度）
・国土交通省（平成12年以前、運輸省）「自動車輸送統計年報」
　（貨物車の平成2年度～平成21年度）
・国土交通省（平成12年以前、運輸省）「鉄道輸送統計年報」
　（鉄道の平成2年度～平成21年）
・国土交通省（平成12年以前、運輸省）「内航船舶輸送統計年報」
　（内航海運の昭和50年度～平成21年度）
・国土交通省（平成12年以前、運輸省）「航空輸送統計年報」
　（定期航空の昭和35年度～平成21年度）
・財団法人運輸経済研究センター　近代日本輸送史研究会「近代日本輸送史」昭和54年10月5日
　（上記以外のその他データ）

3．貨物輸送と貨物車

(億トンキロ)

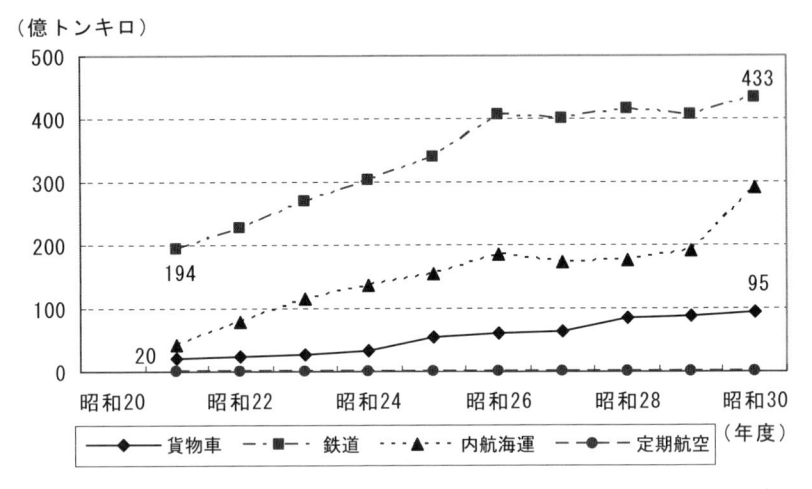

図3-8　輸送機関別国内貨物輸送トンキロの推移（昭和21年度～昭和30年度）
(資料：以下2つの資料をもとに作成)
・財団法人運輸経済研究センター　近代日本輸送史研究会「近代日本輸送史」昭和54年10月5日
　（貨物車・鉄道の昭和21年度～昭和29年度、内航海運、定期航空）
・運輸省「陸運統計要覧」
　（貨物車・鉄道の昭和30年度）

昭和24年（1949）には、鉄道の貨車不足対策として、運輸省「鉄道近距離貨物のトラック転換実施要領」が定められ、東京圏・近畿圏を中心に50km圏以内の鉄道貨物の貨物車への転換が進められた。しかし、これはあくまで鉄道貨物輸送を補完するためであった。昭和20年代後半になると、自動車の生産量や石油の輸入量が増加し、貨物車不足は解消に向かった。この結果、貨物車による輸送量が増え、昭和30年代以降の貨物車輸送の発展につながっていった。

2）　昭和30年代（高度経済成長前半期の貨物車輸送の発展）[9]

昭和30年代に入ると、高度経済成長期を迎え、貨物車の台数と輸送量がともに急増した。貨物車の台数は、昭和30年度（1955）には約69万台であったが、昭和40年度（1965）には約287万台と約4倍に増加した（図3-9）。

昭和30年度（1955）における国内貨物輸送の輸送トンキロは、鉄道が最も

3-2 我が国における貨物車輸送の変遷

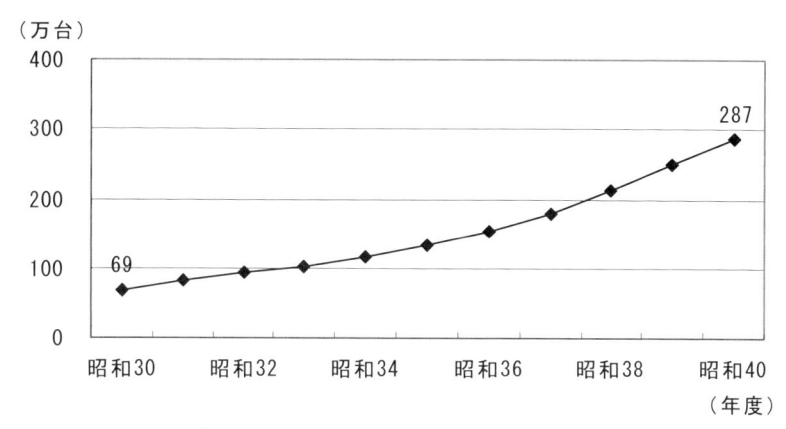

図3-9 貨物車台数の推移（昭和30年度～昭和40年度）
（資料：運輸省「自動車保有車両数（月報）」をもとに作成）

多く、次いで内航海運であり、貨物車は鉄道の約2割であった。しかし、昭和30年度（1955）から昭和40年度（1965）の10年間で、鉄道の輸送量の伸びが約1.3倍、内航海運の輸送量の伸びは約2.8倍であったのに対し、貨物車の輸送量は約5.1倍と他の輸送機関と比べて大幅に増加した。この結果、昭和40年度（1965）における国内貨物輸送は、内航海運の約806億トンキロが最も多く、次いで鉄道の約573億トンキロであったが、貨物車の輸送量は約484億トンキロとなり、鉄道の約8割に達した（図3-10）。

3．貨物輸送と貨物車

（億トンキロ）

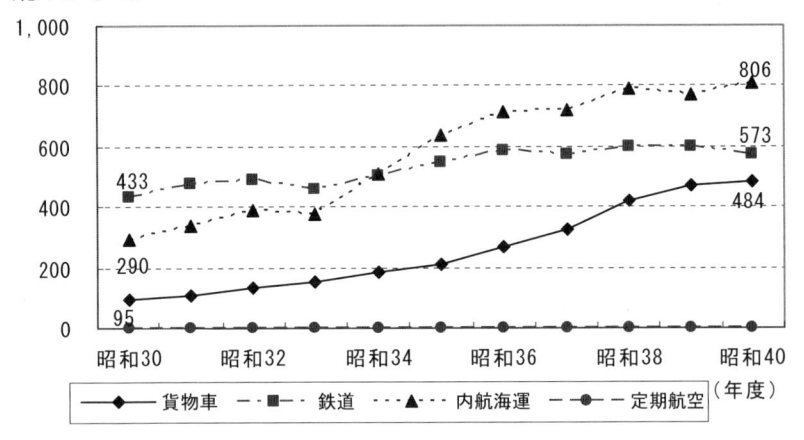

図3-10　輸送機関別国内貨物輸送トンキロの推移（昭和30年度～昭和40年度）
（資料：以下3つの資料をもとに作成）
・運輸省「陸運統計要覧」
　（貨物車・鉄道）
・財団法人運輸経済研究センター　近代日本輸送史研究会「近代日本輸送史」昭和54年10月5日
　（内航海運、定期航空の昭和30年度～昭和34年度）
・運輸省「航空輸送統計年報」
　（定期航空の昭和35年度～昭和40年度）

　昭和30年代に貨物車や内航海運の輸送量が大幅に増加した一方で、鉄道の貨物輸送量の伸びが小幅にとどまった理由は3つ考えられる。
　1つ目は、国内景気の回復により国民の消費が拡大し、輸送手段の変化を促したことである。つまり、国内消費の拡大により、冷蔵庫や洗濯機等の家電、食料品や日用品等の消費財の輸送量が増加したため、ドア・ツー・ドアの小ロットの輸送に強みを持つ貨物車の輸送量が増加した。
　2つ目は、昭和30年代に道路整備が進展したことである。舗装された国道の延長は、昭和30年（1955）には4,157kmであったが、昭和40年（1965）には16,540kmと約4倍に増加した。昭和38年（1963）7月には、我が国最初の高速道路である名神高速道路の栗東IC～尼崎IC間が開通し、昭和40年（1965）には小牧IC～西宮IC間が全線開通した。これらの道路整備にとも

3-2　我が国における貨物車輸送の変遷

なって、昭和30年代後半には、車両の大型化と輸送の高速化が進み、貨物車輸送の効率が向上し、路線トラック網が拡大した。また、LPG液体化学用や液体窒素用などのタンクローリーや、冷凍車・冷蔵車などによる輸送も発展した。

3つ目は、昭和30年代に始まった石油をエネルギーとする重化学工業の発展である。石油や鉱石を輸入して鉄鋼や工業製品を生産する臨海工業地帯が形成され、内航海運の輸送量が増大した。一方、石炭が主要貨物であった鉄道貨物輸送は、石炭から石油へのエネルギー転換や割安な輸入炭により、国内石炭生産量が急速に減少した影響を受けて、石炭の輸送量が昭和30年代後半に減少した。

3）　昭和40年代（高度経済成長後半期と石油ショック時の貨物車)[10]

昭和40年代においても貨物車による輸送量が増加したが、昭和48年（1973）の第1次石油ショックにより一時的に輸送量は減少した。

貨物車の輸送量は、昭和40年度（1965）の約484億トンキロから石油ショック発生前年の昭和47年（1972）には約1,536億トンキロとなり、過去最高を記録したが、石油ショック以降の昭和50年度（1975）には約1,297億トンキロまで減少した（図3-11）。

一方、貨物車の保有台数は、昭和40年度（1965）に約287万台であったが、昭和45年（1970）には約546万台、昭和50年度（1975）には約738万台に増加した（図3-12）。

昭和40年代は、国道や高速道路（ここでは高速自動車国道を指す）の整備が進められた。

昭和40年度（1965）の国道は、実延長28,029kmに対し、舗装済延長は16,540kmで舗装率は約60％であった。10年後の昭和50年度（1970）には実延長40,081km、舗装済延長37,048kmとなり、約12,000kmが整備されるとともに、舗装率は90％まで向上した。

また、高速道路は、昭和40年（1965）に名神高速道路が全線開通し、昭和44年（1969）には東名高速道路が全線開通して名神高速道路とつながった。高速道路整備延長は、昭和40年度（1965）に190kmだったが、10年後の昭和50年度（1970）には1,891kmとなった（図3-13）。

3．貨物輸送と貨物車

（億トンキロ）

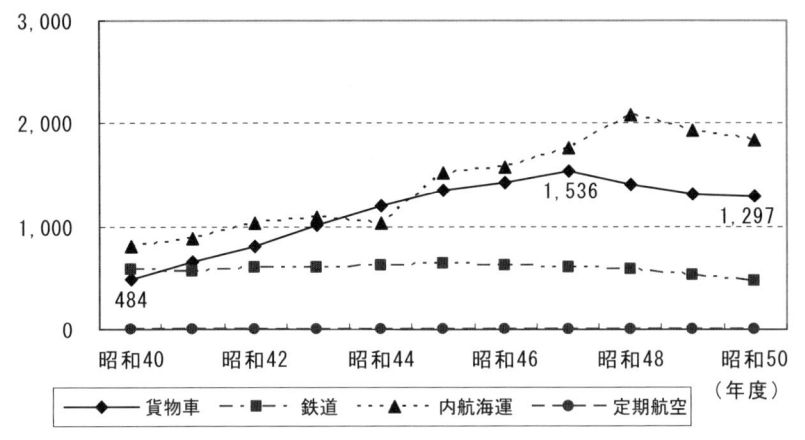

図3-11　輸送機関別国内貨物輸送トンキロの推移（昭和40年度～昭和50年度）
（資料：以下4つの資料をもとに作成）
・運輸省「陸運統計要覧」
　（貨物車・鉄道）
・財団法人運輸経済研究センター　近代日本輸送史研究会「近代日本輸送史」昭和54年10月5日
　（内航海運の昭和40年度～昭和48年度）
・運輸省「内航船舶輸送統計年報」
　（内航海運の昭和49年度～昭和50年度）
・運輸省「航空輸送統計年報」
　（定期航空）

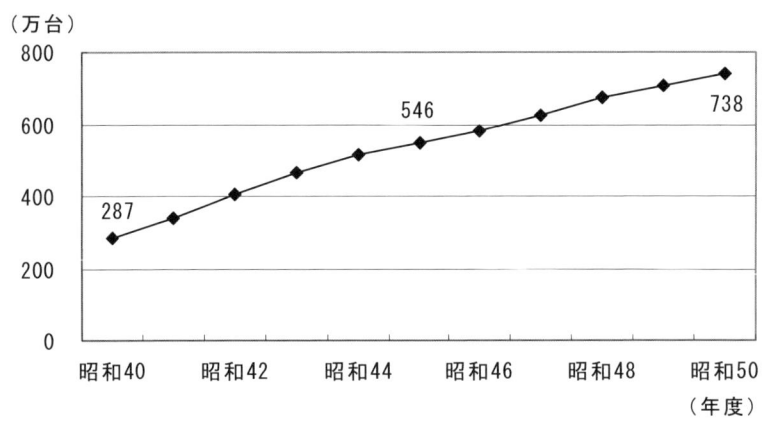

（万台）

図3-12　貨物車台数の推移（昭和40年度～昭和50年度）
（資料：運輸省「自動車保有車両数（月報）」をもとに作成）

3-2 我が国における貨物車輸送の変遷

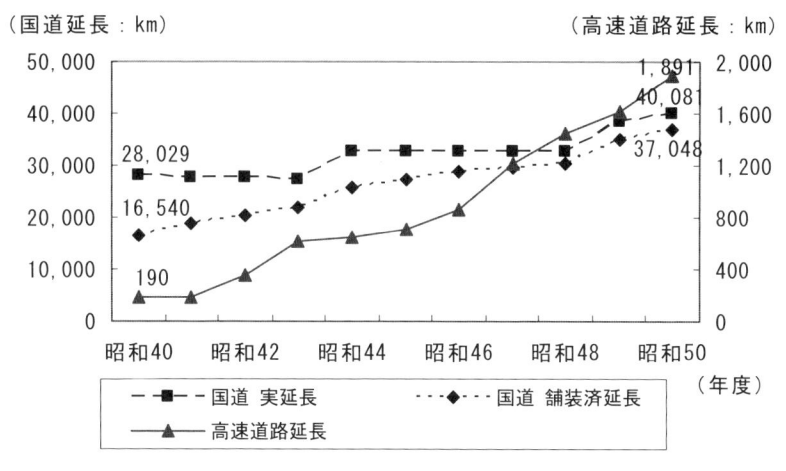

（国道延長：km）　　　　　　　　　　　（高速道路延長：km）

図3-13　国道（実延長・舗装済延長）、高速道路延長の推移
（昭和40年度～昭和50年度）

（資料：建設省「道路統計年報」をもとに作成）

　このような道路整備にともない、地方の運送業者であった西濃運輸、福山通運等が東京・大阪などの大都市に向かって路線を拡張し、昭和40年代半ばには、全国的な路線網を構築した。

　高度経済成長後半期、国内の貨物輸送量が増加していくなかで、道路整備とともに貨物車の輸送量は増加した。昭和48年（1973）の第1次石油ショック後は、当時の貨物車輸送の1/4を占めた建設資材の輸送量が減少するとともに、消費の低迷により雑貨の輸送量が停滞した。

　昭和40年代になると、モータリゼーションが本格化し、乗用車が急激に普及した。乗用車台数は、昭和40年度（1965）には貨物車台数の6割程度であったが、昭和44年度（1969）には貨物車台数を上回り、昭和50年度（1975）には貨物車の2倍以上に増加した。貨物車台数は昭和40年度（1965）から昭和50年度（1975）の10年間で約3倍に増加したが、乗用車台数はその間に約8倍に増加した（図3-14）。

　このような乗用車の普及により、大都市をはじめとする都市圏では交通渋滞等の交通問題が激化し、円滑な都市活動が阻害される事態に陥った。交通渋滞により、都市内の貨物車輸送は、1日1台あたりの運行回数や輸送ト

3．貨物輸送と貨物車

数が減少し、1台1運行あたりの所要時間が増加する等、運行効率が低下した（表3-8）。

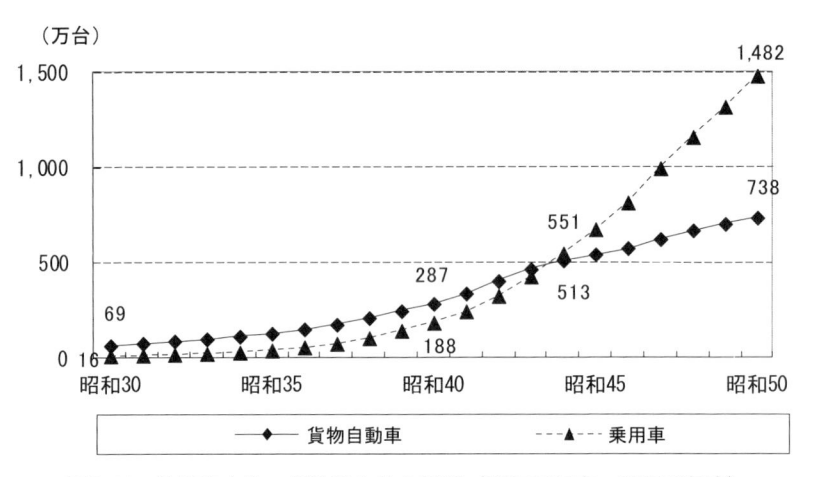

図3-14　乗用車台数・貨物車台数の推移（昭和30年度～昭和50年度）
（資料：運輸省「自動車保有車両数（月報）」をもとに作成）

表3-8　東京における貨物車の運行効率の低下状況

年	1日1台あたり 運行回数（回）	1日1台あたり 輸送トン数（トン）	1台1運行（集配）あたり 所用時間（時間）	1台1運行（集配）あたり 走行キロ（キロ）	1台1運行（集配）あたり 輸送トン数（トン）
昭和35	4.2 (100)	12.9 (100)	2.5 (100)	23.3 (100)	3.1 (100)
昭和40	2.7 (64)	9.0 (70)	3.4 (136)	17.1 (73)	3.3 (106)
昭和45	2.2 (52)	8.0 (62)	3.9 (156)	19.3 (83)	3.6 (116)
昭和46	2.1 (50)	7.8 (61)	3.9 (156)	18.1 (78)	3.7 (119)
昭和47	2.1 (50)	7.8 (61)	3.9 (156)	19.4 (78)	3.7 (119)

注(1)　日本通運株式会社の資料による。
　(2)　（　）内は昭和35年を100とする指数である。
（出典：運輸省「昭和48年度　運輸白書」昭和48年12月）

3-2　我が国における貨物車輸送の変遷

(3)　昭和50年代～平成時代
　1）昭和50年代（宅配便の登場）[11,12,13,14]

　昭和50年代に入ると、貨物車による輸送量は再び増加しはじめた。第1次石油ショックの影響により昭和50年度（1975）には約1,297億トンキロまで減少していたが、翌年から増加しはじめた。昭和54年（1979）の第2次石油ショックにより内航海運と鉄道の輸送量が減少したが、貨物車の輸送量は増加を続けた。そして、昭和60年度（1985）には約2,059億トンキロとなり、内航海運の輸送量（約2,058億トンキロ）を上回った（図3-15）。

　一方、貨物車の保有台数は、この期間、昭和55年度（1980）まで増加した（図3-16）。

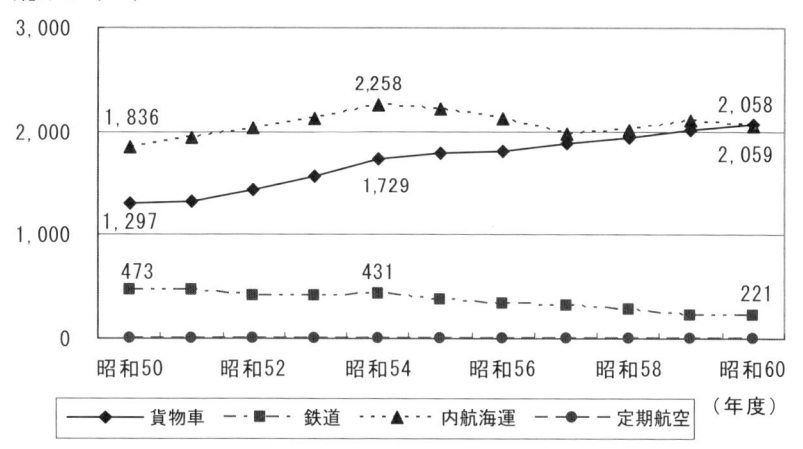

図3-15　輸送機関別国内貨物輸送トンキロの推移（昭和50年度～昭和60年度）
（資料：以下3つの資料をもとに作成）
・運輸省「陸運統計要覧」
　（貨物車・鉄道）
・運輸省「内航船舶輸送統計年報」
　（内航海運）
・運輸省「航空輸送統計年報」
　（定期航空）

3．貨物輸送と貨物車

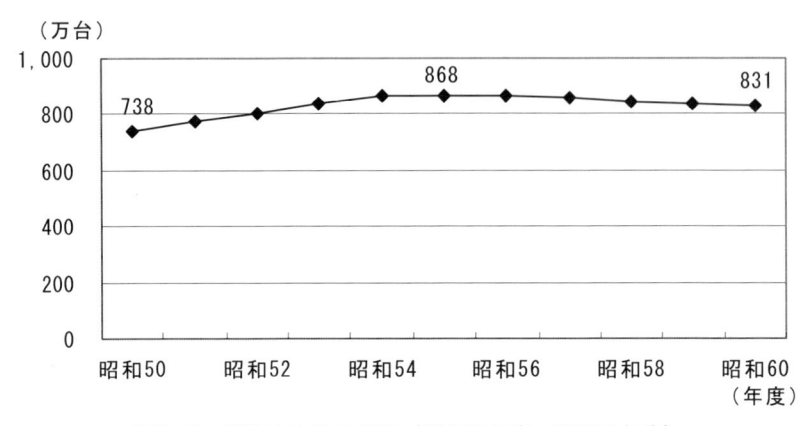

図3-16　貨物車台数の推移（昭和50年度～昭和60年度）
（資料：運輸省「自動車保有車両数（月報）」をもとに作成）

　2度の石油ショックを経て、日本の産業構造は大きく変化した。製造業では、主力産業が鉄鋼・造船などの重厚長大産業から電気製品・コンピュータなどの軽薄短小産業に入れ替わり、国内貨物輸送にも大きな影響を与えた。第2次石油ショックが起こった昭和54年度（1979）の国内貨物の輸送量は、貨物車1,729億トンキロ、鉄道431億トンキロ、内航海運2,258億トンキロであったが、昭和60年度（1985）には、鉄道が221億トンキロ、内航海運が2,058億トンキロに減少した一方で、貨物車は2,059億トンキロに増加した（前出図3-15）。

　また、昭和50年代には、小口貨物をドア・ツー・ドアで輸送するサービスとして宅配便が普及した。ここでいう小口貨物とは、最大でも重量が30kg以下、1口1個の貨物のことである。なお、重量の上限値は、事業者により異なっている。

　宅配便の誕生には諸説がある。昭和2年（1927）に鉄道省と運送業者によって始められた「特別小口扱い（宅扱）」を最初とする説がある一方、今日のような幹線輸送に貨物車を利用する宅配便では、昭和48年（1973）の三八五貨物の「グリーン宅配便」を原型とする説などがある。ただし、宅配便の本格的な普及は、ヤマト運輸が昭和51年（1976）1月に「宅急便」という名称で始めた宅配便事業からと考えてよい。

3-2 我が国における貨物車輸送の変遷

　宅配便は、小型の集配車で営業所ごとにおこなう「集荷・配達」、貨物車でおこなう「営業所とターミナルの間の輸送」、大型貨物車で深夜に高速道路を走行する「ターミナル間の輸送」の3つを組み合わせることで、確実迅速なドア・ツー・ドアの小口輸送を実現した（図3-17）。

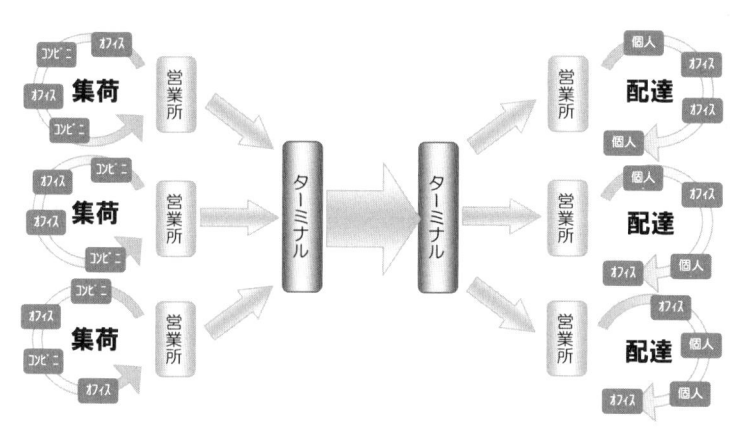

図3-17　宅配便の仕組み

　ヤマト運輸は、主に個人の小口貨物をターゲットとしたドア・ツー・ドアの貨物輸送サービスとして「宅急便」を開始したが、初めの数年間は取扱個数が伸びず、昭和52年（1977）の取扱個数は、郵便小包1億9,000万個、鉄道小荷物5,800万個に対し、宅急便は600万個であった。しかし、その後の取扱個数の伸びは著しく、数ある宅配便の中で、宅急便は現在まで取扱個数トップの座を維持している。

　宅配便事業は、昭和53年（1978）以降、日本通運や西濃運輸などの大手事業者が参入し、今日では、年間取扱個数が30億個以上にも及ぶ市場規模に成長している（図3-18）。

3．貨物輸送と貨物車

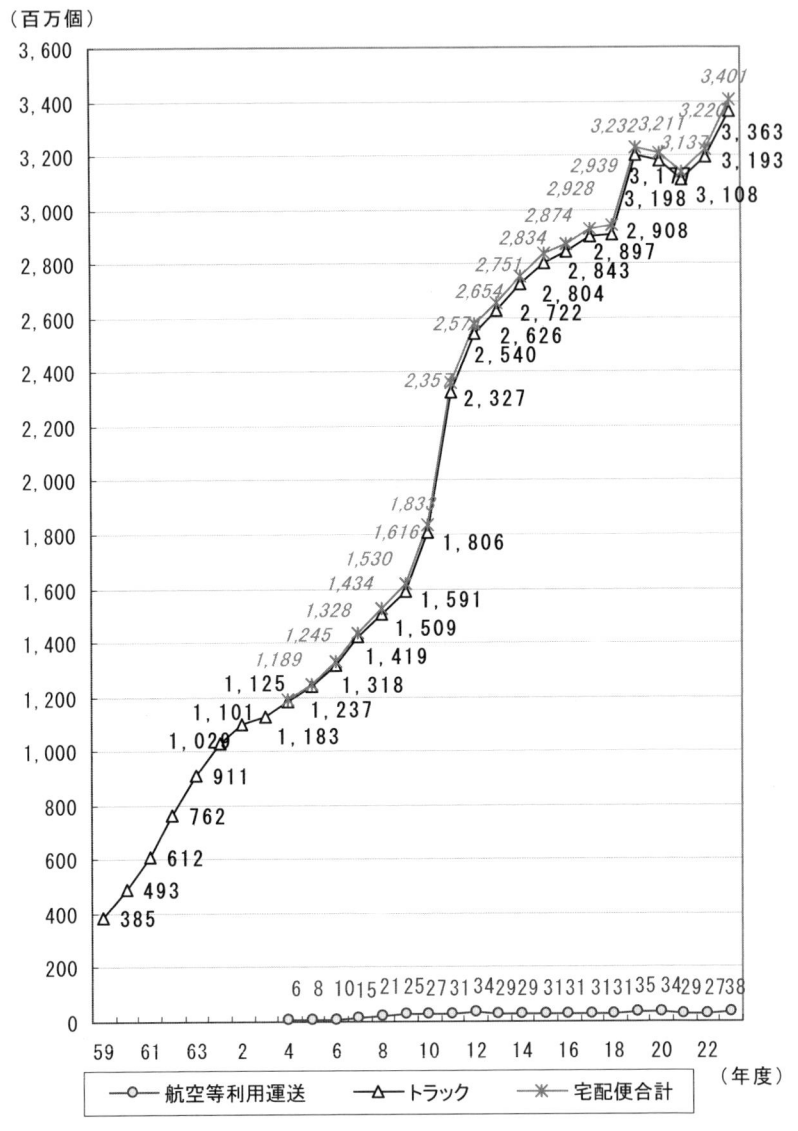

図3-18　宅配便取扱個数の推移（昭和59年度～平成23年度）
（出典：国土交通省「宅配便取扱個数の推移」平成24年7月31日）

3-2 我が国における貨物車輸送の変遷

2）昭和60年度～平成7年度（多頻度小口輸送の普及とグローバル化）

　国内での貨物車による輸送量は、昭和60年度（1985）に内航海運を上回り、その後も緩やかに増加し続けたが、平成の時代になると2,700億～2,900億トンキロ程度の輸送量で推移している（図3-19）。

　なお、貨物車の保有台数は、この間、昭和60年度（1985）に831万台、平成3年度（1991）に892万台、平成7年度（1995）に886万台と、横ばい状態で推移した（図3-20）。

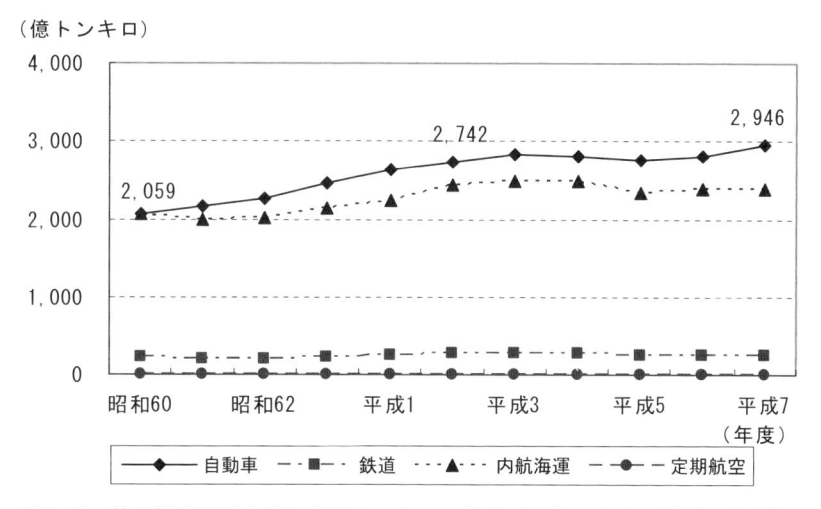

図3-19　輸送機関別国内貨物輸送トンキロの推移（昭和60年度～平成7年度）
（資料：以下5つの資料をもとに作成）
- 運輸省「陸運統計要覧」
  （貨物車・鉄道の昭和60年度～昭和61年度）
- 運輸省「自動車輸送統計年報」
  （貨物車の昭和62年度～平成7年度）
- 運輸省「鉄道輸送統計年報」
  （鉄道の昭和62年度～平成7年度）
- 運輸省「内航船舶輸送統計年報」
  （内航海運）
- 運輸省「航空輸送統計年報」
  （定期航空）

3. 貨物輸送と貨物車

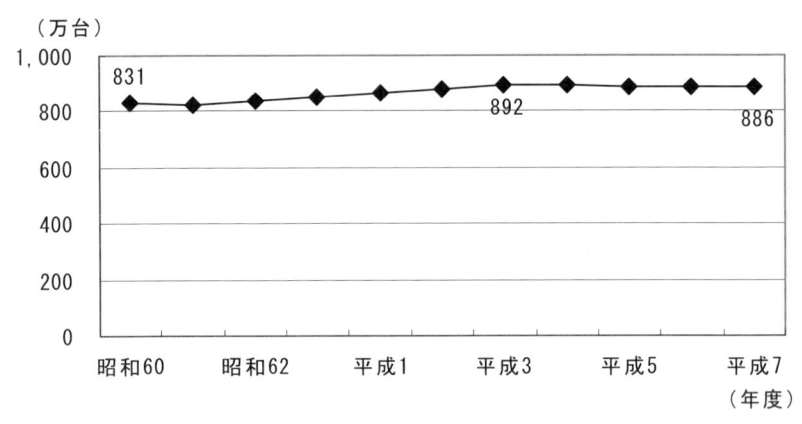

図3-20 貨物車台数の推移（昭和60年度～平成7年度）
（資料：運輸省「自動車保有車両数（月報）」をもとに作成）

　昭和60年代には、消費生活が多様化し、多様なニーズに応えるために、多品種少量生産方式が普及した。この結果、多品種少量の商品、製品を必要な時に必要な量だけ届けるため、多頻度小口でJIT（just in time）の輸送が求められるようになった。

　多頻度小口輸送が求められる事例の1つに、この時代に急激に店舗数が増加したコンビニエンスストアがあげられる。コンビニエンスストアは、限られた店舗スペースに食品や日用品など、3,000種類もの多様な商品を取り揃えているため、店舗内の在庫数を極力少なくした上で、品切れが発生しないようにしなければならない。このため、コンビニエンスストアでは、必然的に納品回数が多くなる。コンビニエンスストアが出始めた頃、1店舗に納品する配送車の台数が1日に約70台もあったと言われている。しかし、今日では、共同配送センターを拠点とした配送等をおこなうことで、1店舗への配送回数は1日8回程度にまで減らしている。

　また、個々の消費者に直接商品が届けられる通信販売や部品在庫の削減を目指すジャストインタイム生産システムも、コンビニエンスストアと同様に、この時代に普及しており、多頻度小口の輸送、JITの輸送が増加した一因であった。この結果、小回りがきき、少量輸送に適した貨物車の輸送機会が増え、輸送量が増加した。

一方、昭和60年（1985）のプラザ合意による急激な円高により、日本の製造業の多くが生産コストの安い東南アジアに生産拠点を移したことにより、物流のグローバル化が促進された。

　この結果、我が国と諸外国との間の輸送を主に担う外航海運における取扱貨物量が増加し、ISO規格の海上コンテナによる複合一貫輸送が定着した。海上コンテナの国内陸上輸送は、貨物車であるトレーラによりおこなわれている。

　また、この時代には貨物自動車運送事業に関する法制度が改正された。平成2年（1990）に貨物車による運送事業を規定していた道路運送法（昭和26年（1951）施行）が改正され、貨物自動車運送事業法が施行された。同時に、運送取扱事業を規定した新法として、貨物運送取扱事業法が施行された。

　この2つの法律は物流二法と呼ばれている。貨物自動車運送事業法では、運送事業の免許制が許可制に、運賃設定が認可制から事前届出制になった。一方で、過労運転防止や過積載禁止を法律で規定し、国家試験で認定される運行管理者を各営業所に置くことを義務付けて、安全のための規制を強化した。貨物運送取扱事業法では、輸送機関別に規定されていた取扱事業を一本化し、取扱事業と実運送事業を明確に分けたため、貨物車、船舶、鉄道などの異なる輸送機関による複合輸送の輸送体系がわかりやすくなった。

3）平成7年度〜現在（安全・環境に関する規制強化）

　平成7年度（1995）に2,946億トンキロであった貨物車による輸送量は、平成19年度（2007）には3,548億トンキロまで増加したが、その翌年に減少し、平成21年度（2009）には3,347億トンキロになった（図3-21）。その減少の背景には、平成20年（2008）9月のリーマン・ブラザーズの経営破綻に端を発した世界的な金融危機の影響を受けて国内需要が落ち込み、貨物量が大幅に減少したことがある。

　一方、貨物車の保有台数は、886万台であった平成7年（1995）度以降減少しており、平成21年度（2009）には約636万台になり、昭和47年度（1972）に並ぶ台数になっている（図3-22）。

3．貨物輸送と貨物車

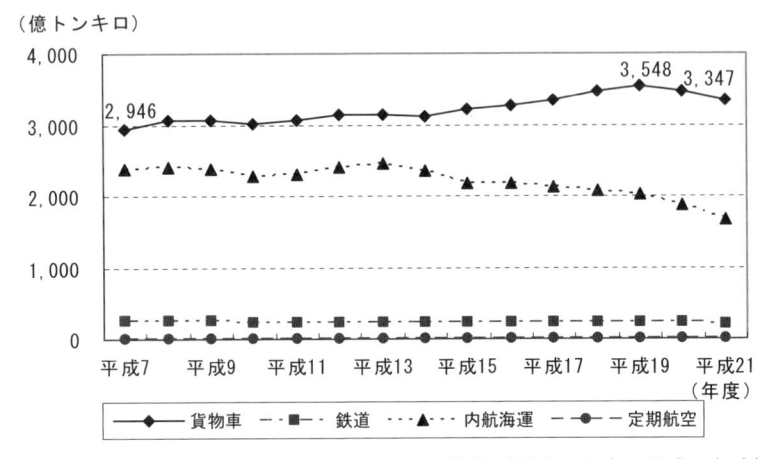

図3-21　輸送機関別国内貨物輸送トンキロの推移（平成7年度～平成21年度）
（資料：以下4つの資料をもとに作成）
・国土交通省（平成12年以前、運輸省）「自動車輸送統計年報」
　（貨物車）
・国土交通省（平成12年以前、運輸省）「鉄道輸送統計年報」
　（鉄道）
・国土交通省（平成12年以前、運輸省）「内航船舶輸送統計年報」
　（内航海運）
・国土交通省（平成12年以前、運輸省）「航空輸送統計年報」
　（定期航空）

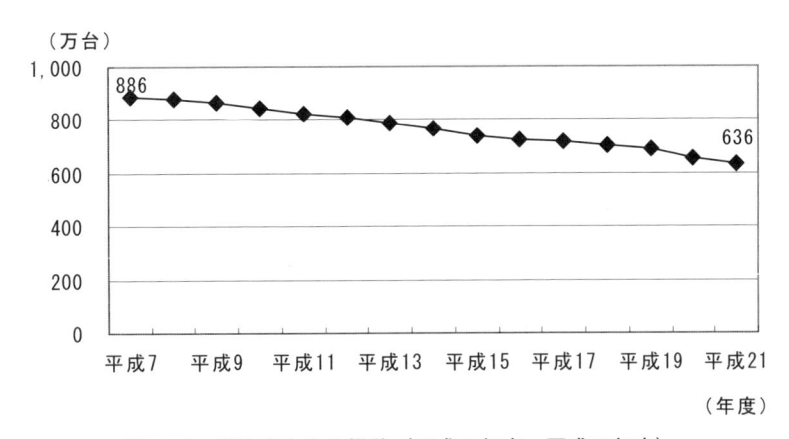

図3-22　貨物車台数の推移（平成7年度～平成21年度）
（資料：国土交通省（平成12年以前、運輸省）「自動車保有車両数（月報）」をもとに作成）

3-2　我が国における貨物車輸送の変遷

　貨物自動車運送の事業者数は、平成19年度（2007）まで増加し、同年度には63,122社と事業者数が最多になった。貨物自動車運送事業法が施行された平成２年度（1990）以降毎年500社を上回る増加が続き、特に平成４年度（1992）から平成17年度（2005）にかけて毎年1,000社を超える大幅な増加が続いていた。しかし、平成20年度（2008）は、国内景気の落ち込みによる貨物量の減少、燃料価格高騰等により事業から退出する事業者数が新規に参入する事業者数を上回り、貨物自動車運送事業者数は約40年ぶりに減少した（図3-23）。

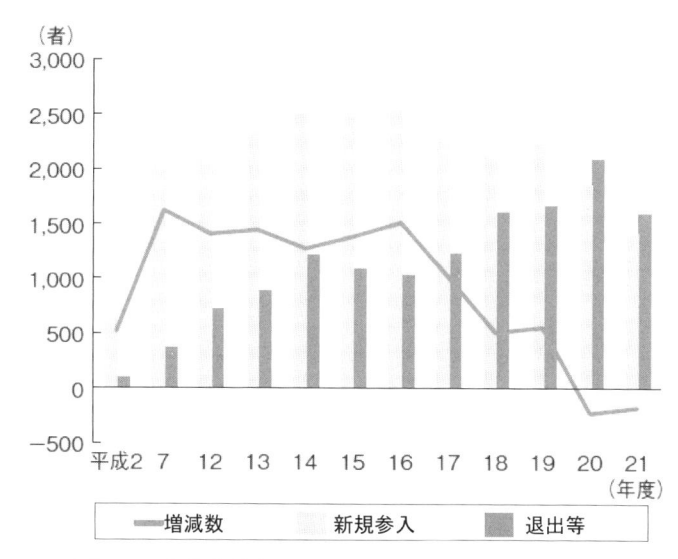

図3-23　貨物自動車運送事業への新規参入・退出等の推移
注）退出には、合併、譲渡により消滅した事業者も含む
（出典：社団法人全日本トラック協会「平成22年度版　トラック輸送産業の現状と課題」平成23年３月）

　平成２年に改正された物流二法（貨物自動車運送事業法、貨物運送取扱事業法）は、鉄道事業法とともに平成15年（2003）に改正され、これら３つの法律を一括りにして物流三法と呼ばれている。平成15年（2003）の法改正では、貨物自動車運送事業の営業区域規制を廃止し、全国単位で自由な事業が

展開できるようになり、同時に運賃の事前届出制が廃止された。また、貨物運送取扱事業法は、法改正の際に、法律名が貨物利用運送事業法に変更された。そして、第一種貨物利用運送事業が許可制から登録制に緩和された。なお、鉄道事業法の改正では、運賃の上限認可を廃止しており、経済的な規制の緩和が進められた。

貨物自動車運送事業等の経済的な規制が緩和された一方で、安全・環境面の規制は強化されている。安全面の規制強化は、平成15年（2003）9月の道路交通法の改正により、大型貨物車へのスピードリミッターの装着が義務付けられ、平成23年（2011）には、点呼の際にアルコールチェッカーの使用を義務付けることで、飲酒運転の取締強化が進められた。環境面の規制強化については、NOx・PM法[注3]が平成14年（2002）5月に施行されたほか、東京都等では条例により厳しいディーゼル車規制の実施やアイドリングストップの義務付けがおこなわれている。

3-3 貨物車の分類

(1) 貨物車の分類方法

貨物車には、車体寸法や積載重量、積載貨物の違いに応じた架装などによって、様々な種類がある。

このため、貨物車は、車幅や車長、車高、重量、危険物の積載等によっては、狭い道路やトンネル、荷重制限のある橋、水底トンネル、長大トンネル[注4]を通行できないことがある。また、貨物車の走行による騒音や振動の影響により、住宅地の道路の通行が規制されることもある。そのため、道路交通計画においては、通行する貨物車の種類や大きさを想定することが重要になる。

貨物車の一般的な分類方法には、車両制限令による分類、道路運送車両法による分類、道路構造令による分類、運転免許制度による分類の4つがある（表3-9）。

3-3 貨物車の分類

表3-9 貨物車の分類

分類	項目
車両制限令による分類	一般的制限値内にある車両
	一般的制限値を超える車両（特殊車両）
道路運送車両法による分類	貨物車（普通貨物車、小型貨物車）
	乗用車（普通乗合車、小型乗用車、普通乗用車）
	特殊車（特殊用途自動車、大型特殊自動車、建設機械）
道路構造令による分類	小型自動車
	小型自動車等
	普通自動車
	セミトレーラ連結車
運転免許制度による分類	普通自動車
	中型自動車
	大型自動車
	小型特殊自動車
	大型特殊自動車
	けん引

（2） 車両制限令による貨物車の分類

　車両制限令とは、道路法第47条第1項にもとづき、道路の構造を保全し、または交通の危険を防止するため、通行できる車両の幅、重さ、高さ、長さおよび最小回転半径の制限を定めた政令である（表3-10）。

　同令による車両諸元の最高限度は「一般的制限」と呼ばれ、日本国内の公道を走行する車両は原則として一般的制限を満たす必要がある。

　ただし、道路法第47条の2により、車両の構造又は車両に積載する貨物が「特殊」な車両で、車両制限令の幅、長さ、高さおよび総重量の一般的制限値を超える車両であっても、「当該車両を通行させようとする者の申請にもとづいて、通行経路、通行時間等について、道路の構造を保全し、又は交通の危険を防止するため必要な条件を附して」通行が許可される。このような

3．貨物輸送と貨物車

表3-10　車両制限令の一般的制限値

車両の諸元		一般的制限値（最高限度）
幅		2.5メートル
長さ		12メートル
高さ		3.8メートル（高さ指定道路については、4.1メートル）
重さ	総重量	総重量20トン（重さ指定道路については、25トン）
	軸重	10トン
	隣接軸重	・隣り合う車軸の軸距が1.8メートル未満の場合は18トン（ただし、隣り合う車軸に係る軸距が1.3メートル以上、かつ隣り合う車軸の軸重がいずれも9.5トン以下の場合は19トン） ・隣り合う車軸の軸距が1.8メートル以上の場合は20トン
	輪荷重	5トン
最小回転半径		12メートル

（資料：車両制限令第3条をもとに作成）

車両は、「特殊車両」と呼ばれている。

「車両の構造又は車両に積載する貨物が特殊である」車両のうち、「構造が特殊な車両」とは、トラッククレーン等自走式建設機械およびトレーラ連結車のことを示す（図3-24）。

貨物のバラ積みが可能なトレーラ連結車であるセミトレーラとフルトレーラには、特例5車種（バン型、タンク型、幌枠型、コンテナ型、自動車運搬用）と、特例3車種（あおり型、スタンション型、船底型）と呼ばれるものがあり、これらは合わせて特例8車種と呼ばれている。

3-3 貨物車の分類

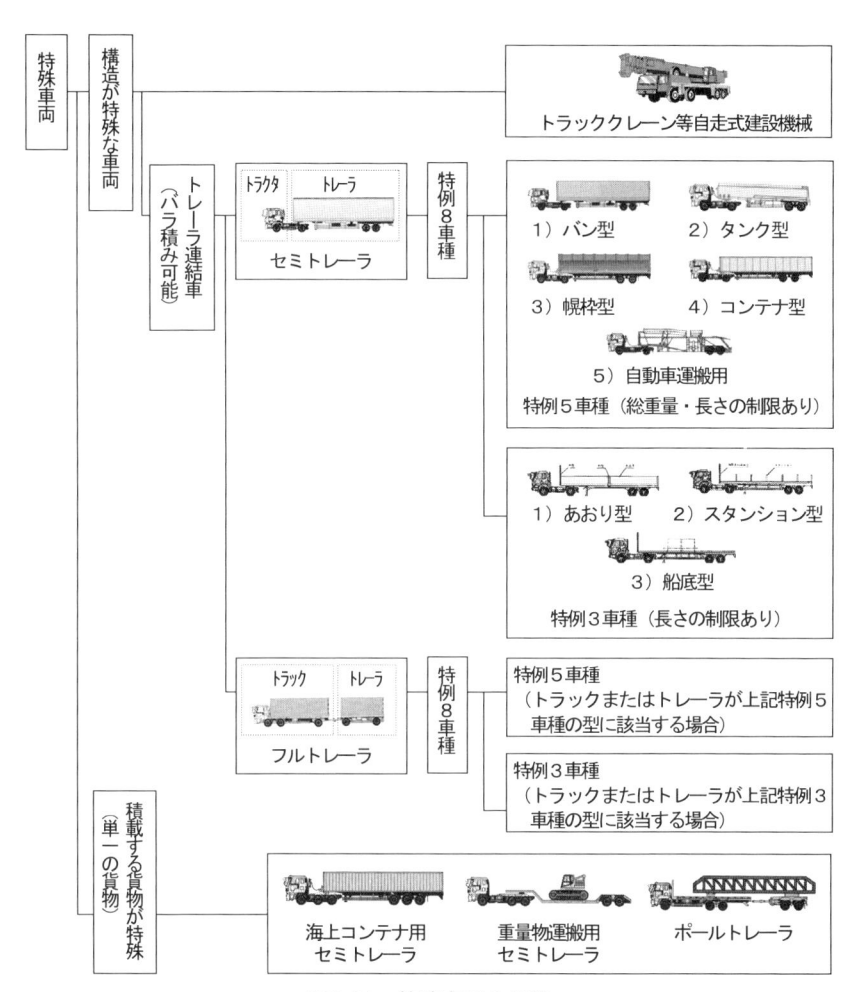

図3-24 特殊車両の分類

(資料：国土交通省関東地方整備局ホームページをもとに作成。同ホームページにおいてイラストは「財団法人日本道路交通情報センター資料」を参考に作成したものである。)

3．貨物輸送と貨物車

　特例5車種については、通行する道路種別ごとに総重量および長さの制限値が設けられている（表3-11、表3-12）。特例3車種については、長さの制限値のみ適用される。なお、制限値を超える車両の通行は許可されない。

表3-11　特例5車種の車両総重量の制限値

道路種別	最遠軸距	総重量の制限値
高速自動車国道	8m以上　9m未満	25トン
	9m以上　10m未満	26トン
	10m以上　11m未満	27トン
	11m以上　12m未満	29トン
	12m以上　13m未満	30トン
	13m以上　14m未満	32トン
	14m以上　15m未満	33トン
	15m以上　15.5m未満	35トン
	15.5m以上	36トン
重さ指定道路[注]	8m以上　9m未満	25トン
	9m以上　10m未満	26トン
	10m以上	27トン
その他の道路	8m以上　9m未満	24トン
	9m以上　10m未満	25.5トン
	10m以上	27トン

注）総重量の一般的制限値を車両の長さおよび軸重に応じて最大25トンとする道路
（資料：車両の通行の許可の手続等を定める省令第1条の2をもとに作成）

表3-12　特例5車種、特例3車種の長さの制限値

道路種別	連結車	長さ
高速自動車国道	セミトレーラ連結車	16.5m
	フルトレーラ連結車	18.0m

（資料：車両制限令第3条第3項をもとに作成）

3-3 貨物車の分類

「積載する貨物が特殊」とは、電車の車体、電柱、建設機械、大型発電機など貨物が特殊で分割不可能なため、貨物を積載した状態の車両が一般的制限値のいずれかを超える場合のことである。この場合、輸送する貨物は、単一のものに限定される（写真3-5）。

写真3-5　「貨物が特殊」な例（道路上を輸送されるN700系新幹線車両）
（提供：日本通運株式会社）

（3）　道路運送車両法による貨物車の分類

道路運送車両法第19条では、自動車は「自動車登録番号標及びこれに記載された自動車登録番号を見やすいように表示しなければ、運行の用に供してはならない」とされている。このため、公道で走行する自動車は、貨物車も含め自動車登録番号標（通称：ナンバープレート。以下、ナンバープレートと称す）を表示しなければならない。

道路運送車両法では、用途、排気量、車体の大きさにより車両を分類し、ナンバープレートのナンバーを付与することになっている（表3-13）。

3．貨物輸送と貨物車

表3-13　道路運送車両法による分類

区分		内容
普通自動車	普通乗用車（3ナンバー）	排気量2,000cc（ガソリン車のみ）、横幅1.7m、長さ4.7m、高さ2.0mのいずれかを超える乗車定員10人以下の乗用車（人の運送用の自動車）
	普通貨物車（1ナンバー）	排気量2,000cc（ガソリン車のみ）、横幅1.7m、長さ4.7m、高さ2.0mのいずれかを超える貨物車（貨物の運送用の自動車）
	普通乗合車（2ナンバー）	排気量2,000cc（ガソリン車のみ）、横幅1.7m、長さ4.7m、高さ2.0mのいずれかを超える乗車定員11人以上の乗用車（人の運送用の自動車）
小型自動車	小型乗用車（5,7ナンバー）	排気量2,000cc以下（ガソリン車のみ）、横幅1.7m以下、長さ4.7m以下、高さ2.0m以下のすべてを満たす乗用車　このうち、全長3.4m以下、全幅1.48m以下、全高2.0m以下、排気量660cc以下をすべて満たすものは軽乗用車
	小型貨物車（4,6ナンバー）	排気量2,000cc以下（ガソリン車のみ）、横幅1.7m以下、長さ4.7m以下、高さ2.0m以下のすべてを満たす貨物車　このうち、全長3.4m以下、全幅1.48m以下、全高2.0m以下、排気量660cc以下をすべて満たすものは軽貨物車
特殊車	特殊用途自動車（8ナンバー）	散水車、広告宣伝用自動車、霊柩車、その他特殊の用途に供する普通自動車及び小型自動車（貨物車では、タンク車、アスファルト運搬車、コンクリートミキサー車、冷蔵冷凍車など）
	大型特殊自動車（建設機械を除く）（9ナンバー）	道路運送車両法施行規則第2条（自動車の種別）に記載されているもののうち、小型特殊自動車以外のもの　ショベル・ローダ、タイヤ・ローラ、ロード・ローラ等は、車体の大きさは横幅1.7m以上、長さ4.7m以上、高さ2.8m以上、最高速度15km/h以上のいずれかを満たすもの　農耕トラクタ等の農耕作業用自動車は、最高速度35km/h以上のもの　ただし、建設機械は除く
	建設機械（0ナンバー）	大型特殊自動車のうち、自動車抵当法第2条但書に規定されているもの（ブルドーザ、雪上車など）

（資料：道路運送車両法施行規則第2条、自動車登録規則第13条第1項をもとに作成）

　普通貨物車のナンバープレートには、運送事業用の緑地（通称：緑ナンバー）と自家用の白地（通称：白ナンバー）がある。小型貨物車（軽自動車）には、事業用の黒地（通称：黒ナンバー）、自家用の黄地（通称：黄ナンバー）がある（表3-14）。

表3-14 ナンバープレートの分類

区分	内容
貨物車 事業用自動車 普通貨物車：緑ナンバー 小型貨物車：黒ナンバー	自動車運送事業者がその自動車運送事業の用に供する自動車（輸送自体を商売としての営みに用いる車両）
自家用自動車 普通貨物車：白ナンバー 小型貨物車：黄ナンバー	事業用自動車以外の自動車

（資料：道路運送車両法施行規則第11条第1号様式をもとに作成）

（4） 道路構造令による貨物車の分類

道路構造令とは、「道路を新設し、又は改築する場合における道路の構造の一般的技術的基準」（第1条）を定めた政令である。

道路構造令では、車両を小型自動車、小型自動車等、普通自動車、セミトレーラ連結車の4車種に分類し、長さ、幅などの諸元を定めている（表3-15）。

道路構造令では、新たに道路を設計する際にこの車両分類をもとに、道路規格（4-1（2）2参照）に応じて、設計の対象となる車両を決め、「第1種、第2種、第3種第1級又は第4種第1級の普通道路にあっては小型自動車及びセミトレーラ連結車が、その他の普通道路にあたっては小型自動車及び普通自動車が、小型道路[注5]にあっては小型自動車等が安全かつ円滑に通行することができるようにするものとする」（第4条）とされている。

表3-15 設計車両の諸元

諸元（単位メートル） 設計車両	長さ	幅	高さ	前端オーバハング	軸距	後端オーバハング	最小回転半径
小型自動車 （小型貨物車、小型乗用車）	4.7	1.7	2	0.8	2.7	1.2	6
小型自動車等[注]	6	2	2.8	1	3.7	1.3	7
普通自動車 （普通貨物車、普通乗用車）	12	2.5	3.8	1.5	6.5	4	12
セミトレーラ連結車	16.5	2.5	3.8	1.3	前軸距4 後軸距9	2.2	12

注）小型自動車および普通自動車のうち乗用定員10人以下の自動車（普通乗用車）
（資料：道路構造令第4条をもとに作成）

3．貨物輸送と貨物車

（5） 運転免許制度による貨物車の分類

道路交通法では、運転することができる車両の大きさ、重さ、積載量、けん引の有無によって、運転免許の区分を決めている（表3-16）。この運転免許の区分をもとに貨物車を分類することができる。

表3-16　運転免許制度による分類（貨物車に関係する内容のみ）

区分	内容
普通自動車	車両総重量が5,000kg未満、かつ最大積載量が3,000kg未満（車体の大きさ等が、大型自動車、中型自動車、大型特殊自動車、小型特殊自動車について定められた車体の大きさ等のいずれにも該当しない自動車）
中型自動車	大型自動車、大型特殊自動車、小型特殊自動車以外の自動車で、車両総重量が5,000kg以上11,000kg未満、または最大積載量が3,000kg以上6,500kg未満
大型自動車	車両総重量が11,000kg以上、または最大積載量が6,500kg以上
小型特殊自動車	特殊自動車で、車体の大きさが長さ4.70メートル以下、幅1.70メートル以下、高さ2.00メートル以下であり、15km/hを超える速度を出すことができない構造のもの
大型特殊自動車	道路交通法施行規則第2条（自動車の種類）に記載されているもののうち、小型特殊自動車以外のもの（ショベルカー、ローラー車、農耕トラクタ等）
けん引	故障車以外で重被けん引車[注]（車両総重量が750kgを超える車）をけん引する場合

注）けん引される側の車両
（資料：道路交通法施行規則第2条、道路交通法第85条第3項をもとに作成）

3-4　貨物車と貨物車交通の特徴

（1）　貨物車と乗用車の違い

貨物を運ぶことを目的とした貨物車は、人を乗せることを目的とした乗用車と比較して、車両は多様で、環境負荷は大きい。また、貨物車と乗用車の交通の特徴を比較すると、発生サイクルや交通量の変動に違いがある（表3-17）。

貨物車が通行する道路の計画や貨物車が発着する物流施設の計画においては、これらの違いに留意しなければならない。

3-4 貨物車と貨物車交通の特徴

表3-17 貨物車と乗用車の違い

	違い	貨物車・貨物車交通の特徴	計画にあたっての留意点
乗用車と貨物車の違い	車両・車種の多様性	貨物には様々な形状があることから、それらを運ぶ貨物車にも様々な車体がある。	貨物車の重さ、高さ、長さを踏まえた、道路構造や交差点構造、荷さばき施設を計画すること
	環境負荷の大きさ	寸法、重量、エンジンの大きい貨物車は自然環境、生活環境への影響が大きい。	貨物車から排出される大気への影響物、音、振動の大きさを考慮した道路計画とすること
乗用車交通と貨物車交通の違い	発生サイクルの多様性	納品日や納品時間が様々であるため、貨物車の発生するサイクルは様々である	貨物車交通が発生するサイクルが様々であることを考慮した道路、荷さばき施設を計画すること
	交通量の変動の大きさ	貨物車交通は季節や曜日などにより、交通量の変化が激しい。	貨物車の交通量の変動を考慮した道路、荷さばき施設を計画すること

(2) 車両の多様性

貨物車は、積載する貨物が大物、重量物、液体物、危険物、箱単位の大量貨物など様々であり、その貨物の特徴に応じて仕様が異なる。その違いは、車両の車長、全幅、全高、重量、最小回転半径に表れる。このため、乗用車と比較すると、貨物車の寸法や重量は多種多様である（図3-25）。

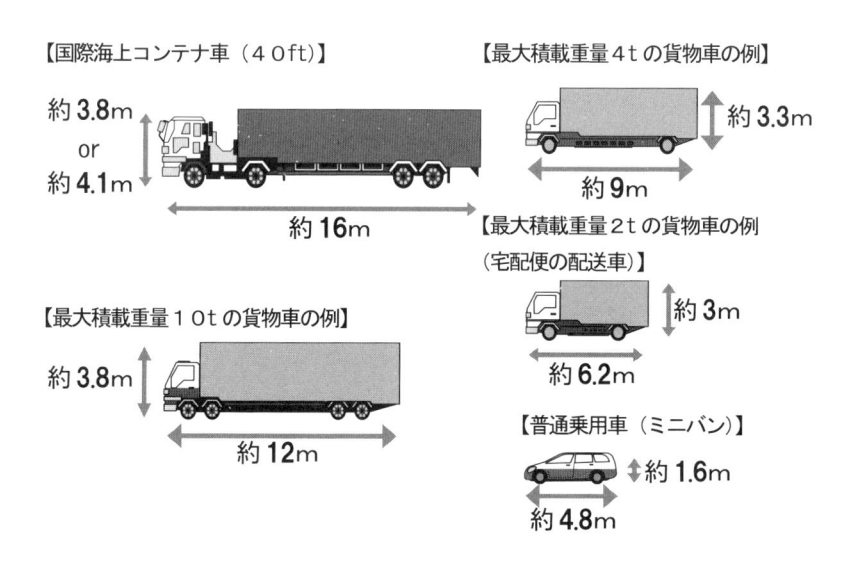

【国際海上コンテナ車（40ft）】
約3.8m or 約4.1m
約16m

【最大積載重量4tの貨物車の例】
約3.3m
約9m

【最大積載重量10tの貨物車の例】
約3.8m
約12m

【最大積載重量2tの貨物車の例（宅配便の配送車）】
約3m
約6.2m

【普通乗用車（ミニバン）】
約1.6m
約4.8m

図3-25 車両の寸法・重量の違いの例

3．貨物輸送と貨物車

　その結果、車両の寸法や重量、積載物の内容により、狭い道路など貨物車が通行できない道路や交差点、貨物車の通行が規制されている道路がある。
　たとえば、一般的な大型貨物車（車両制限令の一般的制限内の車両）であっても、通行できない道路がある。また、車両制限令の寸法、重量の基準を超えた「特殊車両」が通行するには、通行許可申請が必要となる上、通行可能な道路は指定されている道路に限定される。さらに、水底トンネルや長大トンネルでは、石油などの引火しやすい物をはじめ危険物を積んだ貨物車の通行を規制したトンネルが存在する。
　そのため、道路計画や交通管理を計画する際には、どのような貨物車が利用するのかに配慮することが必要となる。
　貨物車の駐車スペースは、車両の高さや幅、長さが乗用車より大きい。また、荷さばき作業をともなうことが多いことから、後方からの積みおろしに必要なスペースや台車で横をすり抜けるためのスペースが必要となる。したがって、貨物車の荷さばき駐車における1台あたりに必要な面積は、乗用車よりも広いスペースを確保する必要がある。

（3）　環境負荷の大きさ

　貨物車は乗用車と比較すると排気量が大きく、積載物によって総重量も大きいことが多いため、大気汚染や騒音、振動など、地域環境への影響が大きい。
　また、貨物車は、軽油がガソリンよりも安価であること、低速トルクが強い（発進時に重量が大きくても動かすことができる）ことから、ディーゼルエンジンを採用している車両が多い。しかしながら、ディーゼルエンジンは、窒素酸化物（NOx）、浮遊粒子状物質（SPM）といった大気汚染物質を多く排出する。
　このため、多くの貨物車が走行することを前提とした道路計画や物流施設計画においては、周辺への騒音、振動の発生、NOx、SPMの発生に配慮が必要である。

（4） 発生サイクルの多様性

　貨物車は輸送する貨物の納品日や納品時間が商取引により決まるため、乗用車と比較して交通の発生するサイクルは様々となる。たとえば、乗用車の多くは朝夕の通勤時間帯に集中するが、貨物車の場合には、商取引の都合や届け先への時間指定の有無などによって交通が集中する日や時間は様々である。

　多くの貨物車が走行することを前提とした道路計画や物流施設計画においては、貨物車交通の発生サイクルが多様であることに配慮が必要である。

（5） 交通量の変動の大きさ

　乗用車交通（人の交通）の特性が、平日と休日に大別できるのに対し、貨物車は特定の季節や曜日に集中することが多く、しかも交通量は大きく変動する。

　たとえば、農水産品の収穫時期になると、出荷のために貨物車の交通量は増加する。また、港湾や空港などへの搬出入は、船舶や飛行機のタイムスケジュールによって変動する。さらに、工場の場合には、多種多様な原材料が入荷されるものの、出荷時には一定の製品となるため、入出荷で貨物車の車種や交通量が異なることがある。商取引上の節目となる日に貨物車交通が集中することもある。

　多くの貨物車が走行することを前提とした道路計画や物流施設計画においては、貨物車交通量の変動の大きさへの配慮が必要である。

【注釈】

注1） 原材料等の輸送のために1車単位で貸し切る輸送方法
注2） 総トン数が499トン（またはそれよりやや少ない総トン数）の船舶のこと
注3） 自動車から排出される窒素酸化物及び粒子状物質の特定地域における総量の削減等に関する特別措置法
注4） 独立行政法人日本高速道路保有・債務返済機構（旧日本道路公団）では5km以上のトンネルと定義
注5） 小型自動車等のみの通行の用に供する、普通道路に比べて小さな道路（乗用車専用道路）

3．貨物輸送と貨物車

【参考文献および引用文献】
1　日本貨物鉄道株式会社「環境・社会報告書2012」p4、2012
2　日本貨物鉄道株式会社「JRF news release」pp1-3、平成16年10月13日
3　国土交通省「海事レポート」(第2章　産業基幹物資の国内輸送を担う内航貨物輸送　第1節　内航海運とは)、平成12年7月21日、国土交通省ホームページ
4　佐々木列「社会に貢献し続けてきたトラック」(1．わが国自動車の夜明けについて、3．わが国最初のトラック会社設立される) JAMAGAZIN (2009年9月号)、一般社団法人日本自動車工業会ホームページ
5　森隆行「現代物流の基礎」pp65-67、同文舘出版、平成19年
6　財団法人運輸経済研究センター　近代日本輸送史研究会「近代日本輸送史」pp51-65、成山堂書店、昭和54年
7　JX日鉱日石エネルギー株式会社「石油便覧」(第3編　石油産業発達史　第2章　国内石油産業　第3節　戦時統制時代)、同社ホームページ
8　文献6、pp83-86
9　文献6、pp98-108
10　文献6、pp128-135
11　文献5、pp26-27
12　文献5、pp46-63
13　上羽博人・松尾俊彦・澤喜司郎「交通と物流システム」pp13-14、成山堂書店、平成20年
14　社団法人全日本トラック協会「平成22年度版　トラック輸送産業の現状と課題」pp32-33、平成23年

4. 物流のための道路整備計画

　第4章では、物流のための道路整備計画について述べる。物流のための道路とは、物流施設間を貨物車が走行する道路のことである。
　4-1では道路と貨物車交通について述べる。4-2では物流のための道路整備の課題について述べる。4-3では道路整備の考え方について述べる。4-4では道路整備計画について述べる（図4-1）。

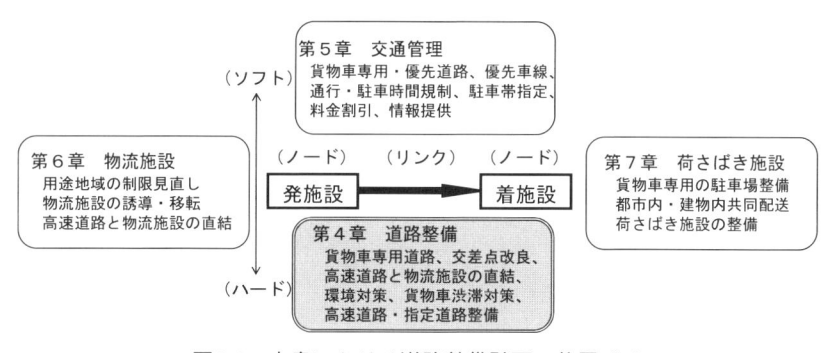

```
                    ┌─────────────────────────────┐
                    │ 第5章 交通管理              │
                    │ 貨物車専用・優先道路、優先車線、│
         （ソフト）  │ 通行・駐車時間規制、駐車帯指定、│
            ↑       │ 料金割引、情報提供          │
            │       └─────────────────────────────┘
┌──────────────────┐ （ノード）（リンク）（ノード） ┌──────────────────┐
│ 第6章 物流施設   │                                │ 第7章 荷さばき施設│
│ 用途地域の制限見直し│  発施設 ──────→ 着施設      │ 貨物車専用の駐車場整備│
│ 物流施設の誘導・移転│                                │ 都市内・建物内共同配送│
│ 高速道路と物流施設の直結│ ┌─────────────────────────┐ │ 荷さばき施設の整備│
└──────────────────┘ │ 第4章 道路整備          │ └──────────────────┘
            │       │ 貨物車専用道路、交差点改良、│
         （ハード）  │ 高速道路と物流施設の直結、  │
            ↓       │ 環境対策、貨物車渋滞対策、  │
                    │ 高速道路・指定道路整備      │
                    └─────────────────────────────┘
```

図4-1　本書における道路整備計画の位置づけ

表4-1　物流のための道路整備計画（概要）

課題 (表4-10)	①都市における貨物車と乗用車の混在　②高速道路と港湾や空港の未接続 ③環境問題の発生　④重さ・高さ指定道路の区間の不連続 ⑤貨物車や貨物車交通に適さない道路の存在		
	分ける	減らす	換える
計画の 考え方 (表4-11)	A. 貨物車と乗用車が走行する空間の分離	B. 輸送距離や時間の短縮、環境影響の削減	C. 貨物車交通の他路線への転換
計画 メニュー (表4-12)	a1. 貨物車専用道路の整備 a2. 高速道路の港湾・空港などの広域物流施設への接続	b1. 貨物車交通の特性を踏まえた渋滞対策の実施 b2. 環境対策の実施 b3. 暫定供用中の高速道路の完成供用	c1. 右左折が困難な交差点の解消 c2. 重さ・高さ指定道路の不連続区間の解消

4．物流のための道路整備計画

4-1　道路と貨物車交通

（1）道路の機能[1]
1）交通機能

　道路には、人の移動や物の輸送のための機能（交通機能）と、道路空間を利用する機能（空間機能）の2つの機能がある。

　交通機能には、通行、アクセス、停止（滞留）の3つの役割がある（表4-2）。

　通行とは、自動車や自転車、歩行者が円滑・安全・快適に道路を移動することである。円滑な移動とは、自動車や自転車、歩行者が渋滞をせずに滞りなく移動することである。また、安全な移動とは、自動車や自転車、歩行者が交通事故や危険な事象に遭遇することなく移動することであり、快適な移動とは、自動車や自転車、歩行者が気持ちよく移動することである。

　アクセスとは、自動車や自転車、歩行者が、沿道の土地や施設へ出入りすることである。

　停止とは、自動車が駐停車したり、自転車や歩行者が立ち止まったり、バスを待っていたりすることである。なお、「道路構造令の解説と運用」においては停止ではなく滞留としている。

2）空間機能

　空間機能には、市街地形成、防災空間、環境空間、収容空間の4つの役割がある（表4-2）。

　市街地形成とは、道路が都市や地区の骨格を形成し、住宅、商業施設などの沿道への立地を促進することである。

　防災空間とは、災害時の避難、火災発生時における延焼遮断、沿道の建物崩落時における道路閉塞の防止、消防活動をおこなうための場所として道路を活用することである。

　環境空間とは、植樹による緑化や橋梁などのランドマークとなる構造物の設置による良好な景観の形成、沿道の環境保全（騒音や振動の低減、大気環境の保全）に道路を活用することである。

　収容空間とは、地下鉄、都市モノレール、駐車場などの交通施設と、上下

水道、電気、電線、ガスなどのライフラインを収容するために、道路を活用することである。

表4-2　道路の機能とその役割

道路の機能	役割	
交通機能	通行	：安全・円滑・快適な移動
	アクセス	：沿道の土地や施設への出入り
	停止（滞留）	：自動車の駐停車や自転車・歩行者の立ち止まり、休憩
空間機能	市街地形成	：都市の骨格形成、沿道施設立地の促進
	防災空間	：災害時の避難、火災時の延焼遮断、道路閉塞の防止、消防活動の場所
	環境空間	：緑化、ランドマーク設置などの景観形成、沿道の環境保全
	収容空間	：交通施設やライフラインの収容

（2）道路の分類[2]

1）道路法による道路の分類

　道路の分類には、道路法による分類、規格による分類、料金徴収の有無による分類、一般道路と専用道路の分類による4つの分類がある。

　道路法は、昭和27年（1952）に制定された法律であり、「道路網の整備を図るため、道路に関して、路線の指定及び認定、管理、構造、保全、費用の負担区分等に関する事項を定め、もつて交通の発達に寄与し、公共の福祉を増進すること」を目的としたものである。

　道路は道路法により、高速道路、国道、都道府県道、市町村道に分類される。これらの道路には、道路を維持管理する責任者として管理者が道路法および道路整備特別措置法で決められている。高速道路の管理者は、国土交通大臣であるが、その許可を受けて高速道路会社が管理代行をおこなっている。国道は、指定区間[注1]の管理を国土交通大臣がおこない、指定区間外[注2]の管理を都道府県知事がおこなっている。都道府県道は、政令市以外の区間の管理を都道府県知事がおこない、政令市内の区間の管理を政令市の市長がおこなっている。市町村道の管理は、市町村長がおこなっている（表4-3）。

4．物流のための道路整備計画

表4-3　道路法による道路の分類と管理者

道路	管理者
高速道路	国土交通大臣、高速道路会社
国道	国土交通大臣（指定区間の国道） 都道府県知事（指定区間外の国道）
都道府県道	都道府県知事（政令市以外の都道府県道） 政令市の市長（政令市内の都道府県等）
市町村道	市町村長

2）道路規格による道路の分類

　道路規格による道路の分類は、道路構造令において定義されている。その分類には、道路の存在する地域が地方部か都市部のいずれかという「地域の条件」とその道路が高速自動車国道および自動車専用道路（以下、「高速道路」）かどうかによって、第1種～第4種がある。

　第1種の道路とは、地方部の高速道路であり、第2種の道路とは、都市部の高速道路である。第3種の道路とは、地方部の高速道路以外の道路であり、第4種の道路とは、都市部にある高速道路以外の道路である（表4-4）。

　ここでいう都市部とは、市街地を形成している地域又は市街地を形成する見込みの大きい地域である。また、地方部とは都市部以外の地域である。

　さらに、第1種から第4種の道路は、「計画交通量」、「道路の種類」、「地域の地形」、「道路の存する地区」によって第1級～第5級に細分類されている（表4-5、表4-6、表4-7、表4-8）。

表4-4　規格による道路の分類

	地域の条件	
	地方部	都市部
高速道路 （高速自動車国道および自動車専用道路）	第1種	第2種
その他道路 （高速道路以外の道路）	第3種	第4種

（出典：社団法人日本道路協会　「道路構造令の解説と運用」平成16年2月）

表4-5 第1種の道路の分類

道路の種類	計画交通量（単位1日につき台）地域の地形	30,000以上	20,000以上 30,000未満	10,000以上 20,000未満	10,000未満
高速自動車国道	平地部	第1級	第2級		第3級
	山地部	第2級	第3級		第4級
高速自動車国道以外の道路	平地部	第2級		第3級	
	山地部	第3級		第4級	

（出典：社団法人日本道路協会 「道路構造令の解説と運用」平成16年2月）

表4-6 第2種の道路の分類

道路の種類	道路の存する地区	大都市の都心部以外の地区	大都市の都心部
高速自動車国道		第1級	
高速自動車国道以外の道路		第1級	第2級

（出典：社団法人日本道路協会 「道路構造令の解説と運用」平成16年2月）

表4-7 第3種の道路の分類

道路の種類	計画交通量（単位1日につき台）地域の地形	20,000以上	4,000以上 20,000未満	1,500以上 4,000未満	500以上 1,500未満	500未満
一般国道	平地部	第1級	第2級	第3級		
	山地部	第2級	第3級	第4級		
都道府県道	平地部	第2級		第3級		
	山地部	第3級		第4級		
市町村道	平地部	第2級		第3級	第4級	第5級
	山地部	第3級		第4級		第5級

（出典：社団法人日本道路協会 「道路構造令の解説と運用」平成16年2月）

4．物流のための道路整備計画

表4-8　第4種の道路の分類

道路の種類 \ 計画交通量（単位1日につき台）	10,000以上	4,000以上10,000未満	500以上4,000未満	500未満
一般国道	第1級	第1級	第2級	第2級
都道府県道	第1級	第2級	第3級	第3級
市町村道	第1級	第2級	第3級	第4級

(出典：社団法人日本道路協会　「道路構造令の解説と運用」平成16年2月)

3）料金徴収の有無による道路の分類

道路には、道路整備特別措置法により料金を徴収できる有料道路と、徴収しない無料の道路がある。

4）一般道路と専用道路の道路の分類

一般道路と専用道路の道路の分類は、道路法において定義されており、自動車、自転車、歩行者などのうち許可された交通のみが通行可能な道路を専用道路という。一方、すべての交通が通行可能な道路を一般道路という。

専用道路には、自動車専用道路、自転車専用道路、歩行者専用道路、自転車歩行者専用道路がある。自動車専用道路では、自動車のみが通行できるように、沿道施設からのアクセスや他の道路との接続を制限している。

（3）　道路整備計画と貨物車交通[3]

1）道路整備計画の立案

①　道路整備計画の流れ

道路整備計画の立案では、道路を整備する計画年次の設定、その計画年次における計画交通量、計画交通量や地域の条件などから設定する道路規格、道路規格や計画交通量から道路の基本構造を決定する（図4-2）。

②　計画交通量の決定

自動車の計画交通量は、四段階推定法を用いた将来の交通需要予測により決定される。四段階推定法とは、発生・集中量の推定、分布交通量の推定、機関分担交通量の推定、配分交通量の推定の4段階で自動車の交通量を予測

する手法である。この手法により、道路整備を計画している路線における将来の自動車の交通量を予測する。

③ 道路規格の決定

決定した計画交通量、計画している道路の地域の条件、地形条件、道路の種類から種級区分である道路規格を決定する。道路規格には前述（表4-4～表4-8）のように種の区分と級の区分がある。

④ 道路の基本構造の決定

道路の基本構造には、平面と縦断の道路線形、横断構造、路体の構造がある（表4-9）。

道路の線形には曲線半径の大小である平面線形と縦断勾配の大小である縦断線形がある。道路構造令では、道路の規格に応じて設計速度が定められており、その設計速度をもとに道路の線形を決定する。

横断構造には、車道部、自転車歩行者道（または歩道）部、植樹帯、副道、環境施設帯がある。車道部には車道、中央帯、路肩、停車帯があり、道路の規格や計画交通量から決定する。車道部以外については、道路規格や計画交通量のみでなく、沿道の条件に配慮して設置の有無や幅など構成を決定する。

路体構造の決定では、舗装構成と舗装の厚さを決める必要がある。それぞれ自動車の計画交通量と輪荷重、路床の状態、気象状況から決定する。

計画交通量の決定	四段階推定法により将来の自動車交通量を予測し、計画交通量を決定
道路規格の決定	地域の条件、地形条件、計画交通量、道路の種類から道路規格を決定
道路基本構造の決定	道路規格や計画交通量から車道部の構成を決定、車道部以外の構成は道路規格や沿道の条件を考慮して決定 道路の線形は道路の規格に応じた設計速度により決定 路体の構造は計画交通量と輪荷重、路床の状態、気象状況から決定

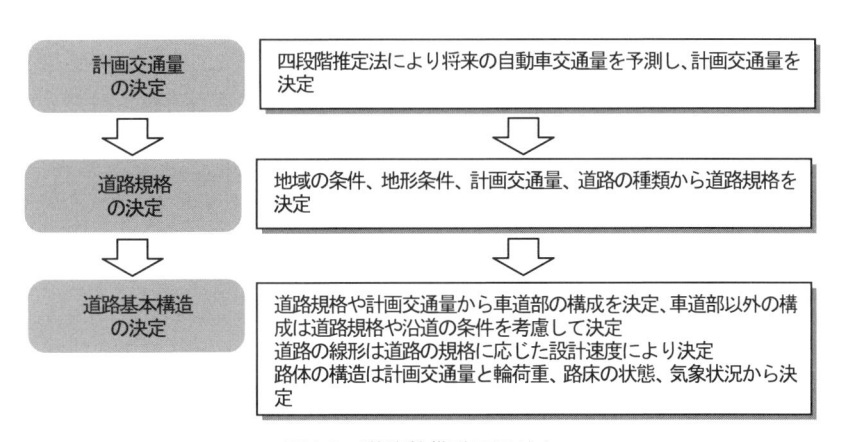

図4-2　道路整備計画の流れ

4．物流のための道路整備計画

表4-9　道路の基本構造

基本構造	概要
道路線形	平面線形、縦断線形
横断構造	車道部（車道、中央帯、路肩、停車帯）、植樹帯、自転車歩行者道（歩道）、副道、環境施設帯
路体構造	舗装構成、厚さ

2）道路整備計画における貨物車交通

　第3章で述べたように、貨物車は乗用車に比べて、車両の大きさや重さが異なっている。たとえば、貨物車は乗用車よりも車両が大きいため、右左折できない交差点を直進して大きく迂回しなければならない。

　また、貨物車交通と乗用車交通を比較した場合には、発生サイクルや交通量の変動の大きさなどが異なっている（前出表3-17）。このため、交通の発生する時刻が様々であることが多い。時間内に確実に輸送するためには、渋滞の多発する道路や通行止め頻度の高い道路を迂回する場合がある。

　しかし、現状の道路整備計画では、貨物車はバスなどと一緒に大型車混入率として計画や設計に組み入れられているが、道路の基本構造を決定するための、マイナス要因としてとらえられているきらいがある。物流の重要な役割を担う貨物車の走行実態が、道路整備計画に反映されず、乗用車を主体とした道路整備が実施されている。そのため、4-2節で示す様々な課題が発生している。

　これらの課題を解消するためには、貨物車や貨物車交通の特徴を踏まえた道路整備計画を立案することが重要である。

4-2　物流のための道路整備の課題

（1）　道路整備の5つの課題

　物流のための道路整備の課題には、都市部における貨物車と乗用車の混在、高速道路と港湾や空港の未接続、環境問題の発生、重さ・高さ指定道路の不連続な区間、貨物車や貨物車交通に適さない道路の存在の大きく5つが

ある（表4-10）。

表4-10 道路整備の課題

課題	概要
①都市部における貨物車と乗用車の混在	貨物車と乗用車の混在により、交通渋滞や交通事故が起きたり、貨物車の円滑な走行に阻害が発生したりしている。
②高速道路と港湾や空港の未接続	高速道路と港湾や空港の未接続により、貨物車の市街地への流入が起きている。
③環境問題の発生	貨物車の住宅地域への流入により、騒音、振動、大気汚染など生活環境への影響が発生したり、生活環境への悪影響を懸念して物流事業者の活動が制約されたりしている。
④重さ・高さ指定道路[注3]の区間の不連続	重さ指定道路や高さ指定道路が一部区間途切れており、制限を受ける大型貨物車が指定の途切れた区間を迂回している。
⑤貨物車や貨物車交通に適さない道路の存在 ⑤-1 貨物車の大きさを考慮しない交差点整備計画	貨物車の大きさを考慮しない交差点整備により、セミトレーラ連結車などが右左折できず、迂回が発生している。
⑤-2 貨物車交通の集中を考慮しない道路整備計画	貨物車交通が集中する時間帯を考慮せずに道路を整備することにより、貨物車の円滑な走行に阻害が発生したりしている。
⑤-3 貨物車交通の定時性重視を考慮しない道路整備計画	貨物車交通が定時性を重視するため、交通事故による通行止めやもらい事故へ巻き込まれることを懸念して、暫定2車線供用中の高速道路を利用しないことがある。

（2） 都市部における貨物車と乗用車の混在

都市内の一般道路では、交通渋滞や交通事故が発生することで、貨物車の円滑な走行が阻害されている。

交通渋滞や交通事故の原因は、交通量が多いこと、特定の時間に交通が集中すること、交通が輻輳することであるが、貨物車と乗用車の混在も一因である。

4．物流のための道路整備計画

　貨物車の混入率を比較すると、市街地、平地部、山地部などの地域間の差はない（図4-3）。また、都市部（DID内）の一般国道、主要地方道、都道府県道別の貨物車の混入率においても、大きな差はない（図4-4）。愛知県内の国道23号を例に特定路線の貨物車混入率を地域別に比較しても、地域ごとの貨物車混入率に大きな差はない（図4-5）。つまり、乗用車と貨物車は地域や道路の区分によらず、混在している。

　たとえば、大型貨物車が住宅地域内や学校に隣接するような工場へ貨物を輸送する場合に、歩道がなく、車道幅員の狭い道路を走行しなければならない地域が多くあり、交通事故を起こす危険がある（写真4-1）。

　これは、歩行者、乗用車、貨物車を分ける道路整備が十分でないことと、

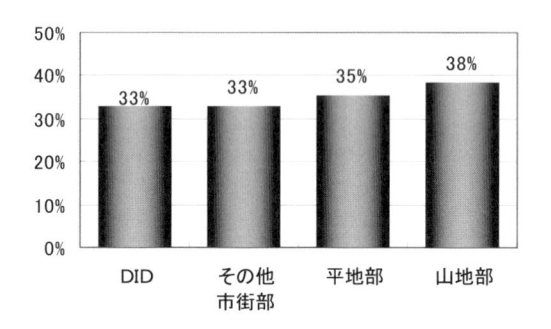

図4-3　地域別貨物車の混入率
（資料：国土交通省「平成17年度道路交通センサス」2006年をもとに作成）

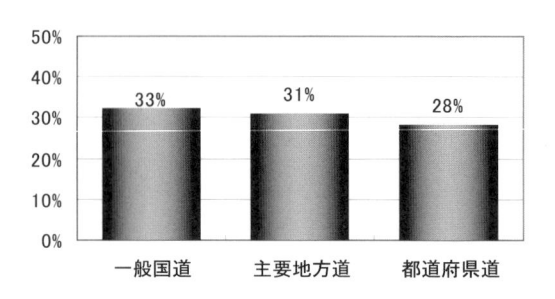

図4-4　都市部（DID内）における貨物車の混入率
（資料：国土交通省「平成17年度道路交通センサス」2006年をもとに作成）

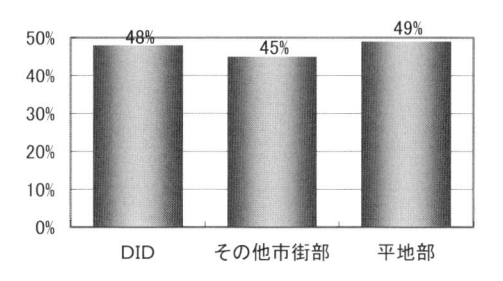

4-2 物流のための道路整備の課題

図4-5 国道23号（愛知県内）の地域別貨物車混入率
(資料：国土交通省「平成17年度道路交通センサス」2006年をもとに作成)

都市内において大型貨物車が安全に走行できる道路が十分でないことが原因である。

このため、沿道の土地利用、道路構造、交通状況から、道路の利用方法を分ける必要がある。たとえば、乗用車交通が優先する道路、貨物車と乗用車が混在する道路、貨物車交通が優先する道路などである。つまり、貨物車と乗用車を適切に区分することによって、渋滞や交通事故の削減が実現する。

このような貨物車と乗用車の混在を避けるように、道路整備計画を策定することが課題である。

【名古屋市での交通事故】
名古屋市内の県道で、走行中の大型トレーラが横転、乗用車がトレーラの荷台コンテナ部分の下敷きになった。乗用車の女性3人のうち2人が死亡。

写真4-1 都市内での大型貨物車による交通事故
(出典：「読売新聞」2009年5月13日)

（3） 高速道路と港湾や空港の未接続

港湾や空港などの広域物流施設は、高速道路や国道に接続するように計画することが望ましい。しかし、日本では、空港や港湾と高速道路や国道が接

4．物流のための道路整備計画

続していないことが多い。港湾や空港への接続率は、アメリカや欧州が80％を超えているのに対して、日本の接続率は55％と極めて低い（図4-6）。なお、接続率とは、所要時間10分以内でインターチェンジ（IC）まで到達可能な港湾や空港の割合のことである。

　高速道路が未接続であれば、貨物車は、高速道路から港湾や空港に向かうとき、都市内の一般道路を走行することになる。その結果、貨物車の円滑な走行が阻害されたり、都市部や市街地への環境負荷が増加している。

　このような高速道路と港湾や空港を接続するように、道路整備計画を策定することが課題である。

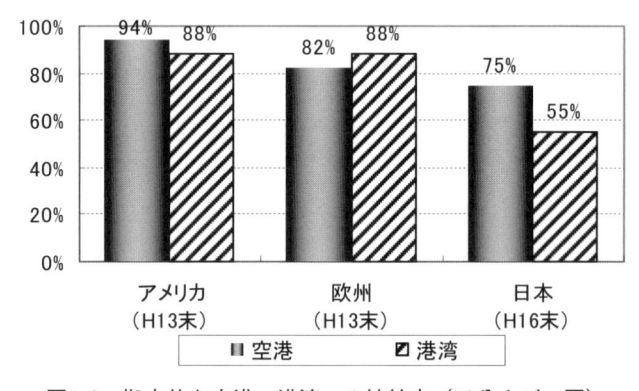

図4-6　拠点的な空港・港湾への接続率（10分カバー圏）
（出典：二層の広域圏の形成に資する総合的な交通体系に関する検討委員会「新しい国のかたち「二層の広域圏」を支える総合的な交通体系　最終報告」平成17年5月）

（4）　環境問題の発生

　都市内の住宅地などにおいて、大型貨物車の走行を原因とした騒音、振動、大気汚染などが発生している。

　これは、道路整備や環境対策において騒音や振動が大きい貨物車に対する対策が十分でないからである。

　たとえば、小型車（乗用車と小型貨物車）と大型車（バスと大型貨物車）の環境への影響を比較した結果では、大型車の騒音値は小型車の約1.1倍で

4-2 物流のための道路整備の課題

ある。大型車のNOx排出量は乗用車の17倍、SPM排出量は14倍、CO排出量は2倍、SO_2排出量は3倍である。大型車の振動レベルは、小型車の約1.2倍となっている（図4-7、図4-8）。

このような貨物車交通による環境への影響を抑制するように、道路整備計画を策定することが課題である。

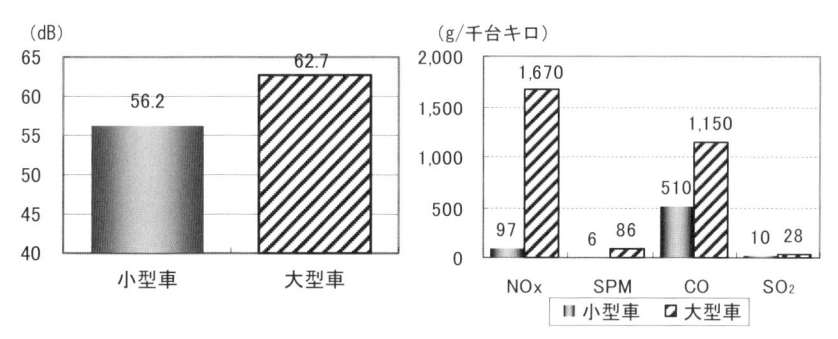

図4-7　騒音、大気への影響の比較

注）　小型車とは乗用車と小型貨物車であり、大型車とはバスと大型貨物車
（資料：道路投資の評価に関する指針検討委員会「道路投資の評価に関する指針（案）」1998年をもとに作成）

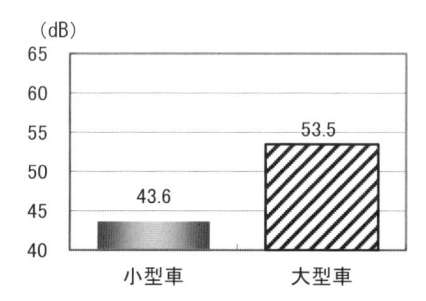

図4-8　振動への影響の比較（基準点における振動レベル予測値）

注）　小型車とは乗用車と小型貨物車であり、大型車とはバスと大型貨物車
（資料：財団法人道路環境研究所「道路環境影響評価の技術評価手法　2007改訂版」2007年をもとに作成）

4．物流のための道路整備計画

（5） 重さ・高さ指定道路の区間の不連続

「重さ指定道路」とは、総重量の一般的制限値を車両の長さおよび軸重に応じて最大25トンとする道路であり、「高さ指定道路」とは、高さの一般的制限値を4.1メートルとする道路である。

「重さ指定道路」と「高さ指定道路」は、道路管理者により指定されている。

車両制限令の道路指定状況を整理すると、重さ・高さ指定道路には不連続な区間があるため、重さや高さ指定道路を通行しなければならない貨物車

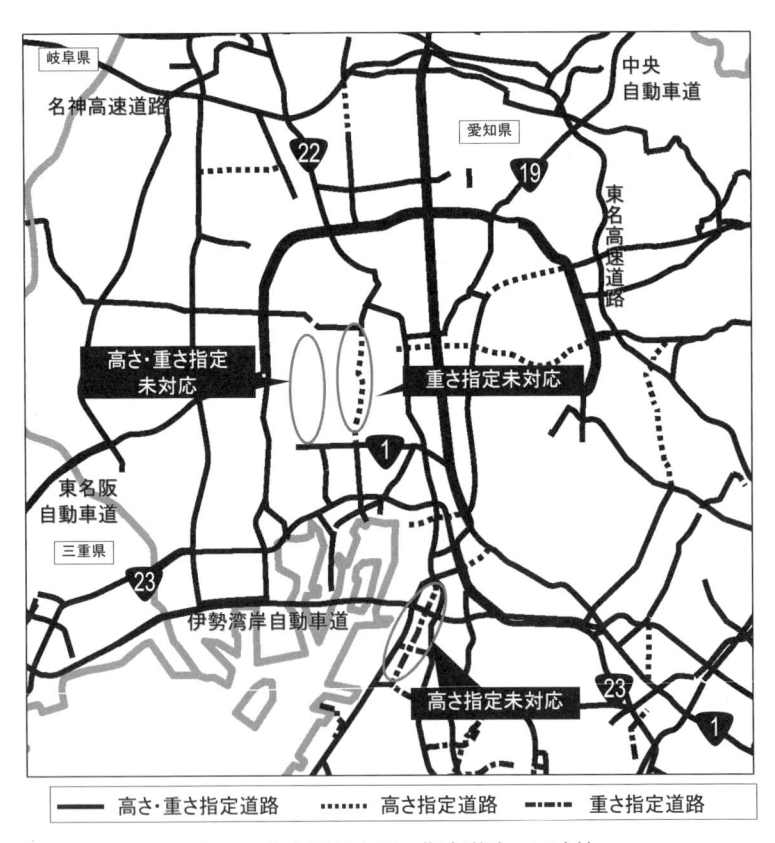

図4-9　名古屋都市圏の指定道路の不連続
（資料：国土交通省中部地方整備局「特殊車両通行ガイドマップ」平成21年4月をもとに作成）

は、最短経路を走行できずに迂回を強いられることがある。

　たとえば名古屋都市圏では、南北方向の重さ指定道路と高さ指定道路が途切れる区間があり、重さや高さの制限を超える貨物車は、この付近を南北に走行する際に迂回しなければならない（図4-9）。

　重さや高さの制限を超える貨物車が迂回せずに走行するためには、重さ指定道路と高さ指定道路が連続するように道路整備計画を策定することが課題である。

（6）　貨物車の大きさを考慮しない交差点整備計画

　平面交差点は、交差する相互の道路の道路規格と信号や一時停止の停止条件によって、設計の対象となる車両と通行方法が決められている。その対象の車両には、セミトレーラ連結車、普通自動車、小型自動車の3種類がある。

　対象となる車両の大きさと停止条件によって、交差点の大きさや形状が決まるため、普通自動車や小型自動車を対象とした交差点では、セミトレーラ連結車の通行は困難となる。

　工業地帯のようにセミトレーラ連結車の通行が多い地区では状況に応じてセミトレーラ連結車を対象の車両とするべきであると「道路構造令の解説と運用」には記されているが、交差点が大きくなるため、考慮されていない場合も多い。また、セミトレーラ連結車であっても、都市内の工場や倉庫に向かうときに、一般道路を右左折することもある。

　交差点計画においては、周辺の土地利用、施設の立地状況、交通状況を十分踏まえて、セミトレーラ連結車が右左折できるように道路整備計画を立案することが課題である。

（7）　貨物車交通の集中を考慮しない道路整備計画

　乗用車は朝夕の通勤時間帯に集中するのに対して、貨物車が集中する時間帯は発着地の施設の種類や規模によって異なる。

　たとえば、港湾の物流施設周辺の道路では、ふ頭から出る貨物車の交通渋滞とふ頭の職場に向かう乗用車の交通渋滞の2つがある（図4-10）。

4．物流のための道路整備計画

　このように貨物車の集中するピーク時間帯と通勤を主体とした乗用車のそれとは異なることから、両者のピーク時間帯やそのときの交通状況を把握して、道路整備計画を立案することが課題である。

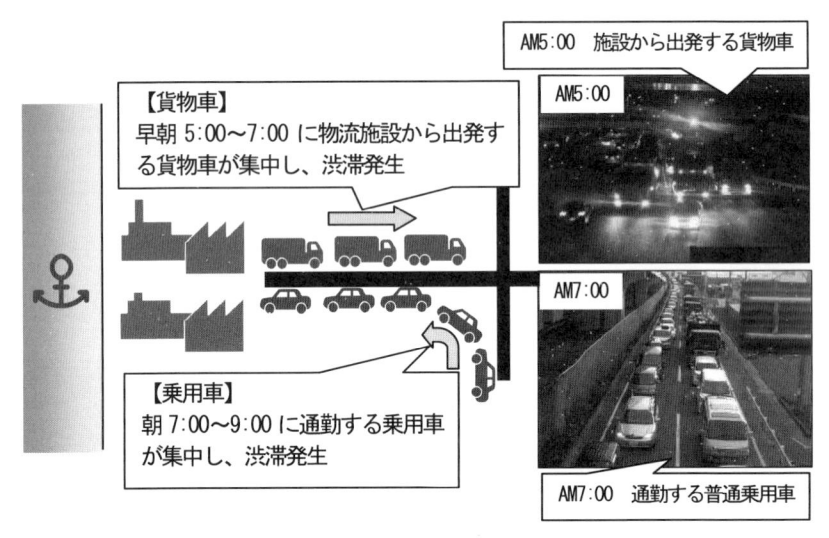

図4-10　港湾周辺道路における貨物車と乗用車の交通集中

（8）　貨物車交通の定時性重視を考慮しない道路整備計画

　近年の財政事情もあって、多くの高速道路は、暫定2車線による供用開始が多い。暫定2車線による高速道路の早期供用は、速達性の確保や周辺道路の渋滞緩和、交通事故の削減も早期に図られるため効果的である。特に、気象条件や地形条件の厳しい山間部を通過する高速道路の暫定2車線供用は、積雪時や異常気象時の安全・確実な走行を早期に可能にする。

　しかし、高速道路の暫定2車線区間は、4車線区間よりも交通事故の発生確率が高く、ひとたび交通事故が発生した場合には、通行止めとなる可能性が高い。交通事故や通行止めに巻き込まれた場合には、貨物輸送の定時性が確保できない。

　このため、高速道路の暫定2車線供用区間の早期4車線化を進めることが課題である。

4-3 物流のための道路整備計画の考え方

(1) 道路整備計画の3つの考え方

物流のための道路整備計画には、「分ける（分散）」、「減らす（削減）」、「換える（転換）」の3つがある（表4-11）。

表4-11 物流のための道路整備計画の考え方

課題	考え方	
①都市部における貨物車と乗用車の混在 ②高速道路と港湾や空港の未接続	分ける	A．貨物車と乗用車が走行する空間の分離
③環境問題の発生 ⑤貨物車や貨物車交通に適さない道路の存在	減らす	B．貨物車の輸送距離や時間の短縮、環境影響の削減
④重さ・高さ指定道路の区間の不連続	換える	C．貨物車交通の他路線への転換

(2) 「分ける（分散）」

「分ける（分散）」道路整備とは、貨物車と乗用車が走行する空間を分離することである。

貨物車と乗用車が走行する道路を分離したり、貨物車が走行する道路を市街地から離れた地区に整備することである。貨物車が走行する道路を乗用車が主に走行する道路や市街地から空間的に分離することによって、安全で効率的な貨物車交通の実現、渋滞や交通事故の削減を図る。

(3) 「減らす（削減）」

「減らす（削減）」道路整備とは、貨物車の輸送距離や時間を減らしたり、貨物車の走行による沿道環境への影響を削減したりすることである。

大型貨物車が通行できない区間を解消し、迂回による輸送距離や輸送時間を短縮したり、遮音壁など貨物車の走行による環境負荷を削減する施設を設置する。これによって、安全で効率的な貨物車交通を実現するとともに、貨

4．物流のための道路整備計画

物車交通による環境影響の削減を図る。

（4）「換える（転換）」

「換える（転換）」道路整備とは、道路整備により貨物車交通を他の道路に転換することである。

　道路整備によって、貨物車の迂回を解消し、貨物車交通による渋滞や環境への影響を緩和することができる。貨物車が走行することが相応しい道路を整備することによって、安全で効率的な貨物車交通を実現するとともに、渋滞や交通事故の削減を図る。

4-4　物流のための道路整備計画

（1）　物流のための道路整備の計画メニュー

　物流のための道路整備メニューには、以下の7つがある（表4-12）。

　「分ける」道路整備には、貨物車と乗用車を分離する貨物車専用道路の整備、高速道路の広域物流施設への接続がある。「減らす」道路整備には、右左折が困難な交差点の解消、貨物車交通の特性を踏まえた渋滞対策の実施、環境対策の実施、暫定2車線供用中の高速道路の完成4車線整備がある。「換える」道路整備には、重さ・高さ指定道路の不連続区間の解消がある。

　なお、単一の対策で不十分であれば、より安全で効率的な貨物車交通を実現するために、整備メニューを組み合わせることが必要である。

表4-12　物流のための道路整備の計画メニュー

	道路整備メニュー	概要
分ける	a 1. 貨物車専用道路の整備	乗用車と貨物車の混在が原因で発生している渋滞、交通事故、環境悪化を解消するために、貨物車専用の道路を整備する
	a 2. 高速道路の港湾・空港などの広域物流施設への接続	貨物車が一般道路に流入することによって、発生している渋滞、交通事故、環境悪化を解消するために、高速道路を広域物流施設へ接続する

減らす	b1. 貨物車交通の特性を踏まえた渋滞対策の実施	広域物流施設や都市内集配施設の周辺の渋滞箇所を対象として、渋滞状況を把握し、車線拡幅などの貨物車による渋滞への対策を実施する
	b2. 環境対策の実施	大型貨物車交通量、沿道土地利用状況を把握し、環境影響を発生させている箇所に対して適切な沿道環境対策を実施する
	b3. 暫定供用中の高速道路の完成供用	貨物車の利用が少ない暫定2車線供用中の高速道路を、早期の完成4車線整備によって、周辺の一般道路で発生している交通問題を解消する
換える	c1. 右左折が困難な交差点の解消	広域物流施設や都市内集配施設周辺の道路を対象として、最終目的地までの輸送に配慮し、大型貨物車が交差点で右左折できず迂回することがないように交差点を改良する
	c2. 重さ・高さ指定道路の不連続区間の解消	重さ・高さ指定道路の不連続区間を対象として、橋梁の設計条件、供用年数を整理し、指定道路要件を満たす道路構造に改良する

(2) 物流のための道路整備計画の立案

1)「分ける」計画

a1. 貨物車専用道路の整備

貨物車専用道路の整備により、安全で効率的な貨物車交通が可能になるとともに、貨物車と乗用車の混在による渋滞の解消や交通事故の削減ができる。

これを計画するとき、貨物車と乗用車の混在や貨物車交通の現況を把握し、貨物車交通の特徴を踏まえた交通需要予測によって、計画実施前後の貨物車の交通量、乗用車との混在の解消状況を予測し、貨物車の効率的な走行、渋滞や交通事故の削減などの効果を十分検討する必要がある。

特に、貨物車交通の特徴を踏まえた交通需要予測が重要である。つまり、従来の交通需要予測では、車両の高さ、幅、長さ、回転角などの車両形状を考慮せずに、すべての道路が自由に走行できるという仮定に基づいて予測されている。そのため交通需要予測上では、大型の貨物車が通行できない道路

4. 物流のための道路整備計画

も通行していることになる。そこで、より現実にあわせて、自動車の形状や重さに応じて走行可能な道路を設定し、貨物車交通の通行を踏まえた交通需要予測を実施する必要がある。

次に、現状ならびに将来の土地利用を踏まえ、生活環境への影響を極力回避できる地域を選定する。その際には貨物車の発・着ノードである広域物流施設（港湾や空港など）と都市内集配施設を結ぶ路線を計画する。

十分な配慮が必要となる環境保全に対しては、事前に環境アセスメント調査を実施し、影響発生の可能性が予測される場合には、適切な環境対策を計画する。都市部や住居地域周辺を通過する場合や影響発生の可能性が低い場合においても、積極的に遮音壁などの環境保全対策を実施することが望ましい。

たとえば、住宅等が密集している市街地において、市街地を迂回するように貨物車専用道路を整備することによって、乗用車との混在解消による貨物車の効率的な走行、渋滞や交通事故の削減、市街地内の環境保全ができる。

なお、貨物車専用道路の道路構造は、すべての貨物車が走行可能であり、設計速度は60km/h～80km/h、車線数は4車線以上、一般道路との交差は限定（立体）を基本とする。また、都市部においては環境施設帯を設置する。

a 2. 高速道路の港湾・空港などの広域物流施設への接続

高速道路と広域物流施設（港湾、空港など）を接続することにより、効率的な貨物車交通が可能になるとともに、一般道路での乗用車と貨物車の混在による渋滞の解消や交通事故の削減が可能となる。

これを計画するとき、高速道路から広域物流施設までの一般道路における貨物車と乗用車の混在状況や課題を把握する必要がある。

次に、現状ならびに将来の土地利用を踏まえ、生活環境への影響が少ない路線を計画する。なお、環境保全に対しては、「貨物車専用道路の整備」と同様に環境影響評価、環境保全対策が必要となる。

2）「減らす」計画

b 1. 貨物車交通の特性を踏まえた渋滞対策の実施

貨物車交通の特性を踏まえた渋滞対策を実施することにより、輸送時間を減らすことができる。たとえば港湾施設周辺において発生している渋滞は、

船舶貨物の荷役時間に連動して起きることが多い。このため、貨物の荷役時間などを考慮しながら渋滞対策をたてることが必要である。

たとえば、渋滞対策をたてるとき、乗用車交通の朝・夕のピーク時間だけでなく、貨物車が発生するサイクルや貨物車が集中する時間や方向を十分調査したうえで、渋滞対策を立案しなければならない。特に、港湾施設などに接続する道路においては、貨物車交通の特徴が顕著に表れることから、詳細な車種別時間帯別の交通量調査やその分析を踏まえた渋滞対策が必要となる。

b 2. 環境対策の実施

環境対策には、騒音対策、振動対策、大気汚染対策がある。

騒音対策には、「騒音を遮る」、「発生する騒音を低減させる」、「騒音源を離す」の3つの方法がある。

騒音を遮る方法とは、道路と沿道施設の中間に遮音壁などを設置することで騒音を小さくすることである。設置する施設には、遮音壁、環境施設帯、築堤がある。騒音を低減させる方法とは、道路路面を改良することで自動車の走行時に騒音を小さくすることであり、高機能舗装の敷設や路面の平坦性の確保がある。騒音源を離す方法とは、道路構造形式を変更することにより騒音源を沿道施設から遠ざけることであり、高架構造化、盛土構造化、掘割構造化、トンネル化がある。

振動対策にも騒音対策と同様に、「振動を遮る」、「振動の発生を低減する」、「振動源を離す」の3つの方法がある。振動を遮る方法とは、道路と振動施設の中間に防振壁を設置することで沿道施設に与える振動を小さくすることである。振動の発生を低減する方法とは、道路面を改良することで振動を小さくすることであり、高機能舗装の敷設や路面の平坦性の確保がある。振動源を離す方法とは、道路構造形式を変更することにより振動源を沿道施設から離すことであり、環境施設帯の設置、盛土構造化がある。

大気汚染対策としては、発生した汚染物質を除去する施設を設置する方法があり、「植樹帯の設置」、「低濃度脱硝装置の設置」などがある。

いずれの対策立案にあたっても、道路の構造、時間帯別の大型貨物車交通量、沿道土地利用状況を把握し、適切な対策を検討する必要がある。

4. 物流のための道路整備計画

b 3. 暫定供用中の高速道路の完成供用

暫定2車線供用中の高速道路を早期に完成供用することにより、暫定供用区間での交通事故を減らすことができる。暫定2車線供用中の高速道路を早期に全線で完成し供用することが困難な場合は、貨物車の利用が顕著な区間や渋滞、事故が多発している区間から整備する方法がある。

3）「換える」計画

c 1. 右左折が困難な交差点の解消

広域物流施設周辺の道路における交差点を改良することにより、貨物車の走行経路を換えることができる。

たとえば、港湾施設周辺の交差点において、大型貨物車（セミトレーラ連結車）が右左折できるよう交差点を改良することによって大型貨物車の迂回が解消され、効率的な貨物車交通が可能となる。

大型貨物車の右左折が困難な交差点の改良計画は、セミトレーラ連結車の右左折が多いことが想定される交差点において適用する。

c 2. 重さ・高さ指定道路の不連続区間の解消

重さ・高さ指定道路の不連続区間の改良や整備により、貨物車の走行経路を換えることができる。

重さ・高さ指定道路の不連続区間の整備の対象は、指定道路の不連続により円滑な貨物車による輸送が阻害されている路線である。この区間の解消を計画するときは、指定道路の分布状況、不連続区間の橋梁や道路構造の耐荷力、トンネルや交差構造物の道路の路面からの高さ、供用年数等を把握する。次に、貨物車の経路転換の見通し、交通問題の解消程度などの効果をみきわめる必要がある。

重さ指定道路の不連続区間は、橋梁の耐荷力不足による場合が多い。そのため不連続区間の解消方法には、橋梁の耐荷力を向上させる方法がある。たとえば、上部構造の断面の補強や上部構造の重量自体の低減などがある。とくに鋼橋では、上部構造の鋼床版への置き換え、鋼板を既設部材に取り付ける部材補強、既設コンクリート床版にコンクリートを打ちたす床版増厚などの方法がある。コンクリート橋では、つり橋のようにケーブルで補強する方法や、床版下面に補強材を取り付ける方法がある（表4-13）。

また、高さ指定道路の不連続区間は、トンネルの高さ不足による場合が多い。トンネルの高さ不足による高さ指定道路の不連続区間を解消する方法には、トンネルの内空断面を大きくする方法やトンネル内で高さのあるセンターライン寄りの1車線で運用することで高さを確保する方法がある。

表4-13 既設構造物の荷力強化方法

橋種	概要
鋼橋	・鋼床版に置き換えることにより上部構造の死荷重を低減 ・鋼板や炭素繊維シートなどを既設部材に取り付けて部材を補強 ・床版のコンクリートを打ちたして、コンクリート床版を補強
コンクリート橋	・つり橋のような外ケーブル補強 ・床版下面に鉄筋等の補強材を取り付け

4．物流のための道路整備計画

＜参考資料＞物流のための道路整備計画の立案の流れ

以上で述べたように、物流の観点から道路整備計画を立案することで交通問題の緩和が期待できる。

以下では、物流のための道路整備計画の立案方法について、地域の状況調査から計画立案までの流れとその内容について述べる（図4-11）。

```
（1）地域の状況調査
   1）道路
      道路の交通状況、整備状況、貨物車交通に起因した渋滞、交通事故、環境問題が顕在
   化している箇所を把握
   2）物流関連施設
      港湾、工場など物流施設の立地状況と各施設における貨物車交通の発生集中量を把握
   3）貨物車交通流動
      通行規制や渋滞などの制限がない場合に、貨物車が本来走行したい経路を把握
```

⇩

```
（2）貨物車交通の特徴を踏まえた交通需要予測
      貨物車交通の特徴（経路指向性や走行可能道路）を考慮した交通モデルを構築し、貨
   物車交通の流動を予測
```

⇩

```
（3）対策立案に向けた課題の整理
      貨物車交通のための道路整備計画の立案に向けて、貨物車と乗用車の混在、貨物車の
   集中など貨物車が関与すると考えられる道路交通上の課題を整理
```

⇩

```
（4）安全で効率的な貨物車交通のための道路整備計画の立案
   1）「分ける」道路整備
   2）「減らす」道路整備
   3）「換える」道路整備
```

図4-11　物流のための道路整備計画の立案の流れ

（1）　地域の状況調査

　1）道路の状況

道路の状況は、交通と構造・規制の2つの面から把握する。

<参考資料>物流のための道路整備計画の立案の流れ

　交通の調査項目は、交通量、旅行速度、渋滞、交通事故、沿道環境がある。構造・規制の調査項目は、車線数、幅員、交差点形状、舗装、指定道路の有無、通行規制の有無がある（表4-14）。

　対象とする地域の特性に合わせて必要かつ重要な項目を抽出し、適切な項目を調査する必要がある。

表4-14　道路の調査項目

	調査項目（例）
交通	・交通量（車種別・時間帯別・交差点方向別　等） ・旅行速度（路線別・時間帯別　等） ・渋滞（発生箇所、曜日別、時間帯別　等） ・交通事故発生状況（件数・発生箇所・類型　等） ・沿道環境（騒音、NOx・SPM　等）
構造・規制	・車線数、幅員、交差点形状、舗装　等 ・指定道路の有無（重さ・高さ指定の有無） ・通行規制の有無（自動車専用道路、大型車通行規制、時間帯規制　等）

2）物流関連施設

① 物流関連施設の立地

　国や自治体が管理している物流関連施設の資料を用いるとともに、ヒアリング調査によって、空港、港湾、流通業務団地、鉄道貨物駅、トラックターミナル、工場、商業施設などの物流関連施設の立地場所と貨物車の出入り口を把握する。

② 貨物車交通の発生集中量、時間、利用経路

　ホームページ、公表されている会社概要等を用いるとともに、ヒアリング調査によって、物流関連施設から発生・集中する貨物車交通の台数、物流関連施設を出発する時間帯（または物流関連施設に到着する時間帯）、貨物車の大きさ、利用経路を把握する（表4-15）。

4．物流のための道路整備計画

表4-15 物流関連施設の調査項目

	調査項目（例）
物流関連施設の立地	・物流関連施設の立地場所 ・立地場所の土地利用規制（用途地域、市街化区域、市街化調整区域） ・貨物車の出入り口
貨物車交通の発生集中状況	・貨物車の発生集中量（車種別の台数） ・貨物車の発生集中時間（物流関連施設を出発・到着する時間帯） ・貨物車の大きさ ・貨物車の利用経路

3）貨物車交通流動

物流業者へのヒアリング調査結果等により、貨物車交通が本来走行したい経路を把握する。

経路選択においては、乗用車は比較的所要時間を優先して経路を選択するとされている。一方、貨物車の経路選択には、輸送の時間的制約、輸送コスト、貨物の安定など様々な要素が作用する。

これまでも貨物車の利用経路については、様々な調査データの活用により解明が進んでいるが、対象地域や状況により異なることから、ヒアリング調査により経路指向を分析する必要がある（表4-16）。

これらの調査項目は、物流のための道路整備の課題に対して選択される必要がある（表4-17）。

表4-16 貨物車交通流動の調査方法

方法	概要
物流業者へのヒアリング	周辺物流業者に対して、普段利用している経路とその経路上での問題点、改善して欲しい点、また本当に利用したい経路等についてヒアリング調査をおこなう。 ＜ヒアリング調査項目＞ 　車両の大きさ／コンテナサイズ／輸送品目／目的地／ 　現況の経路・所要時間／本来走行したい経路とその理由／ 　経路選択における留意点／経路の選択指向　など

<参考資料>物流のための道路整備計画の立案の流れ

表4-17 課題に対応した調査項目例

			物流のための道路整備の課題						
			都市部における貨物車と乗用車の混在	高速道路と港湾や空港への未接続	環境問題の発生	重さ・高さ指定道路の区間の不連続	貨物車の大きさを考慮しない交差点整備計画	貨物車交通の集中を考慮しない道路整備計画	貨物車交通の定時性重視を考慮しない道路整備計画
調査項目	道路	交通	交通量	○	○	○	○	○	○	○
			速度	○	○	○	○	○	○	○
			渋滞	○	○	○		○	○	○
			事故	○		○		○		
			環境	○	○	○				
		構造規制	車線構成				○	○		
			指定道路				○			
			通行規制			○		○	○	○
	物流関連施設	立地	立地場所	○	○	○				
			土地利用規制			○				
			出入り口	○	○	○	○	○	○	○
		発生状況	発集量	○	○	○		○	○	○
			発集時間	○	○	○		○	○	○
			大きさ	○	○		○	○	○	○
			利用経路	○	○	○	○	○	○	○
	貨物車交通流動		本来利用したい経路	○	○	○	○	○	○	○

（2） 対策立案に向けた課題の整理

発生している交通問題についてその要因を分析し、問題発生箇所において、貨物車と乗用車の混在、貨物車の集中など安全で効率的な貨物車交通に向けた課題を抽出する。

（3） 車両の大きさを考慮した交通需要予測

交通需要予測において、乗用車と貨物車はともにすべての道路を通行できるという仮定である。そのため、貨物車が走行するときに考慮すべき、幅、高さ、重

4．物流のための道路整備計画

さという条件が無視されている。

その結果、交通需要予測では実際に通行できない道路を想定している可能性があり、現実の貨物車交通の流動とは異なっている。

そこで、貨物車交通が走行可能な道路を考慮した貨物車交通モデルを構築し、より現実に即した貨物車交通の流動を予測する。このモデルの構築では、貨物車の大きさや重さを考慮した道路網を設定し、経路選択の指向性について確率論的に分析する（表4-18）。

表4-18　貨物車の特徴を踏まえたモデルの設定条件

設定条件	概要
走行可能な道路	貨物車の高さ、長さ、幅、重さの条件から走行可能な道路を設定する

（4）　安全で効率的な貨物車交通のための道路整備計画の立案

安全で効率的な貨物車交通のために、交通の円滑化、交通事故の削減、環境保全を実現する道路整備計画立案の考え方には「分ける」、「減らす」、「換える」の3つがある。

抽出した課題に対して、3つの考え方から課題を解決する道路整備方策を検討し、道路整備計画を立案する。道路整備計画については、貨物車交通の特徴を踏まえた交通需要予測等を用いて、整備効果の発現状況を把握する。

【注釈】

注1）指定区間とは、道路法第13条第1項にもとづいて、維持・修繕・災害復旧・その他の管理を国土交通大臣（地方整備局、北海道は北海道開発局、沖縄県は内閣府沖縄総合事務局）がおこなう「一般国道の指定区間を指定する政令」で指定された区間である。

注2）指定区間外とは、指定区間以外の国道の区間であり、都道府県および政令指定都市が管理をおこなう。

注3）重さ指定道路とは、高速自動車国道または道路管理者が道路の構造の保全および交通の危険防止上支障がないと認めて指定し、総重量の一般的制限値を車両の長さおよび軸重に応じて最大25トンとしたものである。また、高さ指定道路とは道路管理者が道路の構造の保全および交通危険防止上支障がないと認めて指定し、高さの一般的制限値を4.1mとする道路である。

【参考文献および引用文献】

1　社団法人日本道路協会　「道路構造令の解説と運用」pp3〜5、p58、丸善、平成16年2月
2　文献1、pp3〜5
3　文献1、pp58〜63

5. 物流のための交通管理計画

第5章では、物流のためのソフト施策として、貨物車交通の交通管理をとりあげる。

5-1では交通管理と貨物車交通について述べる。5-2では物流のための交通管理の課題について、5-3では物流のための交通管理計画の考え方について述べる。5-4では物流のための交通管理計画について述べる（図5-1）。

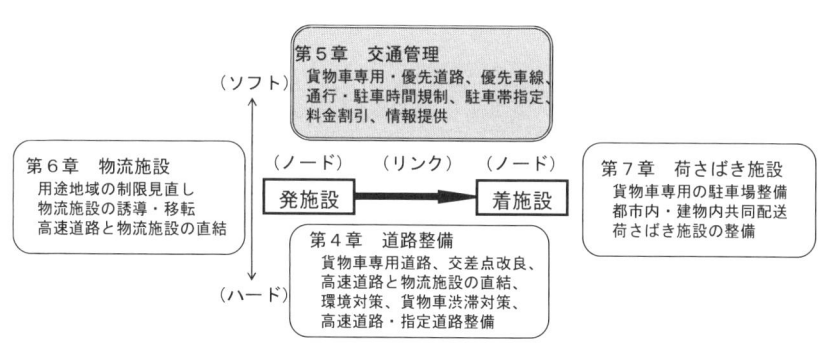

図5-1 本書における交通管理計画の位置づけ

表5-1 物流のための交通管理計画（概要）

課題 (表5-3)	①都市部における貨物車と乗用車の混在 ②環境への影響発生 ③貨物車の路上駐車		
	分ける	減らす	換える
計画の 考え方 (表5-4)	A. 貨物車と乗用車が走行・駐停車する空間や時間の分離	B. 貨物車の走行台数や走行距離、走行時間の削減	C. 貨物車が走行する空間や時間の転換
計画 メニュー (表5-5)	a1. 貨物車専用道路・優先道路 a2. 貨物車の通行時間規制 a3. 貨物車の駐車の許可と規制	b. 路上荷さばき施設の設置	c1. 情報提供による交通誘導 c2. 高速道路の料金割引

5．物流のための交通管理計画

5-1 交通管理と貨物車交通

（1） 交通管理[1]
1） 交通規制

　交通管理とは、道路における危険の防止、道路交通の安全と円滑の確保、道路交通が関与する障害の発生の防止を図るために、交通規制と交通誘導を実施することである。

　交通規制には通常時と異常時の2つの交通規制があり、道路交通法、道路法、道路運送法、災害対策基本法、大規模地震対策特別措置法に定義されている。

　通常時の交通規制とは、道路における危険の防止、道路交通の安全と円滑の確保、道路交通に起因する障害の発生の防止のために、公安委員会や道路管理者が自動車、自転車、歩行者の道路の利用を禁止または制限することである。

　異常時の交通規制とは、災害発生時や異常気象時、工事中や催事中におこなう交通規制である。災害発生時や異常気象時の交通規制では、二次災害の発生を抑え交通混雑を避けるために、緊急車両のみの通行を認めている。また、工事中や催事中は、必要に応じて事前に許可した車両の通行を認めている。

　交通規制は、道路利用者がとるべき行動を規定している。その内容は、通行の禁止・制限に関するもの、通行方向の制限に関するもの、通行方法の指定に関するもの、停車・駐車の指定に関するものがある（表5-2）。

　交通規制の方法には、施設による方法と警察官による方法の2つがある。
　1つは信号機、道路標識、路面標示などの施設による方法である。2つめは警察官が手信号や指示により知らせる方法である。これは、交通に危険が生ずる恐れを緊急に知らせる必要があると認められる場合に実施される方法である。

2） 交通誘導

　交通誘導とは、道路における危険の防止、道路交通の安全と円滑の確保、道路交通が関与する障害の発生の防止を図るために、自動車、自転車、歩行

者に道路の利用方法を案内することである。

交通誘導には、道路交通法や道路法に基づく標識による周知と、情報提供による方法の2つがある。これらは交通規制と比べると拘束力が弱い。

1つめの標識には、経路や目的地までの誘導のための案内標識と道路上の障害や危険を告知するための警戒標識の2つがある。2つめの情報提供には、公安委員会や道路管理者が提供する道路交通情報を発信する道路情報板、テレビやラジオなどの広報媒体、VICS (Vehicle Information and Communication System)[注1]による方法がある。

交通誘導は、公安委員会、道路管理者、もしくは公安委員会や道路管理者から許可を得たものが、道路利用者に注意を促したり、道路利用者に行動を選択するための情報を提供するものである。その内容は、通行方法の指定に関するもの、通行方法の案内に関するもの、停車・駐車の案内に関するものがある(表5-2)。

表5-2 交通管理方法

管理方法	内容
交通規制	通行禁止・制限　　(例:自動車専用道路、車両進入禁止)
	通行方法の制限　　(例:一方通行、追い越し禁止)
	通行方法の指定　　(例:信号機による通行方法の制御)
	停車・駐車の指定　　(例:駐停車禁止)
交通誘導	通行方法の案内　　(例:踏切警戒標識)
	停車・駐車の案内　　(例:駐車場案内標識)

(2) 交通管理計画と貨物車交通[2]

1) 交通管理計画の立案

① 交通管理計画の立案の流れ

交通管理計画の立案では、道路上で発生ないし発生が予想される交通問題をもとに、道路または地域において、交通機関、期間・時間帯等を、交通規制、誘導する方法を決定する。

5．物流のための交通管理計画

　交通問題を明らかにするために、自動車や自転車・歩行者の交通量、道路構造、気象条件、沿道の土地利用、現状の交通規制を整理するとともに、交通渋滞、交通事故、環境悪化等を調査する。

　交通管理計画を立案するときは、調査した交通問題を整理し、問題が発生する要因を特定し、特定した要因を解消することができる適切な交通規制・交通誘導の方法を検討する必要がある（図5-2）。

交通問題の整理	交通量、道路構造、気象条件、沿道と土地利用などと、交通渋滞、交通事故、環境悪化などの問題を把握
↓	↓
交通管理方法の検討	法令に準拠しつつ、最適な交通規制・交通誘導の方法を組み合わせて検討

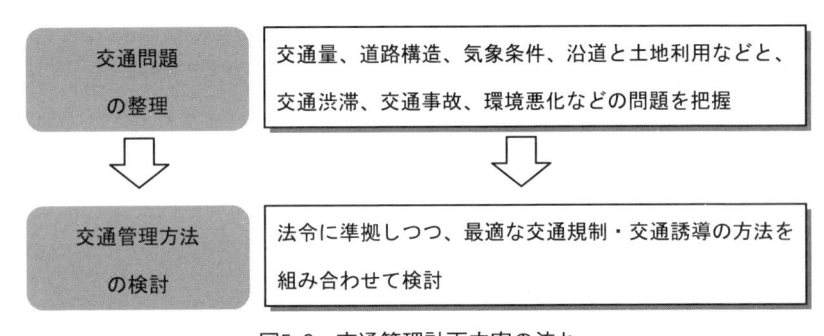

図5-2　交通管理計画立案の流れ

②　交通管理方法の検討

　道路交通法の目的は、「道路における危険を防止し、その他交通の安全と円滑を図り、及び道路の交通に起因する障害の防止に資すること」（道路交通法第1条）である。このため、公安委員会、道路管理者が実施する交通規制は、道路の構造保全、交通の危険防止のためにおこなわれる。

　しかし、個々の交通規制や交通誘導を実施するだけでは、効果が十分でなかったり、新たな課題が発生する可能性もある。そのため、交通規制と交通誘導それぞれの方法を個々に実施するのではなく、いくつかの方法を組み合わせたり、道路整備と一体的に取り組む必要がある。

2）交通管理計画における貨物車交通

　貨物車と乗用車を比較した場合、車両の大きさや重さが異なり、走行による騒音や振動など環境負荷に違いがある。このため、貨物車が市街地を走行するときには環境影響を考慮した交通管理が必要である。また、貨物車交通には、荷さばきのための駐車があるため、荷さばきの時間やスペースを考慮

した交通管理が必要である。

しかし、現状の交通管理においては、乗用車を主体とした交通管理が実施されているため、様々な課題が発生している（5-2節にて解説）。

5-2 物流のための交通管理の課題

（1） 交通管理の3つの課題[3]

物流のための交通管理の課題には、都市部における貨物車と乗用車の混在、環境への影響発生、貨物車の路上駐車の3つがある（表5-3）。

表5-3 物流のための交通管理の課題

課題	概要
①都市部における貨物車と乗用車の混在	貨物車と乗用車の混在により、交通渋滞や交通事故が起きたり、貨物車の円滑な走行に阻害が発生したりしている。
②環境への影響発生	貨物車の住宅地域への流入により、騒音、振動、大気汚染など生活環境への影響が発生したり、生活環境への悪影響を懸念して物流事業者の活動が制約されたりしている。
③貨物車の路上駐車	端末輸送の際の荷さばきのための駐車への配慮不足により、貨物車が路上で荷さばきをしたり、交通渋滞が発生したりしている。

（2） 都市部における貨物車と乗用車の混在

都市部で交通渋滞や交通事故が多発している要因の一つに、貨物車を考慮した交通規制や交通誘導がなされていないことがある。

たとえば、貨物車と乗用車が混在することで、渋滞や事故の危険性を高めている。また、大型貨物車が市街地を走行する場合、歩行者が集中する通勤通学時間と大型貨物車が輸送する時間を分けるような交通管理までは実施されていないことが多い。

貨物車と乗用車の混在を避けたり、人と物の交通を分けるように、交通管

5．物流のための交通管理計画

理計画を立案することが課題である。

（3） 環境への影響発生

貨物車が市街地を走行すると、騒音、振動、大気汚染などの沿道環境が悪化することがある。

たとえば、環境基本法においては沿道の土地利用や昼夜時間帯別に騒音の基準値を定めている。この基準値を遵守するために、遮音壁などの対策が実施されている。しかし、貨物車交通を他の道路や時間帯に誘導するような交通管理はほとんどなされていない。

貨物車交通による環境への影響を小さくするように、交通管理計画を立案することが課題である。

（4） 貨物車の路上駐車

中心市街地では、貨物車が荷さばきをするための場所が十分に確保されていないことが多い。このため、貨物車が路上で荷さばきをして、交通渋滞が発生することがある。

これは、貨物車交通の特徴の1つである荷さばきを考慮した駐車の規制や誘導が不十分なためである。

大きなビルや工場のように、敷地内に荷さばきスペースが確保されていれば、敷地内での荷さばきが可能である。しかし、小規模な個人店舗や雑居ビルの場合は、路上で荷さばきし、配送先に貨物を届ける。そのため、貨物車優先パーキングメーターなどの設置が進められているが、その数は十分ではなく、その駐車スペースも狭いことが多い。

たとえば、東京都内主要駅周辺では、路上駐車車両数は減少傾向にあるものの、貨物車の路上駐車台数は増加している。また、路上違法駐車台数が最も多い時間帯では貨物車が過半数を占めている。貨物車が荷さばきしやすい駐車ますの設定や搬送時間を考慮した駐車時間指定など、貨物車の荷さばきに配慮した交通管理はいきとどいていない。

貨物車の荷さばきを考慮した交通管理計画を立案することが課題である。

5-3　物流のための交通管理計画の考え方

(1) 交通管理計画の3つの考え方

物流のための交通管理計画には「分ける（分散）」、「減らす（削減）」、「換える（転換）」の3つがある（表5-4）。

表5-4　物流のための交通管理計画の考え方

課題	考え方	
①都市部における貨物車と乗用車の混在 ③貨物車の路上駐車	分ける	A．貨物車と乗用車が走行・駐停車する空間や時間の分離
①都市部における貨物車と乗用車の混在 ②環境への影響発生	減らす	B．貨物車の走行台数や走行距離、走行時間の削減
②環境への影響発生	換える	C．貨物車が走行する空間や時間の転換

(2) 「分ける（分散）」

「分ける（分散）」交通管理とは、貨物車と乗用車がそれぞれ安全かつ効率的に走行・駐停車するために、空間や時間を分離することである。

空間の分離とは、道路の一部区間や車線を貨物車優先にしたり、特定地区内への貨物車の流入を禁止・制限したり、貨物車の荷さばきのための駐停車場所の指定や制限などを実施することである。

時間の分離とは、夜間などの特定時間帯について、決められた道路や地区で貨物車の流入を禁止・制限したり、特定の時間帯のみに貨物車の駐車を制限したり、貨物車の荷さばき駐車のピーク時間帯に乗用車の駐車を制限することである。

(3) 「減らす（削減）」

「減らす（削減）」交通管理とは、貨物車の走行台数や走行距離、走行時間を削減することである。

5．物流のための交通管理計画

具体的には、積載率の高い貨物車が優先的に走行できる車線を指定したり、経路情報の提供により貨物車の走行経路を誘導して走行距離や時間を短縮することである。

（4）「換える（転換）」

「換える（転換）」交通管理とは、貨物車が走行する空間や時間を転換することである。

空間の転換とは、貨物車の高速道路の料金割引きにより、走行する空間を一般道路から高速道路へ換えることである。

時間の転換とは、高速道路において交通量が少ない時間帯の貨物車の料金割引きにより、時間帯によって交通量を換えることである。

5-4　物流のための交通管理計画

（1）　物流のための交通管理の計画メニュー

物流のための交通管理の計画メニューには、以下の6つがある（表5-5）。

「分ける（分散）」交通管理には、貨物車と乗用車を分離する貨物車専用道路・優先道路、貨物車の通行時間規制、貨物車の駐車時間規制がある。「減らす（削減）」交通管理には、荷さばき駐車帯の設置がある。「換える（転換）」交通管理には、情報提供による誘導と時間や路線ごとの高速道路の料金割引きがある。

しかし、単一の対策では必ずしも安全・効率的な貨物車交通を実現できるわけではないため、対策を組み合わせて効果的な計画を立案することが必要である。

表5-5　物流のための交通管理計画メニュー

	交通管理計画メニュー	概要
分ける	a1. 貨物車専用道路・優先道路	・乗用車と貨物車の混在を解消するために、貨物車専用や貨物車優先の車線や区間を設定する
	a2. 貨物車の通行時	・貨物車の通行が望ましくない時間帯や市街地内

	間規制	での通行を抑制するために、貨物車交通の通行時間を規制する
分ける	a 3. 貨物車の駐車の許可と規制	・貨物車の荷さばきが集中する時間帯に優先的に駐車を許可したり、交通渋滞が発生する時間帯に貨物車の駐車を規制する
減らす	b．路上荷さばき施設の設置	・交通渋滞解消、交通事故削減のために、貨物車の荷さばきのための専用駐車帯を指定する
換える	c 1．情報提供による交通誘導	・貨物車の輸送距離や輸送時間を削減するために、ドライバーや運送業者に経路情報を提供し、経路を案内する
	c 2．高速道路の料金割引き	・貨物車を一般道路から高速道路へ転換させるために、貨物車の高速道路料金を割引きする

（2） 物流のための交通管理計画の立案

1）「分ける」計画

a 1. 貨物車専用道路・優先道路

　貨物車専用道路や貨物車優先道路を指定することにより、貨物車が優先的に走行でき、乗用車と貨物車の混在による交通渋滞の解消や交通事故の削減ができる。

　たとえば、4 車線以上の道路において貨物車交通が特定の方向に集中する時間帯に貨物車専用車線や優先車線を設ける方法がある（図5-3）。上下線で交通量の多い時間帯が入れかわる場合には、優先車線と中央線変移システム（リバーシブルレーン）を組み合わせた方法もある（図5-4）。

　交通管理計画の立案に際しては、いずれにおいても、貨物車交通が多く走行する時間と方向を調査し、交通量や乗用車など他の交通への影響や、安全への対策を検討したうえで実施する必要がある。

a 2. 貨物車の通行時間規制

　通行時間規制とは、特定の地区や道路において、時間を決めて貨物車の流入や通行を禁止したり、貨物車が優先的に通行できる優先地区や優先道路を設けることである。

　たとえば、貨物車の通行により環境保全が困難と判断される市街地では、

5．物流のための交通管理計画

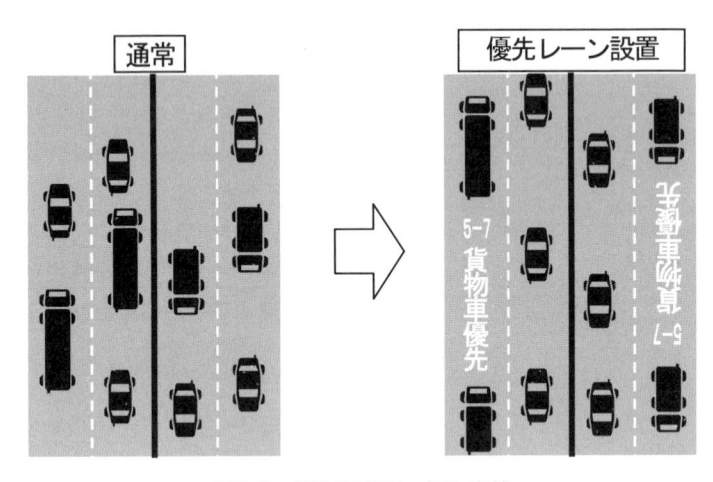

図5-3　貨物車専用・優先車線

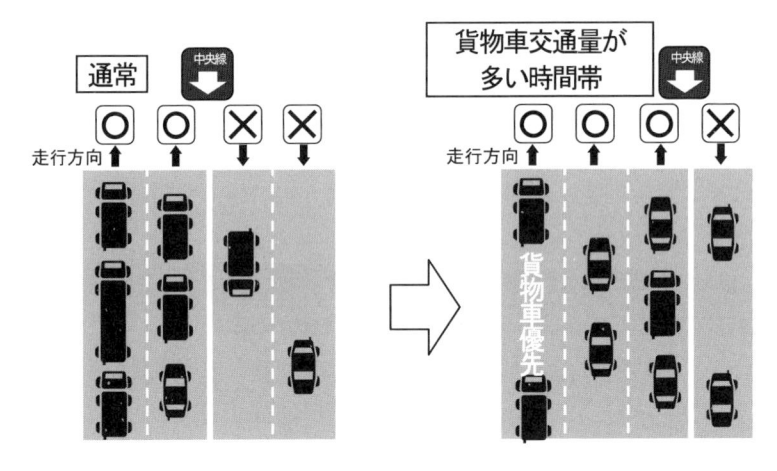

図5-4　優先車線と中央線変移システム（リバーシブルレーン）の組み合わせ

大型貨物車の夜間の通行を規制する。これにより、貨物車の環境影響の抑制と安全な貨物車交通が期待できる。
　交通管理計画の立案に際しては、貨物車の交通量、貨物車と乗用車の混在状況、沿道の土地利用、生活環境および交通渋滞や交通事故の発生状況を把握する。次に、貨物車交通の流入が望ましくない地区（流入規制地区）また

5-4 物流のための交通管理計画

は道路と流入を規制する時間帯を設定する（図5-5）。このとき、流入規制により他の道路や地区に貨物車交通が集中することや、新たに交通渋滞・交通事故・環境悪化が発生しないことを確認する必要がある。

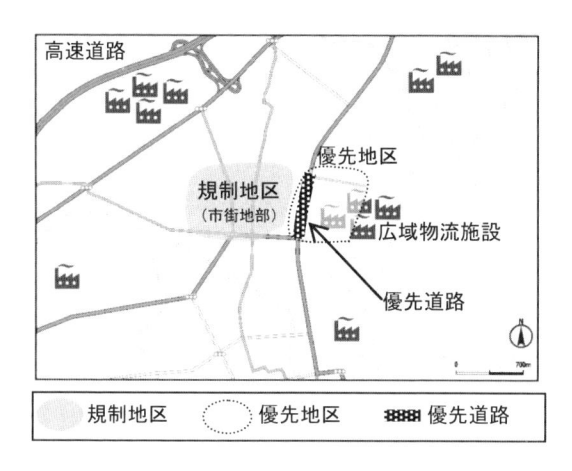

図5-5 規制地区・優先地区等の設定イメージ

a 3. 貨物車の駐車の許可と規制

貨物車の駐車時間規制とは、貨物車の駐停車と乗用車の通行が集中する道路が多い地区において、貨物車の荷さばきが集中する時間帯は貨物車の駐車を優先的に許可し、交通渋滞が発生する時間帯は貨物車の駐車を規制することである。

中心市街地や商業地域では、貨物車の荷さばき駐車と乗用車の通行が集中する。

たとえば、商業地域では乗用車の通行と貨物車の駐車が錯綜し、交通渋滞の悪化や交通事故の発生が懸念される。そこで乗用車の通行や駐車と貨物車の駐車の時間を分離するために、乗用車の駐車を排除しつつ貨物車の駐車可能な時間帯を設定する。

交通管理計画の立案に際しては、貨物車と乗用車の混在状況、沿道の土地利用状況、荷さばきのための貨物車の駐停車状況、交通渋滞や交通事故の発

生状況を把握する。次に、貨物車の駐停車の許可と規制をする地域と時間帯を設定する。駐車の許可と規制により、他の地区や他の時間帯に貨物車交通の集中、新たな交通渋滞が発生しないことを確認する必要がある。

2)「減らす」計画
ｂ．路上荷さばき施設の設置

道路にマーキングしたり、荷さばき用のパーキングメーターを設置して、貨物車の荷さばき駐車用の区画を設けることにより、交通渋滞の解消や交通事故の削減、効率的な貨物車の交通を確保する。

たとえば、商業地域などでは貨物車の荷さばきのための駐停車の集中による交通渋滞の悪化や交通事故の発生が懸念される。このような地区では、貨物車の荷さばきのための路上荷さばき施設を設ける。

交通管理計画の立案に際しては、貨物車の交通量や乗用車との混在状況、沿道の土地利用状況、荷さばきのための貨物車の駐停車状況、交通規制の状況、交通渋滞や交通事故の発生状況を把握する。次に、路上荷さばき施設を設ける場所を設定する。ただし、路上荷さばき施設を設けることにより、貨物車交通が集中することで新たに交通渋滞・交通事故が発生しないことを確認する必要がある。

3)「換える」計画
ｃ１．情報提供による交通誘導

ドライバーや運送業者にとって有益な情報を提供することにより、貨物車を最適な道路に誘導し、交通渋滞の回避、貨物車の集中、住宅地などへの流入による居住環境への影響を減らすことができる。

有益な情報とは、交通渋滞や交通事故の道路交通情報のほか、貨物車が走行可能な道路、貨物車に対して規制がある道路、住宅地や通学路などの沿道の土地利用状況などの情報である。

ｃ２．高速道路の料金割引き

貨物車の高速道路料金を引き下げることにより、貨物車の経路変更や時間変更を促し、貨物車を通行の望ましい路線に転換させる。高速道路の料金割引きには、時間帯割引きと特定経路の割引きがある。

時間帯割引きは夜間の乗用車による交通混雑が少ない時間帯で、貨物車の

高速道路料金を割引くことにより、貨物車の夜間利用を促進する交通誘導である。

特定経路の割引きは、並行する高速道路間に料金格差を設けて経路転換を促し、都心部や住宅地への大型車の交通流入を抑制し、環境影響の比較的少ない臨海部や工業地域に交通を誘導する方法であり、環境ロードプライシングと呼ばれている（図5-6）。

交通管理計画の立案に際しては、まず、貨物車と乗用車の混在や貨物車の交通量、沿道の土地利用状況や環境状況を把握する。その結果にもとづき、貨物車の転換を図る時間帯や道路を設定する。次に交通需要予測をもとに高速道路の料金割引きによる転換交通量の環境への影響を十分に検証した上で高速道路の料金と区間を決定する。

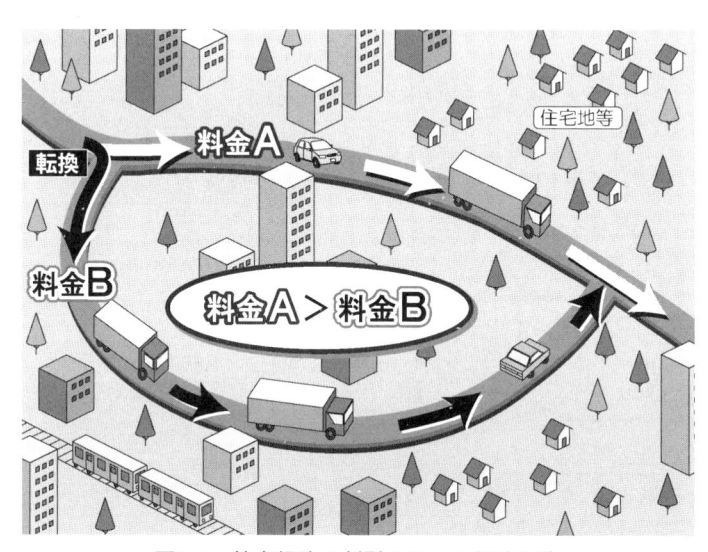

図5-6　特定経路の割引きによる経路転換

5．物流のための交通管理計画

＜参考資料＞物流のための交通管理計画の事例

　物流のための交通管理には、以上に述べたように様々あるが、事例は多くない。ここでは、日本に限らず海外を含めた物流のための交通管理計画の事例を紹介する。

（1）　貨物車専用・優先道路[4,5]

　貨物車専用・優先道路は、特定地域内や路線への貨物車の流入を制限する方法である。現在実施されている取り組みとして、イギリスやアメリカで実施されているトラックルート（Truck Route）やトラックレーン（Truck Lane）がある。

　トラックルートは、貨物車が走行する道路を指定する方法である。日本では道路を指定している事例はないが、アメリカ（ニューヨーク市）では、比較的大きい貨物車に対して、走行可能な道路をトラックルートとして指定している。ト

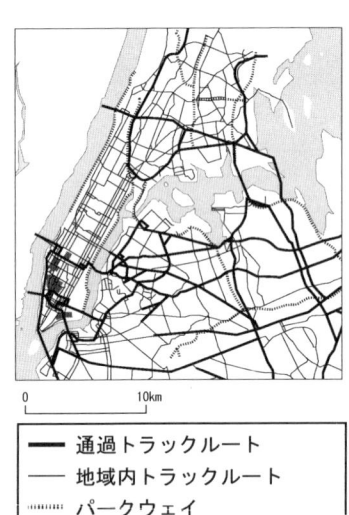

写真5-1　トラックルートの標識
（ニューヨーク市）
（出典：苦瀬博仁・高田邦道・高橋洋二「都市の物流マネジメント」2006年）

図5-7　ニューヨーク市の
　　　　トラックルート
（出典：苦瀬博仁・高田邦道・高橋洋二「都市の物流マネジメント」2006年）

<参考資料>物流のための交通管理計画の事例

ラックルートには、通過トラックルート（Thru Truck Route）と地域内トラックルート（Local Truck Route）の2種類があり、貨物を輸送する目的地によって貨物車が走行可能なルートが異なる（図5-7）（写真5-1）。すなわち、市内に貨物輸送目的の発着地をもたない貨物車は、通過トラックルートを走行するものとされ、通過トラックルートは州際道路など規格の高い道路が指定されている。

また、ニューヨーク市内に貨物輸送目的地がある場合は、発着地の直近まで地域内トラックルートを走行するものとされ、主に市内の主要道路が指定されている。

トラックレーンは、乗用車と貨物車の混在の回避を目的に貨物車の走行車線を指定する方法である。日本では、貨物車の走行速度が低いことから、高速道路の路肩側が大型車の走行車線として推奨されている。アメリカ（ニューヨーク市）では一般道路でも、大型貨物車が多く走行する道路では、走行車線を指定したり、主要交差点で右左折後の指定車線を標示したりする場合がある。

（2） 情報提供システム[6,7]

情報提供システムとは、交通渋滞が発生していない道路へ誘導するためにリアルタイムで交通渋滞などの交通のボトルネック箇所の情報を提供する。

IT技術を活用した情報提供システムのひとつにVICS（道路交通情報通信システム）がある。VICSとは、研究開発が進むITS（Intelligent Transport Systems；高度道路交通システム）の技術要素のひとつであり、走行する車両に、交通渋滞や交通事故、交通規制などの道路交通情報をVICSセンターからカーナビゲーション等の車載器を通してリアルタイムに提供する。これを利用することにより、貨物車の輸送時間短縮、的確な交通状況把握による交通の円滑化、安全性の向上が可能になる。

（3） 貨物車の通行時間規制

貨物車の通行時間規制は、朝夕の通勤通学のピーク時や夜間を対象に、貨物車の一定地域内への流入を時間的に規制することにより、交通渋滞を緩和したり、生活環境を保全する方法である。通行時間規制により、貨物車交通による生活環境への影響を少なくするものである。

時間的な地域内流入規制の事例として、東京都の取り組みがあげられる。東京都では経済活動への影響を勘案しつつ、生活環境保全を目指し東京都心部（環七

5．物流のための交通管理計画

通り内側、環八通りの一部）において大型貨物車等の土曜日の夜間走行を禁止している（図5-8）。規制時間は土曜日22時から翌日曜日7時まで、規制対象車両は最大積載量5トン以上または車両総重量8トン以上の大型貨物車となっている。

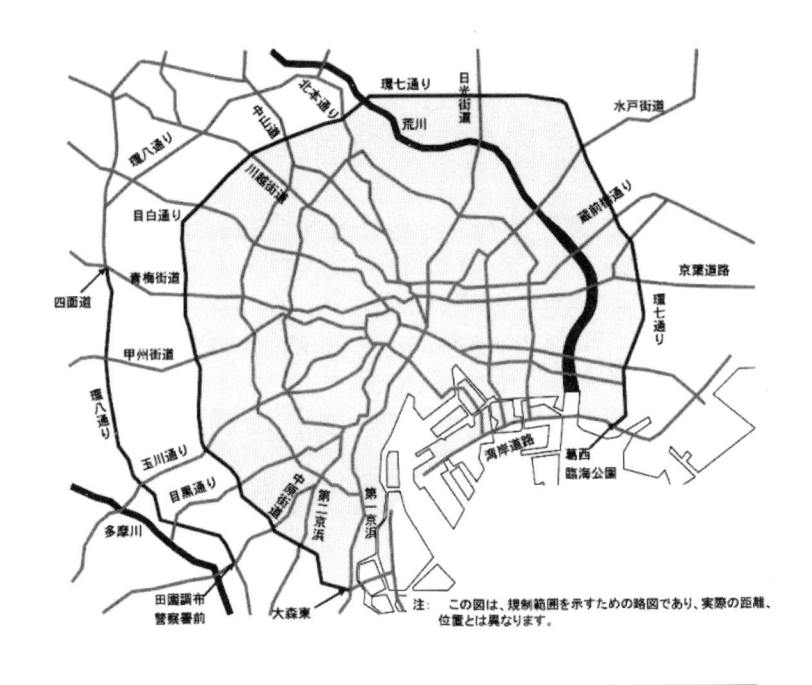

図5-8 交通規制地域

（出典：警視庁ホームページ）

（4） 帰り荷斡旋システム[8]

ジャストインタイムや多頻度小口輸送、配達時間指定など貨物輸送ニーズが多様化するなか、貨物車の積載率が低下している。そのため、貨物車走行台キロが増加し、交通への影響が発生している。

貨物車の積載率を高める方法として、荷物情報と車両情報を交換し、マッチングさせる帰り荷斡旋システムがある。

<参考資料>物流のための交通管理計画の事例

　帰り荷斡旋システムは、社団法人全日本トラック協会が開発し、日本貨物運送協同組合連合会が運営している（図5-9）。

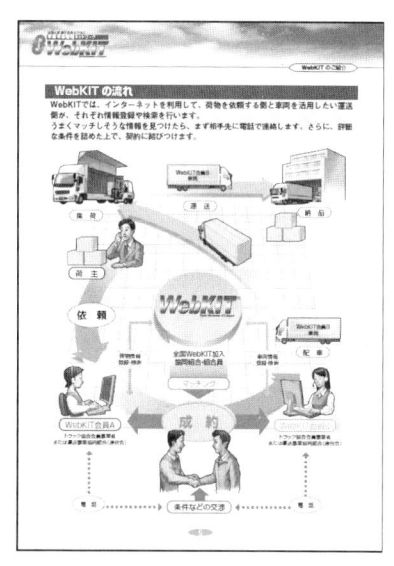

図5-9　帰り荷斡旋システム
（出典：社団法人全日本トラック協会、日本貨物運送協同組合連合会）

【注釈】
注1）「VICS」とは、交通渋滞や交通規制などの道路交通情報をリアルタイムに送信し、カーナビゲーションなどの車載機に文字・図形で表示する情報通信システム

【参考文献および引用文献】
1　社団法人交通工学研究会編「交通工学ハンドブック」pp24-1-1-24-5-2、丸善、2008
2　土木学会都市物流研究グループ「現代の新都市物流」pp98-102、森北出版、2005
3　塩見英治・齊藤実「現代物流システム論」pp116-118、中央経済社、2008
4　文献2、pp42-44
5　苦瀬博仁・高田邦道・高橋洋二「都市の物流マネジメント」pp170-174、勁草書房、2006
6　社団法人全日本トラック協会「トラック輸送産業の現状と課題」p80、平成23年3月

5．物流のための交通管理計画

7　財団法人道路新産業開発機構「ITS HANDBOOK」pp34-41、2013
8　社団法人全日本トラック協会「中小トラック運送事業者のための IT ガイドブック」、2013. 6

6．物流施設の計画

第6章では、地域間物流のための広域物流施設と都市内物流のための都市内集配施設を取り上げる。

6-1では物流施設の種類・内容、立地にかかわる法制度に関して述べる。6-2では物流施設の課題、6-3では物流施設の計画の考え方、6-4では物流施設の計画について述べる（図6-1）。

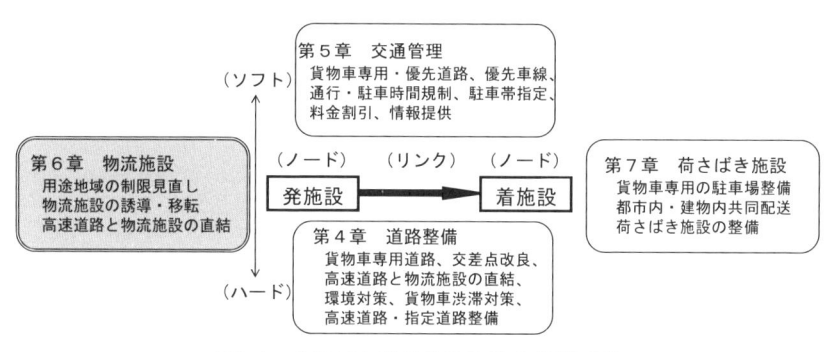

図6-1 本書における物流施設の位置づけ

表6-1 物流施設の計画（概要）

課題 (表6-15)	①物流施設と住宅の混在 ②物流施設の大型化と郊外への立地		
	分ける	減らす	換える
計画の 考え方 (表6-16)	A．物流施設の空間的な分離	B．貨物車交通による沿道環境への影響の削減	C．貨物車交通の発生集中場所の転換
計画 メニュー (表6-17)	a1．用途地域の見直し a2．物流施設の立地誘導	b．高速道路と物流施設の直結	c．物流施設の移転

6．物流施設の計画

6-1　物流施設

（1）　物流施設の種類と内容
1）広域物流施設
① 港湾[1,2]

地域間物流を結ぶ拠点である広域物流拠点には、港湾、空港、鉄道貨物駅、トラックターミナルがある。

港湾は、港湾法によって国際戦略港湾、国際拠点港湾、重要港湾、地方港湾、56条港湾に分類され、平成23年（2011）4月1日現在では、997港が存在する（表6-2）。

港湾の施設には、水域施設、外郭施設、係留施設、臨港交通施設など、18の施設がある（表6-3）。

表6-2　港湾法による港湾の分類

港湾の種類	内容
国際戦略港湾 （5港）	長距離の国際海上コンテナ運送に係る国際海上貨物輸送網の拠点となり、かつ、当該国際海上貨物輸送網と国内海上貨物輸送網とを結節する機能が高い港湾であつて、その国際競争力の強化を重点的に図ることが必要な港湾として政令で定めるもの（港湾法第2条の2）
国際拠点港湾 （18港）	国際戦略港湾以外の港湾であつて、国際海上貨物輸送網の拠点となる港湾として政令で定めるもの（港湾法第2条の2）
重要港湾 （103港）	国際戦略港湾および国際拠点港湾以外の港湾であつて、海上輸送網の拠点となる港湾その他の国の利害に重大な関係を有する港湾として政令で定めるもの（港湾法第2条の2）
地方港湾 （871港）	国際戦略港湾、国際拠点港湾および重要港湾以外の港湾（港湾法第2条の2）
56条港湾 （61港）	港湾区域の設定がなく、都道府県知事が水域を定めて公告した港湾（港湾法第56条） 地方港湾のなかでも特に小規模なものや今後開発が見込まれるもの

表6-3 港湾の施設

施設の種類	内容
水域施設	航路、泊地、船だまりなど船舶が通行、停泊する施設
外郭施設	防波堤、防砂堤、防潮堤など港湾を保護するための施設
係留施設	岸壁、係留浮標、係船杭、桟橋など船舶を停泊するための施設
臨港交通施設	道路、駐車場、橋梁、鉄道等港湾から旅客や貨物を運ぶ施設
航行補助施設	航路標識、船舶の入出港のための信号施設、照明施設、港務通信施設など船舶が航行するために必要な案内や指示をする施設
荷さばき施設	荷さばき地、上屋、固定式荷役機械、軌道走行式荷役機械など海上と陸上間の貨物の荷さばきをするための敷地や施設
旅客施設	旅客乗降用固定施設、手荷物取扱所、待合所など旅客のための施設
保管施設	倉庫、野積場、貯木場、貯炭場など貨物を保管しておく施設
船舶役務用施設	船舶のための給水、給油を行う施設
港湾公害防止施設	導水施設、公害防止用衝緩地帯など港湾における公害を防止するための施設
廃棄物処理施設	廃棄物埋立護岸、廃棄物受け入れ施設など廃棄粒を処しするための施設
港湾環境整備施設	海浜、緑地、広場、植栽、休憩所など港湾の環境を保全するための施設
港湾厚生施設	船舶乗組員および港湾労働者の休憩所、診療所、福利厚生施設など港湾従事者のための施設
港湾管理施設	港湾管理事務所など港湾を管理する施設
港湾施設用地	倉庫敷、緑地敷、港湾厚生施設敷、港湾管理施設敷などの施設の敷地
移動式施設	移動式荷役機械、移動式旅客乗降用施設など荷役や乗客が乗降積するための移動式の施設
港湾役務提供用移動施設	船舶の離着岸を補助する船舶、給水や給油に使用する船舶および車両、廃棄物の処理に使用する船舶および車両
港湾管理用移動施設	清掃線、通船など港湾管理のための移動施設

② 空港[3]

　空港は空港法によって、拠点空港、地方管理空港、その他の空港、共用空港に分類され、平成23年（2011）2月1日現在、98の空港が存在する（表6-4）。

　空港には、基本施設、ターミナル施設、付帯施設がある（表6-5）。

6．物流施設の計画

表6-4　空港の分類

空港の種類	内容
拠点空港 （28箇所）	国際航空輸送網または国内航空輸送網の拠点となる空港として、空港法に規定されているもの 管理者により会社管理空港、国管理空港、特定地方管理空港に分けられる 代表的な空港として成田国際空港、東京国際空港、中部国際空港、関西国際空港がある
地方管理空港 （54箇所）	国際航空輸送網または国内航空輸送網を形成する上で重要な役割を果たす空港として空港法に規定されているもの 地方公共団体が設置・管理する
その他の空港 （8箇所）	拠点空港、地方管理空港および公共用ヘリポートを除く空港として空港法に規定されているもの
共用空港 （8箇所）	航空自衛隊の設置する飛行場もしくは在日米軍が使用している飛行場で、民間の空港の機能も果たす空港として空港法附則に規定されているもの

表6-5　空港内の施設

施設の種類	内容
基本施設	滑走路、誘導路、着陸帯、エプロンなど航空機の離着陸や待機に使われている施設
ターミナル施設	旅客貨物ターミナルビル、貨物上屋、税関、格納庫、管制塔、給油施設、消火施設
付帯施設	保安道路、排水施設、場周柵

③　**鉄道貨物駅**[4]

　鉄道貨物駅は、取扱い貨物の種類により、コンテナ貨物取扱駅、車扱貨物取扱駅、コンテナ貨物・車扱貨物取扱駅に分類され、平成22年（2010）4月時点で253駅[5]ある（表6-6）。

　鉄道貨物駅には、駅舎、線路、車両基地、事務所がある（表6-7）。

表6-6　鉄道貨物駅の分類

貨物駅の種類	内容
コンテナ貨物取扱駅	コンテナ貨物の積みおろしが可能な貨物駅
車扱貨物取扱駅	車扱貨物の積みおろしが可能な貨物駅
コンテナ貨物・車扱貨物取扱駅	コンテナ貨物、車扱貨物の積みおろしが可能な貨物駅

表6-7　鉄道貨物駅内の施設

施設の種類	内容
駅舎	貨物の積みおろしに使用する場所
線路	着発線、荷役線などの貨物列車が走行、停車する場所
車両基地	鉄道車両の滞泊、整備や列車の組成等をおこなう場所
事務所	貨物運送業、貨物運送取扱業者が業務をおこなう場所

④　トラックターミナル

　トラックターミナルとは、特別積合せ貨物運送のための貨物車の発着と貨物積み替えを目的とする施設であり、施設を設置した主体により一般トラックターミナルと専用トラックターミナルがある（表6-8）。平成20年（2008）3月31日現在、23の一般トラックターミナルが存在する。

表6-8　トラックターミナルの分類

種類	内容
一般トラックターミナル	多数の自動車運送事業者の利用を目的として主に第3セクターが運営し、賃貸されている。自動車運送事業者の拠点が集約することで、大きな公共的役割を果たす 運営をおこなう際に、国土交通大臣の許可が必要
専用トラックターミナル	自動車運送事業者が自らの運送事業のために整備し、運営している 特定の自動車運送業者が専用利用するため、自らの事業計画に即して位置と規模を決定する

6．物流施設の計画

トラックターミナルには、車両を停車させ貨物を別の車両に積み替える荷扱場のほか、管理事務所、駐車場、保管庫などがある（表6-9）。

表6-9　トラックターミナル内の施設

施設の種類	内容
荷扱場	ホーム、停留場など車両を停車させ貨物を別の車両に積み替える施設
その他施設	管理事務所、駐車場、保管庫

（資料：全国トラックターミナル協会ホームページをもとに作成）

2）都市内集配施設
① 倉庫

都市内集配施設は、都市内物流の拠点である。代表的な施設には、倉庫、配送センター、加工センター、デポなどがある。

倉庫とは、貨物を保管する施設の総称であるが、入出庫がともなうことから集配送の拠点としての仕分けや積み替えの拠点ともなる。なお、倉庫には倉庫事業者による営業倉庫と荷主の自家倉庫がある。大量の商品や物資を保管し、仕分けて配送センターなどに送り出すことから、DC（ディストリビューションセンター）と呼ばれることもある。倉庫が持つ役割には、保管のほかに、荷役、流通加工、仕分け、ピッキング、情報管理などがある。

② 配送センター

配送センターとは、集配送のための仕分けや積み替えに特化した施設である。配送センターは、貨物を保管しないことから、TC（トランスファーセンター）と呼ばれることもある。配送センターが持つ役割には、仕分け・積み替え、情報管理がある。

③ 加工センター

加工センターとは、主に流通加工をおこなう施設である。原材料・素材等を入荷し、加工して、製品や商品を出荷することから、集配送、仕分け、積み替え、包装の拠点でもある。食材を調理して総菜類を作るように、流通の過程で加工して、付加価値を上げることから、PC（プロセスセンター）と

呼ばれることもある。加工センターが持つ役割には、加工のほかに、保管、仕分け・積み替え、包装、情報管理がある。

④ デポ

デポとは、都心部において狭い地区を受けもつ集配送拠点であり、営業の窓口として荷主から輸送の依頼を受けたり、荷主へ運ぶ貨物を一時保管する施設である。かつては、卸売業の営業所や配送所がデポと呼ばれた。近年、宅配便が普及するにつれて、その集配送拠点を指すケースが多くなっている。

デポは、他の都市内物流施設に比べて施設の規模が小さいものが多い。デポが持つ機能には、仕分け・積み替え、一時保管、情報管理がある。

（2） 物流施設の立地にかかわる法制度

物流施設の立地に関係する法令には、都市計画法、流通業務市街地の整備に関する法律、流通業務の総合化及び効率化の促進に関する法律、建築基準法、倉庫業法、自動車ターミナル法の6つがある（表6-10）。

6．物流施設の計画

表6-10　物流施設の立地に関係する法令

法令	内容
都市計画法	・都市の健全な発展と秩序ある整備を図るために必要な事項を定める ・都市計画区域の用途地域ごとに物流施設の立地を規定
流通業務市街地の整備に関する法律	・流通機能の向上および道路交通の円滑化を図るために流通業務市街地の整備に関して必要な事項を定める ・流通業務地区内における施設の建設を規定
流通業務の総合化及び効率化の促進に関する法律	・流通業務の総合化および効率化の促進を図るために必要な事項を定める ・基本方針に照らし、合致した計画が受ける支援措置を規定
建築基準法	・国民の生命、健康および財産の保護を図るために必要な事項を定める ・建築物の敷地、構造、設備および用途に関する最低基準を規定
倉庫業法	・倉庫業の適正な運営の確保、利用者の利益保護、倉庫証券の円滑な流通確保のために必要な事項を定める ・施設・設備に関する基準と事業の管理運営に関することを規定
自動車ターミナル法	・自動車ターミナル事業の適正な運営を確保することにより、公衆の利便性増進を図るために必要な事項を定める ・トラックターミナル事業を経営するために許可を受けることを規定

1）都市計画法

① 概要

　都市計画法は、昭和43年（1968）に制定された法律である。その目的は、「都市の健全な発展と秩序ある整備を図り、もって国土の均衡ある発展と公共の福祉の増進に寄与すること」（同法第1条）である。

　同法では、都市の無秩序な市街化を防止し、計画的な市街化を図る必要があるときは、都市計画区域を市街化区域と市街化調整区域に区分するものとしている。また、市街化区域については、住居系、商業系、工業系の12種類の用途地域を定めることができる。各用途地域における建築物の用途や構造

等は、建築基準法により具体的な制限が課せられている（表6-11）。

表6-11 用途地域の種類

種類	用途地域
住居系	主に住居の環境を保護するために定められる地域であり、第一種低層住居専用地域・第二種低層住居専用地域・第一種中高層住居専用地域・第二種中高層住居専用地域・第一種住居地域・第二種住居地域・準住居地域の7つの地域に分類される
商業系	主に商業その他の業務の利便性を増進するために定められる地域であり、近隣商業地域・商業地域の2つの地域に分類される
工業系	主に工業の利便性を増進するために定められる地域であり、準工業地域・工業地域・工業専用地域の3つの地域に分類される

② 物流施設の立地の制限

都市計画法で定められた準住居地域を除く住居系の用途地域において、営業倉庫は建築基準法により建築することができない。また、単独車庫は低層住居専用地域で建築が制限され、そのほかの準住居地域を除く住居系用途地域において建築物の規模の制限を受ける。

また、後述する流通業務の総合化及び効率化の促進に関する法律の制定により、市街化調整区域における物流施設の開発許可に関して支援措置がうけられるようになっている。

2) 流通業務市街地の整備に関する法律

① 概要

流通業務市街地の整備に関する法律（以下、「流市法」）は、昭和41年(1966)に制定された法律である。その目的は、「都市における流通業務市街地の整備に関し必要な事項を定めることにより、流通機能の向上及び道路交通の円滑化を図り、もって都市機能の維持及び増進に寄与すること」（同法第1条）である。

同法では、幹線道路、鉄道等の交通施設の整備の状況に照らして、流通業務市街地として整備することが適当であると認められる区域について、都市計画に「流通業務地区」を定め、同地区内において立地可能な施設に制限を

6．物流施設の計画

設けている。

② 物流施設の立地の制限

流通業務地区には、原則として、トラックターミナル、卸売市場、倉庫等の限定された施設のみ建設が認められ、流通業務の円滑化に対して障害となる施設の建設（用途変更を含む）は認められていない。ただし、農産・畜産等の加工工場、液化石油ガスの販売所等の施設は、流通業務地区の機能を害するおそれがない施設として政令により建設が認められている。

3）流通業務の総合化及び効率化の促進に関する法律

① 概要

流通業務の総合化及び効率化の促進に関する法律（以下、「物効法」）は、平成17年（2005）に制定された法律である。その目的は、「流通業務の総合化及び効率化の促進を図り、もって国民経済の健全な発展に寄与すること」（同法第1条）である。

同法では、物流事業者が策定する総合効率化事業に関し、基本方針に照らして適切な事業であると認められる場合には、事業許認可等の取得や施設への税制特例、資金調達の円滑化に関する措置等を図ることを定めている。

表6-12　物効法による支援措置

支援措置	概要
法人税の割増償却	営業倉庫の法人税を5年間で10％の割増償却
固定資産税と都市計画税の減税	営業倉庫は5年間で1/2、付帯設備は5年間で3/4、港湾上屋は5年間で5/6の課税標準の特例
金融機関からの借入金の保証	中小企業が事業資金を金融機関から借り入れる際に、その債務を信用保証協会が保証
港湾での立地申請に必要な届け出の免除	港湾流通拠点地区に整備する特定流通業務施設は、総合効率化計画の認定をもって、港湾法の工事の届け出をしたこととなる
市街化調整区域内で開発許可要件の配慮	市街化調整区域内での開発に必要な以下の許可要件が満たされているものと配慮される ①市街化を促進するおそれがない、②市街化区域内での開発が困難または著しく不適当である

② 物流施設の立地における配慮事項

物流事業者が策定する総合効率化事業についての計画が、同法の基本方針に適合した総合物流計画として認定を受けた場合、その認定事業は同法の支援措置を得ることができる（表6-12）。

基本方針では、輸配送、保管、流通加工を総合的に実施すること、物流拠点を集約化し高速道路・港湾等の近傍への立地を促進すること、共同配送等による配送ネットワークを合理化することなどを求めている。

同法により、都道府県知事等は、都市計画法で開発行為や都市施設の整備が規制されている市街化調整区域において、特定流通業務施設[注1]に係る開発の許可等を求められたとき、同開発事業が円滑におこなわれるように適切に配慮するものとされる。

4）建築基準法

① 概要

建築基準法は、昭和25年（1950）に制定された法律である。その目的は、「建築物の敷地、構造、設備及び用途に関する最低の基準を定めて、国民の生命、健康及び財産の保護を図り、もって公共の福祉の増進に資すること」（同法第1条）である。物流施設の立地に際しては、これらの基準を満たす必要がある（表6-13）。

表6-13　建築基準法における基準

基準	概要
敷地	用途地域、特別用途地区、特定用途制限地域ごとに敷地面積、容積率、建ぺい率、他の施設や道路との関係などを定めている基準
設備	火を使用する設備、換気設備、非常用照明設備、排煙設備、避雷設備、消火設備、給排水設備、し尿処理設備、昇降機電気設備など各施設に必要な設備を定めている基準
構造	自重、積載荷重、積雪荷重、風圧、土圧および水圧並びに地震その他の震動および衝撃に対して建物の安全を確保するための基準
用途	用途地域、特別用途地区、特定用途制限地域に立地することが可能な施設の種類を規定している基準

6．物流施設の計画

②　物流施設の建築の制限

建築基準法の制限により、営業倉庫は、準住居地域を除く住居系用途地域以外の用途地域でなければ建築できない。自家用倉庫は原動機の出力等に応じて作業場や工場等として扱われ、工場や店舗の付属倉庫であれば、工場や店舗として扱われる（表6-14）。

表6-14　用途地域別の立地可能施設

用途地域		用途地域別の立地規制からみて立地可能な施設				
		住宅	店舗	事務所	工場	営業倉庫
低層住居専用地域	第一種低層住居専用地域 第二種低層住居専用地域	低層				
住居系用途地域（低層住居専用地域を除く）	第一種中高層住居専用地域 第二種中高層住居専用地域 第一種住居地域 第二種住居地域 準住居地域	中高層	小規模 中規模 大規模	中規模 大規模	危険性・環境悪化のおそれ小	小規模
商業系用途地域	近隣商業地域 商業地域					
工業系用途地域	準工業地域 工業地域 工業専用地域				大	大規模

（資料：東京都市圏交通計画協議会「物流からみた東京都市圏の望ましい総合都市交通体系のあり方」平成18年5月をもとに作成）

5）倉庫業法
① 概要

倉庫業法は、昭和31年（1956）に制定された法律である。その目的は、「倉庫業の適正な運営を確保し、倉庫の利用者の利益を保護するとともに、倉庫証券の円滑な流通を確保すること」（同法第1条）である。

同法では、倉庫業者に対して施設設備基準に適合するように倉庫を維持管理することと、事業を適切に管理運営するための倉庫管理主任者を選任することが定められている。

② 営業倉庫の業務の制限

倉庫業法では、倉庫業を「寄託を受けた物品の倉庫における保管を行う営業」と規定し、倉庫を「物品の保管の用に供するもの」と定めている。したがって、物流不動産事業者が供給する物流施設は、荷さばきのための一時保管をするための施設であることから、営業倉庫に該当しない。また荷主が床面積単位で借り受けている倉庫は、不動産の賃貸借にあたり営業倉庫に該当しない。営業倉庫で流通加工することは保管の一環として認められているが、簡易な加工でなくなると、工場や作業場などの生産施設とみなされることもある。

6）自動車ターミナル法
① 概要

自動車ターミナル法は、昭和34年（1959）に制定された法律である。その目的は、「自動車ターミナル事業の適正な運営を確保すること等により、自動車運送事業者及び自動車ターミナルを利用する公衆の利便の増進を図り、もつて自動車運送の健全な発達に寄与すること」（同法第1条）である。

自動車ターミナルとは「旅客の乗降又は貨物の積卸しのため、自動車運送事業の事業用自動車を同時に二両以上停留させることを目的として設置した施設であつて、道路の路面その他一般交通の用に供する場所を停留場所として使用するもの以外のもの」（同法第2条第4項）をいう。

同法では、自動車ターミナル事業を経営するものは、事業の種類ごとに国土交通大臣の許可を受ける必要があることが定められている。

② トラックターミナルにおける業務の制限

6．物流施設の計画

　自動車ターミナル法でいうトラックターミナルとは、特別積合せ貨物運送の貨物車が利用するための施設で、大型貨物車と集配車、あるいは大型貨物車間における貨物の積替えをおこなうための施設である。特別積合せ貨物運送に限って利用が認められるため、トラックターミナル内の施設は運送途上の貨物の保管のための保管庫など、特別積合せ貨物運送に関係する施設に限定される。

6-2　物流施設の課題

（1）　物流施設の2つの課題[6,7]

　物流施設の立地上の課題としては、物流施設と住宅の混在、物流施設の大型化と郊外部への立地の2つがある（表6-15）。

表6-15　物流施設の立地上の課題

課題	概要
①物流施設と住宅の混在	物流施設と住宅が混在しているため、騒音、振動など生活環境への悪影響を懸念して物流事業者の活動が制約されたり、交通事故が発生しやすくなっている
②物流施設の大型化と郊外への立地	物流施設の大型化が進み、都市部での大規模用地取得の困難さから郊外への立地が進んでいる。このため、大規模な物流施設が立地する郊外では、生活環境へ悪影響が発生している

（2）　物流施設と住宅の混在

　住居系用途地域では、小規模な物流施設の立地は可能である。また、近年、大都市においては、準工業地域や工業地域にある倉庫跡地や工場跡地にマンションが建てられることがある。第4回東京都市圏物資流動調査結果においても、住居系用途地域内に大型貨物車が発着する都市内配送用の物流施設が点在していることが明らかになっている（図6-2）。

　このように、住居系用途地域内で物流施設と住宅の混在が発生している。この結果、貨物車による騒音や振動などの居住環境への悪影響や、貨物車が狭い街路を走行することで、交通事故を引き起こす危険が増している。

6-2 物流施設の課題

　このような物流施設と住宅の混在を避けるように、物流施設の整備計画を立案することが課題である。

図6-2　東京都市圏における大型貨物車利用の物流施設立地状況
(出典 : 東京都市圏交通計画協議会「物流からみた東京都市圏の望ましい総合都市交通体系のあり方」平成18年5月)

6．物流施設の計画

(3) 物流施設の大型化と郊外への立地

平成元年（1989）以降、全国的に倉庫の着工棟数は減少傾向を示すとともに、平均床面積は横ばいの傾向にあった。しかし、平成10年（1998）頃から平均床面積は増大し、物流施設の大型化が進んでいる（図6-3）。

なお、建築着工統計上の倉庫は、営業倉庫と自家倉庫の両方を含んでいる。

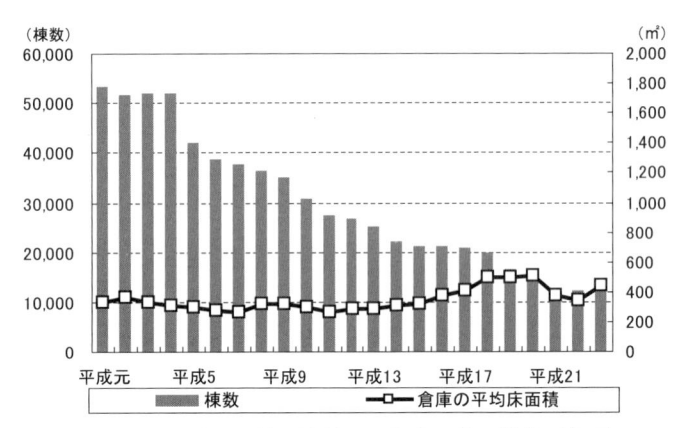

図6-3　倉庫建築の着工棟数と平均床面積の推移（全国）
（資料：国土交通省「平成23年度版建築統計年報」平成24年3月をもとに作成）

東京を除く関東6県の倉庫の着工棟数と平均床面積は、全国と同様の傾向にある。一方で、東京都や大阪府の倉庫建築の着工棟数と平均床面積の推移は増減を繰り返し、一定の傾向は認めにくい（図6-4、図6-5）。これは、東京や大阪では大規模な倉庫用地の取得が難しくなっていることが一因である。加えて、近年の物流不動産ファンドによる大規模物流施設の供給が、郊外部で活発化していることも背景にある。このような大規模物流施設では、貨物車が上層階に接車できるようにランプウェイを備えている施設が多い。

特に、近年、大都市圏では環状の高速道路が整備されつつあり、高速道路のインターチェンジ（IC）近傍への立地が増えている。これは、利便性が高いからである。

たとえば、東海環状自動車道の整備による沿道への工場立地の状況をみる

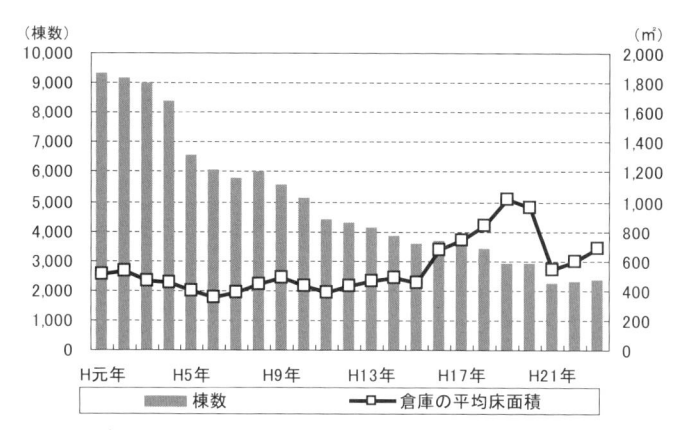

図6-4　倉庫建築の着工棟数と平均床面積の推移（東京を除く関東6県）
（資料：国土交通省「平成23年度版建築統計年報」平成24年3月をもとに作成）

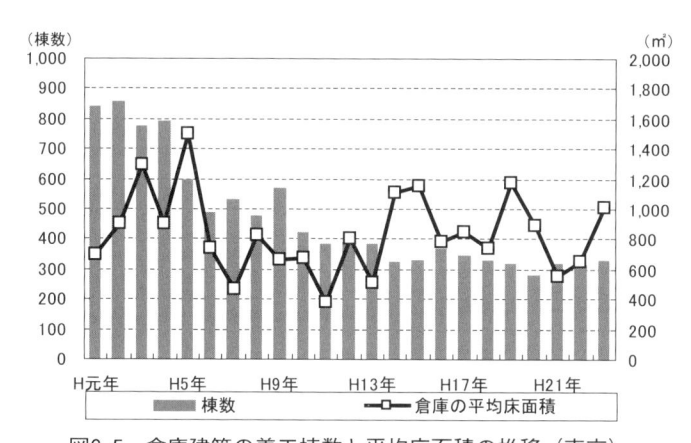

図6-5　倉庫建築の着工棟数と平均床面積の推移（東京）
（資料：国土交通省「平成23年度版建築統計年報」平成24年3月をもとに作成）

と、道路の延伸とともに整備されたインターチェンジ近傍に工業団地や工場が立地しており、物流施設もそれらとともに進出している（図6-6）。

　高速道路整備により物流施設の立地需要が高まっている郊外は、市街化を抑制すべき市街化調整区域である場合が多い。今後、物流の効率化と環境保全を総合的に判断しながら、計画的に施設立地を誘導することが課題である。

6．物流施設の計画

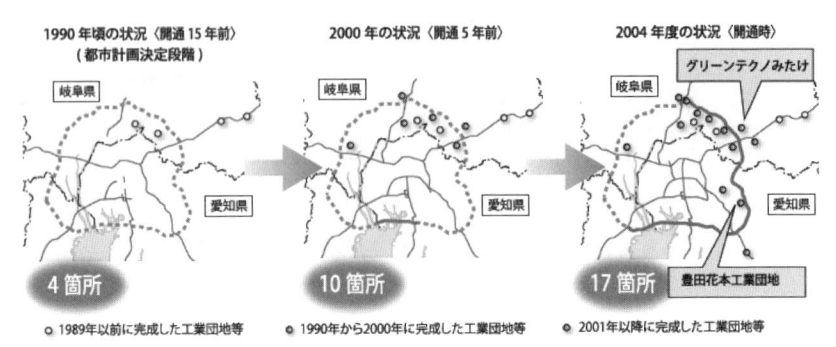

図6-6　東海環状自動車道整備の延伸と工業団地・工場立地状況
(出典：国土交通省「東海環状道沿線自治体等アンケート調査」平成18年2月)

6-3　物流施設の計画の考え方

（1）　物流施設の計画の3つの考え方

物流施設の計画には「分ける（分散）」、「減らす（削減）」、「換える（転換）」の3つがある（表6-16）。

表6-16　物流施設の計画の考え方

課題		考え方
①物流施設と住宅の混在 ②物流施設の大型化と郊外への立地	分ける	A．物流施設の空間的な分離
②物流施設の大型化と郊外への立地	減らす	B．貨物車交通による沿道環境への影響の削減
①物流施設と住宅の混在	換える	C．貨物車交通の発生集中場所の転換

（2）　「分ける（分散）」

「分ける（分散）」物流施設の計画とは、物流施設を空間的に分離することである。

分散して立地している大規模な物流施設を集約したり、住居と混在して立

地している物流施設を住居地域から空間的に分離することによって、夜間の操業などの事業運営の自由を確保し、事業の非効率を改善することができる。また、交通事故や沿道環境の悪化を抑制することができる。

（3）「減らす（削減）」

「減らす（削減）」物流施設の計画とは、物流施設から発生集中する貨物車交通による沿道環境への影響を削減することである。

高速道路のインターチェンジ（IC）周辺に物流施設を整備することによって、一般道路での貨物車交通による大気汚染、振動、騒音などの環境への影響削減を図ることができる。

（4）「換える（転換）」

「換える（転換）」物流施設の計画とは、物流施設を移転し、貨物車交通の発生集中場所を転換することである。

物流施設の移転によって、周辺環境への影響発生を懸念した夜間操業などの自由な事業運営、発生集中する貨物車による周辺住宅環境への悪影響の回避、狭隘な用地における作業の非効率の改善を図ることができる。

6-4　物流施設の計画

（1）　物流施設の計画メニュー[7]

物流施設の計画メニューには、以下の4つがある（表6-17）。

「分ける（分散）」計画には用途地域の見直し、物流施設の立地誘導がある。「減らす（削減）」計画には高速道路と物流施設の直結がある。「換える（転換）」計画には物流施設の移転がある。

しかし、単一の対策では必ずしも交通の円滑化、交通事故の削減、環境保全を実現できるわけではないことから、これらの対策を組み合わせて効果的な計画を立案することが必要である。

6. 物流施設の計画

表6-17 物流施設の計画メニュー

整備計画メニュー		概要
分ける	a1. 用途地域の見直し	交通事故の危険や居住環境の悪化を解消するために、物流施設と住宅の混在を容認している用途地域を見直す。
	a2. 物流施設の立地誘導	高速道路のインターチェンジ（IC）近傍や重さ・高さ指定道路の沿道にある流通業務地区や工業系用途地域へ物流施設の集約立地を誘導する。
減らす	b. 高速道路と物流施設の直結	一般道路での沿道環境悪化を解消するために、高速道路と物流施設を直結する。
換える	c. 物流施設の移転	交通渋滞や交通事故を減らし、環境悪化を解消するために、住宅地域内に立地している物流施設を流通業務団地等へ移転する。

(2) 物流施設の計画の立案
1)「分ける」計画
a1. 用途地域の見直し

用途地域を見直すことにより、物流施設の集約や物流施設と共同住居を分けることができる。

都市計画法の用途地域制度では、一部の住居系用途地域における物流施設の建築が可能であり、工業系用途地域（工業・準工業地域）において共同住宅の建築が可能である。

そのため、用途地域での制限を見直して工場跡地への共同住宅建設、住居系用途地域への物流施設建設を規制する方法がある。また、自治体が指定する用途地域を変更したり、条例により「特別用途地区」を定めて土地利用の規制を加える方法がある。なお、特別用途地区とは、都市計画法第9条第13項「用途地域内の一定の地区における当該地区の特性にふさわしい土地利用の増進、環境の保護等の特別の目的の実現を図るため」の地区のことである。物流施設が既に集積している地区について物流系の土地利用の増進を図る特別用途地区を指定する。

a 2. 物流施設の立地誘導

　物流施設を立地誘導することにより、物流施設を集約することができる。たとえば、高速道路のインターチェンジ（IC）近傍や重さ・高さ指定道路の沿道に計画的に立地誘導することにより物流施設の集約立地を図る。これにより用途混在やバラ立ちを抑制することができるとともに、夜間操業などの自由な運営の確保、交通渋滞や交通事故の削減、市街地環境の保全が期待できる。

2)「減らす」計画

b．高速道路と物流施設の直結

　高速道路と物流施設の直結とは、高速道路のインターチェンジ（IC）、サービスエリア（SA）、パーキングエリア（PA）、バスストップから直接出入り可能な物流施設を併設することである。また、高速道路のインターチェンジ（IC）周辺に物流施設を集約する方法もある。

　高速道路から物流施設に直接出入りが可能になると、幹線輸送の効率化が図れるとともに、一般道路の貨物車と乗用車の混在を解消でき、渋滞や交通事故の削減、市街地内の環境保全が期待できる。

　計画を立案する際には、高速道路の通行車両と物流施設に出入りする貨物車の交通錯綜を回避できるように物流施設の出入り口を設けることに留意する必要がある。

3)「換える」計画

c．物流施設の移転

　物流施設を移転することにより、貨物車が集中する場所を換えることができる。

　幹線道路に近接し、混在などの土地利用上問題の少ない地域に物流施設を移転することにより、効率の良い配送が可能になるとともに、住宅地域内を通過する貨物車を減らすことができ、安全性が向上する。

　物流施設の移転計画では、周辺道路交通や土地利用への影響を検討し、物流施設と住宅の混在や乗用車と貨物車の混在を避ける必要がある。

6．物流施設の計画

＜参考資料＞物流施設整備の最新事例

　近年は物流施設が大型化し、郊外への立地が進む傾向にある。ここでは、物流施設の整備事例を紹介するとともに、従来の施設と比較する（表6-18）。

　従来の物流施設は、自己所有の中小規模の施設が多く、機能面では保管が中心で、流通加工は荷さばきスペースの一部を利用したり、貨物車用のバースは１階の片側にそれほど多くはない台数分が配置されていた。多層階を利用する物流施設であっても、貨物車用のバースは１階の片側に配置され、上層階には垂直搬送機を利用して貨物を上げていた。そのような施設は、床荷重も１トン／㎡前後、柱スパンも８m以下が多く、決して使い勝手がいいとは言えなかった。いわゆる「貯蔵型物流施設」である。

　最近は、敷地面積が５万㎡、延床面積が10万㎡を超え、階数も５～６階建ての大規模な物流施設が数多く整備されるようになっている。そのような施設は、不動産事業者により供給される賃貸型の施設が多く、複数のテナントが入居している施設が多い。上層階に入居するテナントには、貨物車が直接乗り入れることができるようにランプウェイが設置され、床荷重や柱スパン等の建築スペックも十分な強度、広さが確保され、効率的な物流が可能となる配慮が行き届いている。いわゆる「流通型物流施設」である。

　このような施設には多数の貨物車が乗り入れることになるため、立地場所によっては周辺環境と軋轢も起こしやすい。立地先の選定にあたっては、周辺環境、前面道路や幹線道路までの道路幅員、道路構造等に留意する必要がある。

　以下に、近年の大規模物流施設の事例を紹介する。いずれも上層階に貨物車が進入可能なランプウェイを備え、工業専用地域もしくは準工業地域に立地している事例である。

<参考資料>物流施設整備の最新事例

表6-18 従来型の施設と最近の施設の比較

	貯蔵型物流施設	流通型物流施設
施設の規模	中小規模の施設が中心（平屋の施設も多い）	敷地面積5万㎡、延床面積10万㎡を超える大規模施設も建設
運営形態	自己所有が多い	不動産事業者による賃貸型（テナントとして複数の物流事業者が入居）の供給が増加
バース	1階の片側のみの設置が多い（上層階利用はエレベータや垂直搬送機による）	1階の両側、高層階にはランプウェイを設置する場合もあり、各階に貨物車の乗り入れが可能
床荷重	1トン/㎡前後	1.5トン/㎡以上（フォークリフト荷役が前提）
床高	土間コンクリート、または低床式	ドックレベラー付き高床式（海上コンテナの利用を想定。貨物車の車高に合わせて床高が変更可能。衛生面を考慮）
柱スパン	経済性（建築コスト）を優先した短スパン	11m以上（ラック導入や接車効率を考慮）
流通加工スペース	ほとんど設置せず、荷さばき場等を利用	十分な広さのスペースを設置（照明照度はオフィス並みの500ルクス以上）
環境配慮	特に整備なし	事務所、共通スペースを含めた全ての施設内で照明、断熱等の省エネ設備を設置。敷地内に緑地等も配置
その他	ー	免震構造の採用。衛星電話や自家発電装置の設置による災害時の施設運営に配慮されている施設もある

（資料：国土交通省資料をもとに作成）

6．物流施設の計画

＜事例1：SG リアルティ横浜＞

竣 工 年：2012年5月
立　　地：高速道路ICより約200m、JR・私鉄駅より徒歩約5分
敷地面積：約39,000㎡
延床面積：約83,000㎡
用途地域：工業専用地域
構　　造：鉄骨造4階建
特　　徴：上下専用ランプウェイを設置し、上層階への車両進入が可能。高速道路ICへの近接のみでなく、物流施設が集積する工業専用地域であることから、夜間操業など自由な事業運営が可能

(資料：SGリアルティ株式会社ホームページをもとに作成)

＜事例2：SG リアルティ柏＞

竣 工 年：2012年6月
立　　地：高速道路ICより約600m、私鉄駅より徒歩約25分
敷地面積：約104,000㎡
延床面積：約130,000㎡
用途地域：工業専用地域
構　　造：鉄骨鉄筋コンクリート造5階建
特　　徴：上下専用ランプウェイを設置し、上層階への車両進入が可能。いくつかの物流施設が集積する工業団地内に位置

(資料：SGリアルティ株式会社ホームページをもとに作成)

＜参考資料＞物流施設整備の最新事例

＜事例3：プロロジスパーク座間2＞

竣 工 年：2012年8月
立　　地：高速道路ICより約5km、私鉄駅より約3km
敷地面積：約50,000㎡
延床面積：約116,000㎡
用途地域：工業専用地域
構　　造：柱PC造・梁鉄骨造5階建（免震構造）
特　　徴：上下専用ランプウェイを設置し、上層階への車両進入が可能
　　　　　緊急地震速報システム・災害用発電機の常設
(資料：プロロジスホームページをもとに作成。写真はプロロジス提供)

＜事例4：GLP・MFLP市川塩浜＞

竣 工 年：2013年12月（予定）
立　　地：高速道路ICに至近、JR駅より徒歩圏
敷地面積：約53,000㎡
延床面積：約121,000㎡
用途地域：工業専用地域
構　　造：PC造5階建（免震構造）
特　　徴：上下専用ランプウェイを設置し、上層階への車両進入が可能。高速道路のインターチェンジ（IC）への近接のみでなく、物流施設が集積する工業専用地域であることから、夜間操業など自由な事業運営が可能
(資料：三井不動産株式会社GLP・MFLP市川塩浜プロジェクトホームページをもとに作成)

【注釈】

注1）特定流通業務施設とは、流通業務施設（トラックターミナル、卸売市場、倉庫または上屋をいう）であって、高速自動車国道、鉄道の貨物駅、港湾、漁港、空港その他の物資の流通を結節する機能を有する社会資本等の近傍に立地し、物資の

6．物流施設の計画

仕分および搬送の自動化等荷さばきの合理化を図るための設備、物資の受注および発注の円滑化を図るための情報処理システム並びに流通加工の用に供する設備を有するものをいう。

【参考文献および引用文献】
1　池田宗雄「港湾知識のABC」pp20-46、pp112-165、成山堂書店、2010
2　港湾荷役機械システム協会編「港湾荷役のQ&A」pp1-5、成山堂書店、2006
3　久保利俊明・佐々木善朗「空港施設がわかる本」pp2-5、pp32-51、pp58-77、pp90-95、山海堂、2007
4　中島啓雄「現代の鉄道貨物輸送」pp64-80、成山堂書店、1997
5　日本貨物鉄道株式会社「会社概要」、同社ホームページ
6　谷口栄一・根本敏則「シティロジスティクス－効率的で環境にやさしい都市物流計画論－」pp46-47、森北出版、2001
7　苦瀬博仁・高田邦道・高橋洋二「都市の物流マネジメント」pp27-61、勁草書房、2006

7. 荷さばき施設の計画

第7章では、路上、路外、建物内に整備する「荷さばき施設」を取り上げる。

7-1では荷さばき施設の概要を述べる。7-2では荷さばき施設の課題、7-3では荷さばき施設の計画の考え方、7-4では荷さばき施設の計画の立案について述べる（図7-1）。

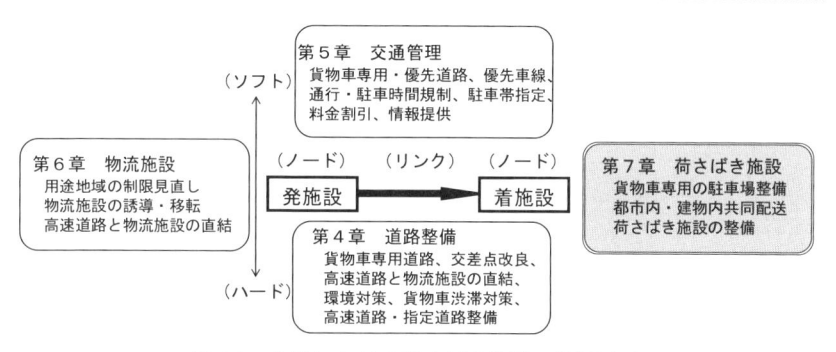

図7-1 本書における荷さばき施設の位置づけ

表7-1 荷さばき施設の計画（概要）

課題 (表7-5)	①人の移動と物の搬送の混在 ②搬入時間の集中 ③荷さばき施設の寸法の不足		
	分ける	減らす	換える
計画の考え方 (表7-8)	A．乗用車と貨物車の駐車場所や人と物の通路の空間的・時間的な分離	B．貨物車の駐車台数や駐車時間の削減、積載率の向上	C．荷さばき施設の新設や増改築、時間帯の指定による転用
計画メニュー (表7-9)	a．荷さばき施設の確保	b．共同配送	c．荷さばき施設の新設・増改築

7．荷さばき施設の計画

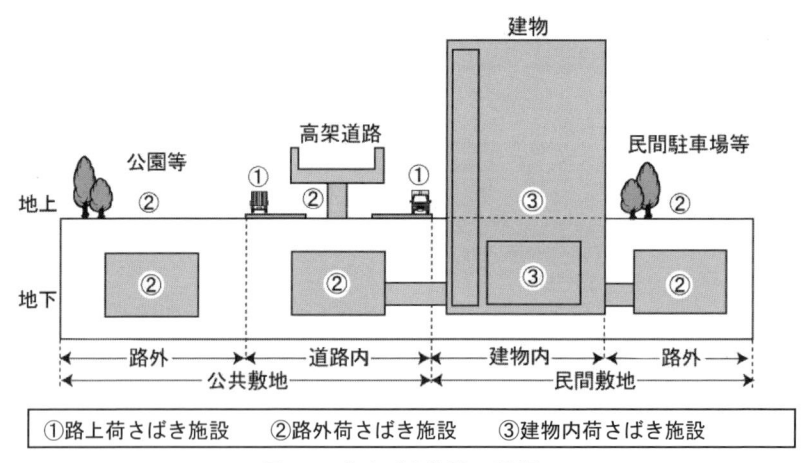

7-1 荷さばき施設

（1） 荷さばき施設の種類と内容[1]
1）路上荷さばき施設

荷さばき施設とは、貨物車の駐停車と貨物の積み込み・荷おろしや仕分けのための場所である。荷さばき施設には、設ける場所によって、路上、路外、建物内の3つの種類がある（図7-2）。

「路上荷さばき施設」とは、道路にマーキングしたり、荷さばき用のパーキング・メーター等を設置して、道路上に区画を設けるものである（写真7-1）。

路上荷さばき施設は、地方自治体や公安委員会、道路管理者が設置している。

図7-2 荷さばき施設の種類

7-1　荷さばき施設

東京都中央区・都道の事例 　　　　大阪市中央区・市道の事例
写真7-1　路上荷さばき施設の事例

2）路外荷さばき施設

「路外荷さばき施設」とは、道路上以外で建物内ではない荷さばき施設である。

路外荷さばき施設には、地上と地下の2つがある。地上に設ける荷さばき施設には、平面駐車場の一部を利用するもの、高架道路下の空間を利用するもの、空き地を一時的に利用するものがある（写真7-2）。また、地下に設ける荷さばき施設には、地下駐車場の一部を利用するものや公園や道路の地下を利用するものがある。

路外荷さばき施設は、敷地所有者が設けることが多い。

7．荷さばき施設の計画

写真7-2　路外荷さばき施設の事例
(出典：東京都ホームページ)

3）建物内荷さばき施設

「建物内荷さばき施設」とは、建物の中に設ける荷さばき施設である（写真7-3）。

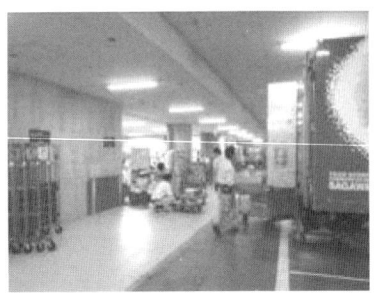

新丸の内ビルディングの事例　　　東京ミッドタウンの事例
写真7-3　建物内荷さばき施設の事例

7-1　荷さばき施設

建物内荷さばき施設は、駐車場法の附置義務条例や大規模小売店舗立地法により、建物の立地場所や用途、規模などにあわせて、設置が義務付けられている。

建物内荷さばき施設は、建物の所有者または管理者が設けることが多い。

4) 荷さばき施設の構成

荷さばき施設での作業を分けると、貨物車を駐停車させ、荷おろしをして、届け先ごとに貨物を仕分けてから、搬送先に届ける。そのため、荷さばき施設では、作業に合わせていくつかのスペースが必要となる。

すなわち、①貨物車が通行するスペース（車路）、②貨物車が駐車するスペース（駐車ます）、③積み込みや荷おろしをおこなうスペース（荷さばきスペース）、④仕分けをおこなうスペース（作業スペース）、⑤建物内に貨物を搬送するスペース（搬送通路）が必要である（図7-3）。このうち、貨物車の「②駐車ます」と貨物車の側方や後方で積み込みや荷おろしをおこなう「③荷さばきスペース」を合わせて、「荷さばき駐車スペース」と呼ぶことが多い。

建物内荷さばき施設と路外荷さばき施設は、①〜⑤のすべてを備えることが必要である。路上荷さばき施設は、道路上に設けるため、②と③になる。

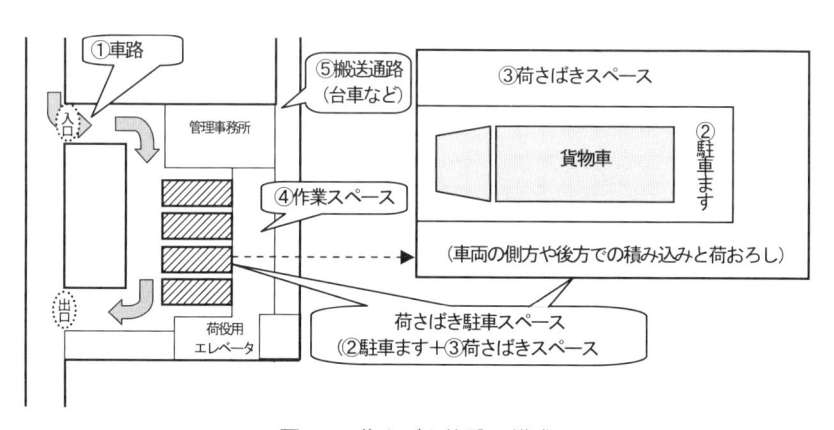

図7-3　荷さばき施設の構成

7．荷さばき施設の計画

（2） 荷さばき施設にかかわる法制度[2]

荷さばき施設の設置を規定している法令には、道路交通法、駐車場法、大規模小売店舗立地法の3つがある（表7-2）。

表7-2　荷さばき施設の設置を規定する法令

法令	概要	路上荷さばき施設	路外荷さばき施設	建物内荷さばき施設
道路交通法	・道路交通の安全と円滑を図るために必要な事項を定める ・一定時間の路上駐車を許容する「時間制限駐車区間（パーキング・メーター等）」を規定	○	—	—
駐車場法	・自動車の駐車のための施設の整備に必要な事項を定める ・大規模建築物またはその建築物の敷地内における「駐車施設の附置義務条例」を規定	○	○	○
大規模小売店舗立地法	・大規模小売店舗を設置する者が配慮すべき事項を定める ・大規模小売店舗における「荷さばき施設の整備等」の配慮事項を規定	—	○	○

【凡例】○：当該法令で規定されている荷さばき施設
　　　　—：当該法令では対象外の荷さばき施設

1） 道路交通法

① 概要

道路交通法は、昭和35年（1960）に制定された法律である。その目的は、

168

「道路における危険を防止し、その他交通の安全と円滑を図り、及び道路の交通に起因する障害の防止に資すること」(同法第1条)である。

同法では、駐車を「車両等が客待ち、荷待ち、貨物の積みおろし、故障その他の理由により継続的に停止すること(貨物の積みおろしのための停止で5分を超えない時間内のもの及び人の乗降のための停止を除く。)、または車両等が停止し、かつ、当該車両等の運転をする者(以下「運転者」という。)がその車両等を離れて直ちに運転することができない状態にあること」(同法第2条)と定めている。

また、同法第49条では、パーキング・メーター等に関して、公安委員会が時間制限駐車区間にパーキング・メーターまたはパーキング・チケット発給設備(以下、「パーキング・メーター等」)を設置および管理するものと規定している。ただし、荷さばき用のパーキング・メーター等に関する規定は道路交通法にはなく、各都道府県の公安委員会の裁量にゆだねられている。一例をあげると、東京都では「貨物車用」の路面標示のみで、荷さばき用パーキング・メーター等の設置はなく、そこに乗用車が駐車しても、東京都道路交通規則には罰則を科す規定はない。

② 荷さばき施設の計画における留意点

平成18年(2006)6月から施行された改正道路交通法により、都市部の駐車禁止区域における駐車取締りが強化された。これにより、放置車両(運転者が車両を離れて直ちに運転することができない状態にあるもの)に対する放置違反金の規定が設けられた結果、荷さばきのための路上での駐車が困難な状況になった。このため、物流事業者は2人乗務により配送しているが、人件費増などの新たなコスト負担が発生している。

路外荷さばき施設がないために、路上で荷さばきせざるをえない地区が多い。したがって、このような地区では駐車取締りの強化とあわせて、荷さばき用のパーキング・メーター等の設置や路外荷さばき施設の設置を同時に進める必要がある。

2) 駐車場法

① 概要

駐車場法は、昭和32年(1957)に制定された法律である。その目的は、

7. 荷さばき施設の計画

「都市における自動車の駐車のための施設の整備に関し必要な事項を定めることにより、道路交通の円滑化を図り、もつて公衆の利便に資するとともに、都市の機能の維持及び増進に寄与すること」（同法第1条）である。

同法では、商業地域、近隣商業地域、第一種住居地域、第二種住居地域、準住居地域もしくは準工業地域の各用途地域内において自動車交通が著しく輻輳する地区もしくはその周辺にある一定の区域については、都市計画に駐車場整備地区を定めることができるとしている（同法第3条）。その場合、市町村はその駐車場整備地区における路上駐車場および路外駐車場の需要や供給の現況、将来の見通しを勘案して、その地区における駐車場整備計画を定め（同法第4条）、路上駐車場を設置し（同法第5条）、路外駐車場の整備に努めなければならない（同法第10条）。

また、同法第20条では、駐車場整備地区内または商業地域内もしくは近隣商業地域内において、延べ面積が2,000㎡以上で条例で定める規模以上の建築物（大規模建築物）を新築・増築しようとする者に対し、その建築物またはその建築物の敷地内に自動車のための駐車施設を設けなければならない旨を条例で定めることができるとしている（駐車施設の附置義務）。

平成6年（1994）1月に「標準駐車場条例」が改正され、駐車施設の附置義務が、乗用車に加えて貨物車にも適用され、これにより、大規模建築物における荷さばきのための貨物車用駐車施設の附置が明確に定められた。

標準駐車場条例とは、建築物における駐車施設の附置等について定める駐車場条例のひな型として、国土交通省都市局長から各都道府県知事、各政令指定都市の市長宛に「技術的助言」として通達されたものであり、各自治体が駐車場条例を定める際の標準的な規定となっている。この標準駐車場条例は、平成16年（2004）7月、平成24年（2012）12月に改正されている。

② 荷さばき施設の計画における留意点

標準駐車場条例では、「荷さばきのための駐車施設のうち自動車の駐車の用に供する部分の規模は、幅3メートル以上、奥行き7.7メートル以上、はり下の高さ3メートル以上」（同条例第29条第3項）と定めている（前出表7-2）。また、人口規模と地域特性・施設用途により、荷さばきのための附置義務のかかる建築物の床面積を定め、附置すべき最低限の台数を規定してい

7-1 荷さばき施設

る（表7-3、表7-4）。

　この条例では、図7-3に示す「駐車ます」を対象にしており、荷さばきに必要な「車路」「荷さばきスペース」「作業スペース」「搬送通路」の記述はない。しかし、実際には、荷さばきスペースが不備でドアを開けられないことや、搬送通路が狭く台車で通行できないこともあることから、「駐車ます」だけでは荷さばきはできない。

　また、附置すべき最低限の台数では、商業施設や業務施設では不足することがある。このため、需要にあわせて台数を計画することや「駐車ます」以外の施設を計画に含める必要がある。

表7-3　標準駐車場条例での駐車施設の基準

種類	駐車施設の位置づけ	駐車施設の大きさ(m)	附置すべき台数
駐車施設の附置	①一般的な乗用車のための駐車施設	2.3×5.0以上	台数は条例により算出
	②普通乗用車のための駐車施設	2.5×6.0以上	①の台数の内数で30％以上
	③車いす利用者のための駐車施設	3.5×6.0以上	②のうち少なくとも1台
荷さばきのための駐車施設の附置	④荷さばきのための駐車施設	3.0×7.7以上 はり下の高さ：3.0以上	台数は条例により算出

（資料：国土交通省都市局「標準駐車場条例」平成24年12月4日をもとに作成）

7．荷さばき施設の計画

表7-4　荷さばきのための駐車施設の附置基準

(建築物の新築の場合の荷さばきのための駐車施設の附置)
第25条の2　次の表の(ｱ)欄に掲げる地区又は地域内において、特定用途に供する部分の床面積が(ｲ)欄に掲げる面積を超える建築物を新築しようとする者は、(ｳ)欄に掲げる建築物の部分の床面積をそれぞれ(ｴ)欄に掲げる面積で除して得た数値を合計した数値（(ｵ)欄に規定する延べ面積が6,000平方メートルに満たない場合においては、当該合計した数値に(ｵ)欄に掲げる式により算出して得た数値を乗じて得た数値とし、小数点以下の端数があるときは、切り上げるものとする。）の台数以上の規模を有する荷さばきのための駐車施設を当該建築物又は当該建築物の敷地内に附置しなければならない。ただし、当該建築物の敷地の面積が市長が定める面積を下回る場合又は共同で荷さばきをおこなうための駐車施設の計画的な整備及び活用その他の代替措置により本条による荷さばきのための駐車施設の整備と同等以上の効力があると市長が認める場合においては、この限りではない。

(ｱ)	駐車場整備地区または商業地域もしくは近隣商業地域				周辺地区または自動車輻輳地区
(ｲ)	2,000㎡				3,000㎡
(ｳ)	店舗	事務所	倉庫	その他	特定用途
(ｴ)	①	②	③	④	⑤
(ｵ)	$1 - \dfrac{6,000㎡ - 延べ面積}{2 \times 延べ面積}$				$1 - \dfrac{6,000㎡ - 延べ面積}{延べ面積}$
備考	1．(ｳ)欄に掲げる部分は、駐車施設の用途に供する部分を除き、観覧場にあっては、屋外観覧席の部分を含む。 2．(ｵ)欄に規定する延べ面積は、駐車施設の用途に供する部分の面積を除き、観覧場にあっては、屋外観覧席の部分の面積を含む。				
(注)	1．都市の人口規模別の標準的な数値 　(1)人口がおおむね100万人以上の都市 　　①2,500㎡、②5,500㎡、③2,000㎡、④3,500㎡、⑤7,000㎡ 　(2)人口がおおむね50万人以上100万人未満の都市 　　①2,500㎡、②5,000㎡、③1,500㎡、④3,500㎡、⑤6,500㎡ 　(3)人口がおおむね50万人未満の都市 　　①3,000㎡、②5,000㎡、③1,500㎡、④4,000㎡、⑤5,000㎡ 2．「特定用途」とは、劇場、百貨店、事務所その他の自動車の駐車需要を生じさせる程度の大きい用途で政令で定めるもの				

(資料：国土交通省都市局「標準駐車場条例」平成24年12月4日をもとに作成)

[算出例]
① 人口50万人未満の都市のショッピングセンター（店舗用途）の建物（敷地面積20,000㎡、3階建て程度、建築物の床面積が40,000㎡）の場合

　　荷さばきのための駐車施設の附置台数：
　　　40,000㎡÷3,000㎡/台≒14台（切上げ）

② 人口100万人以上の大都市の事務所用途のビル（敷地面積100m×100m、40階建て程度、床面積150,000㎡）の場合

　　荷さばきのための駐車施設の附置台数：
　　　(10,000㎡＋50,000㎡×0.7＋50,000㎡×0.6＋50,000㎡×0.5)
　　　÷5,500㎡/台
　　　＝100,000㎡÷5,500㎡/台≒19台（切上げ）

※「大規模な事務所の特例にかかる大規模低減」（標準駐車場条例第26条）により、床面積が10,000㎡を超える事務所の用途に供する部分を有する建築物にあっては、床面積のうち、10,000㎡～50,000㎡までの部分の床面積に0.7を、50,000㎡～100,000㎡までの部分の床面積に0.6を、100,000㎡を超える部分の床面積に0.5をそれぞれ乗じたものの合計に10,000㎡を加えた面積を当該用途に供する部分の床面積とみなす。

※なお、東京都の駐車場条例では、第17条の2で「合計して得た数値が10を超える場合は10とすることができ」とあり、上記の場合でも10台が条例上の附置義務の台数となる。しかし、デパートは数百台の貨物車が開店前に集中する。高層のオフィスビルでは1日に約250台の貨物車が集中し、しかもピーク時の1時間に約60台の貨物車が集中する例もある。このように、10台では明らかに不足する施設もあるので、実態に合わせて計画する必要がある。

3）大規模小売店舗立地法

① 概要

大規模小売店舗立地法（大店立地法）は、平成12年（2000）に制定された

7．荷さばき施設の計画

法律である。その目的は、「大規模小売店舗の立地に関し、その周辺の地域の生活環境の保持のため、大規模小売店舗を設置する者によりその施設の配置及び運営方法について適正な配慮がなされることを確保することにより、小売業の健全な発達を図り、もって国民経済及び地域社会の健全な発展並びに国民生活の向上に寄与すること」（同法第1条）である。

大規模小売店舗には商品を搬入するための貨物車が集中する。荷さばきを路上でおこなうと周辺道路での交通混雑を助長するため、大規模小売店舗には、荷さばき施設の整備が義務付けられている。

「大規模小売店舗立地法の解説」によれば、「車による来客数、物販に係る物流の量や頻度、廃棄物の量等に着目し、大型店の立地が生活環境に与える影響に鑑みると、千平方メートル超の小売店舗では、それ以下の小売店舗に比して一段の違いが認められる」[3]とあり、店舗面積が1,000㎡を超える小売店舗を大規模小売店舗と定義し、同法の適用範囲を定めている。

なお、ここでいう「店舗面積」は小売業をおこなうための店舗の用に供される床面積（階段や通路等を除く売場面積）であり、駐車場法における延べ床面積とは異なる。

② **大規模小売店舗の設置者が配慮すべき事項**[4]

大規模小売店舗立地法では、「大規模小売店舗を設置する者が配慮すべき事項に関する指針」を定め、配慮すべき事項を規定している（図7-4）。このため、大規模小売店舗を設置する者は、その開店または売り場の拡張に際し、指針に示される事項についての基準を満たさなければならない。

貨物の搬出入に関係する項目として、「荷さばき施設の整備等」、店舗に貨物を搬入する貨物車の「経路の設定等」、荷さばき作業にともなう「騒音の発生に係る事項」の3つがある。

第1の荷さばき施設の整備等では、計画的な搬出入の検討、搬出入車両の駐車スペースの位置の検討、荷さばき施設の規模を定めることが求められている。

このうち計画的な搬出入では、搬出入車両が一定時間に集中することを回避すること、周辺道路の混雑状況に照らして比較的余裕のある時間帯に搬出入をおこなうことについて配慮すべきことが示されている。また、これらを

7-1 荷さばき施設

踏まえて店舗の敷地内に荷さばきのための駐車待ちの車両が駐車できるスペースを確保することが必要としている。

搬出入車両の駐車スペースの位置では、搬出入する車両が公道に駐車して一般の通行が妨げられることのない位置にするほか、搬出入車両専用の出入口を設ける必要がある。

荷さばき施設の規模については、同時に荷さばき作業が可能な台数と荷さばきに要する時間から荷さばき施設の処理能力を算出し、これがピーク時間帯の車両台数を上回るように設定することが求められている。荷さばきに要する時間は、その店舗の形態や扱う貨物に応じて異なることから、実例などをもとに慎重に定める必要がある。

第2の経路の設定等では、貨物車の運行により交通混雑を起こさないような経路を選択することや、搬入時間についても経路上に学校がある場合に登下校時間の運行を避けることなど、搬出入をおこなう事業者に働きかける配慮が必要としている。

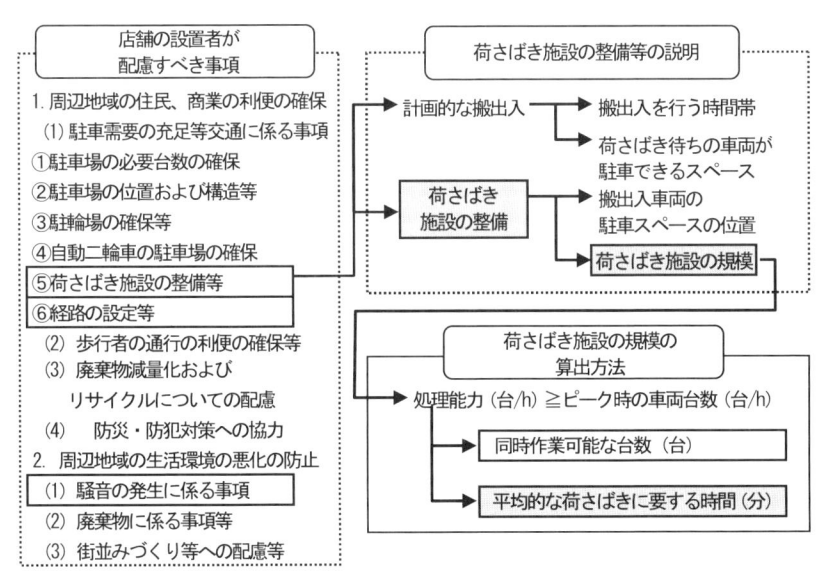

図7-4 大規模小売店舗立地法における貨物の搬出入に関係する項目
(資料：経済産業省「大規模小売店舗を設置する者が配慮すべき事項に関する指針」平成19年2月1日経済産業省告示第16号をもとに作成)

7．荷さばき施設の計画

　第3の騒音の発生に係る事項では、荷さばき施設の十分なスペースの確保による荷さばきに要する時間の短縮、荷さばき施設の屋内への整備、作業場所の床の段差の解消など、荷さばき施設の整備に関する事項への配慮が必要である。このほか、荷さばきの作業時間帯の指定、アイドリングの禁止などの運営面での配慮も必要としている。

7-2　荷さばき施設の課題

（1）　荷さばき施設の3つの課題
　荷さばき施設の課題には、人の移動と物の搬送の混在、搬入時間の集中、荷さばき施設の寸法の不足の3つがある（表7-5）。

表7-5　荷さばき施設の課題

課題	概要
①人の移動と物の搬送の混在	・建物内や敷地内に荷さばき施設がなく、路上で荷さばきすることによる渋滞や交通事故の発生 ・人と物の動線が混在することによる事故の危険
②搬入時間の集中	・店舗の開店時刻、オフィスでの始業時刻に合わせた納品など、貨物車の時間的な集中による駐車待ちや路上駐車の発生
③荷さばき施設の寸法の不足	・乗用車とは異なる貨物車の大きさや荷さばき作業の特徴を考慮しない出入口や車路、駐車ますの寸法不足による路上駐車の発生

（2）　人の移動と物の搬送の混在[5]
　荷さばき施設は、路外や建物内に設けることが原則である。しかし、商店街などでは設けることがむずかしいため、路上で荷さばきをおこなうことが多い。路上で荷さばきをおこなうと、幅員の狭い道路や交通量が多い道路では、乗用車、バス、歩行者、自転車の通行を妨げ、渋滞や交通事故の原因ともなる（写真7-4）。
　また、オフィスビルや店舗などの建物内で、人の移動と物の搬送の通路が

7-2 荷さばき施設の課題

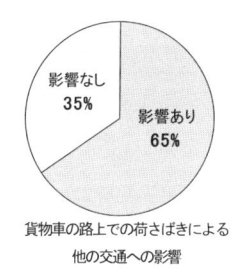

写真7-4 貨物車の路上駐車による影響（船橋市）
（出典：東京都市圏交通計画協議会「物流からみた東京都市圏の望ましい総合交通体系のあり方」平成18年5月）

同じであると、ぶつかって事故を起こす危険性や搬送する貨物の荷崩れ、荷傷みの危険性がある。

このような人の移動と物の搬送の混在に起因する問題を避けるため、乗用車と貨物車の駐車場所や、人と物の通路を別々に設けて荷さばき施設を計画することが必要である。

（3） 搬入時間の集中[6]

商店街や商業施設では、店舗の開店時刻前に貨物が搬入されることが多いため、貨物車が特定の時間に集中し、駐車待ちや路上駐車が発生する。また、商店街では、歩行者天国により、貨物車の通行できる時間帯が制限されることで、貨物車が時間的に集中することもある（図7-5）。

オフィスビルなどの業務施設でも、始業時刻前後に貨物が搬入されることが多く、貨物車が集中しがちである。新丸の内ビルディングの物流センターには、多い日に約600台の貨物車が貨物を搬入する。そして、これらの貨物車のほとんどが、朝8:00〜9:00の時間帯に集中するという。

このように貨物車は一定の時間帯に集中しがちなので、このピークの時間帯に必要な台数分の荷さばき駐車スペースを設ける必要がある。これができないときは、ピークの平準化を検討して荷さばき施設を計画する必要がある。

7．荷さばき施設の計画

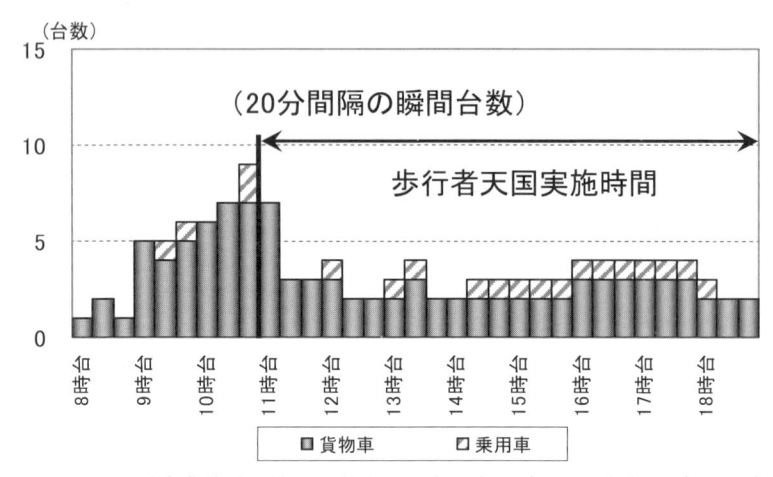

図7-5　大規模商業施設に接する道路での路上荷さばきの駐車台数（町田市）
（出典：東京都市圏交通計画協議会「端末物流対策の手引き～まちづくりの中での物流への取り組み～」平成18年5月）

（4）　荷さばき施設の寸法の不足[6,7]

　荷さばき施設が設けられていても、荷さばき駐車スペースや貨物車通路の高さや幅、長さの寸法が不足していれば、貨物車は利用できない。このことが、貨物車の路上駐車を増加させる原因の一つになっている（図7-6）。
　前述のとおり、駐車場法（標準駐車場条例）では、荷さばきのための駐車施設の大きさは、「幅3メートル以上、奥行き7.7メートル以上、はり下の高さ3メートル以上」と定めている（前出表7-3）。しかし、平成6年（1994）の駐車場法改正前は、荷さばきのための駐車施設附置が定められていなかったため、それ以前に建造された大規模建築物の駐車場では、寸法が不足している場合が多い。
　一方、「駐車場設計・施工指針　同解説」では、設計対象車両の諸元をもとに「駐車ます」の大きさを設定している。すなわち、小型貨物車は、市内の貨物の配送に使用されることの多い3.5トン積み程度の貨物車と想定し、車両の諸元をもとに大きさが設定されている（表7-6）。そのうえで、小型貨物車の「駐車ます」の大きさは、設計対象車両の寸法に長さ方向に100cm、幅員に80cmを加えた値とし、幅3.0m以上、長さ7.7m以上と定めている（表

7-7)。また、天井の有効高さは原則3.5m以上と規定している。

しかし、「駐車場設計・施工指針　同解説」での「駐車ます」は、貨物車の車両本体の駐車のためだけのスペースであり、積み込みや荷おろしのためのスペースは含まれていない。このため、荷さばき施設の計画においては、「駐車ます」だけでなく、積み込みや荷おろしのための「荷さばきスペース」を合わせた寸法を確保することが必要である。加えて、車路、作業スペース、搬送通路も必要である。貨物車と乗用車では車の大きさが異なることから、車路においても回転半径や高さ、幅員、勾配の寸法に留意することが必要である。

このように荷さばき施設は、大型貨物車が利用できる大きさや荷さばきのためのスペースを確保して計画する必要がある。

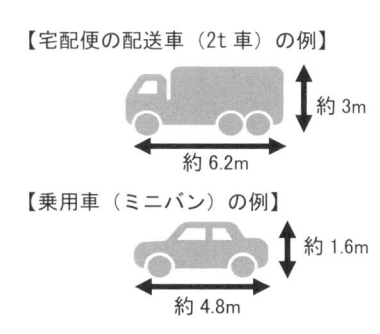

図7-6　貨物車が利用できない建物内荷さばき施設の事例
（出典：東京都市圏交通計画協議会「端末物流対策の手引き～まちづくりの中での物流への取り組み～」平成18年5月）

表7-6　「駐車場設計・施工指針　同解説」での駐車場の設計対象車両（単位：m）

設計対象車両	長さ	幅員	高さ
軽自動車	3.3	1.4	2.0
小型乗用車	4.7	1.7	2.0
普通乗用車	5.6	2.0	2.1
小型貨物車	6.7	2.2	3.4
大型貨物車およびバス	12.0	2.5	3.8

（出典：社団法人日本道路協会「駐車場設計・施工指針　同解説」平成4年11月）

7．荷さばき施設の計画

表7-7 「駐車場設計・施工指針　同解説」での駐車ますの大きさ（単位：m）

設計対象車両	長さ	幅員	高さ
軽自動車	3.6	2.0	2.1
小型乗用車	5.0	2.3	2.1
普通乗用車	6.0	2.5	2.2
小型貨物車	7.7	3.0	3.5
大型貨物車およびバス	13.0	3.3	3.9

（出典：社団法人日本道路協会「駐車場設計・施工指針　同解説」平成4年11月）

7-3　荷さばき施設の計画の考え方

（1）　荷さばき施設の計画の3つの考え方

荷さばき施設の計画には、「分ける（分散）」、「減らす（削減）」、「換える（転換）」の3つがある（表7-8）。

表7-8　荷さばき施設の計画の考え方

課題		考え方
①人の移動と物の搬送の混在 ②搬入時間の集中	分ける	A．乗用車と貨物車の駐車場所や人と物の通路の空間的・時間的な分離
②搬入時間の集中	減らす	B．貨物車の駐車台数や駐車時間の削減、積載率の向上
②搬入時間の集中 ③荷さばき施設の寸法の不足	換える	C．荷さばき施設の新設や増改築、時間帯の指定による転用

（2）　「分ける（分散）」

「分ける（分散）」計画とは、乗用車と貨物車の駐車場所や人と物の通路を空間的・時間的に分離することである。

一般に、貨物車は乗用車よりも車両寸法が大きいため、駐車に必要な面積や走行に必要な幅員、曲率半径が、乗用車とは異なる。また、貨物車は、駐

車ます以外に、荷さばきをおこなうスペースが必要である。

このため、荷さばき施設を乗用車の駐車場所と別の階にしたり、出入口を別に設けたり、店舗やビルなどの建物内では、貨物の搬送専用の出入口やエレベータを設置して人の通路と物の通路を空間的に分離する。空間的な分離がむずかしいときは、貨物の搬入時刻や宅配便などの集配時刻を店舗の開店時刻前に設定することで、人の移動と物の搬送を時間的に分離する。

乗用車と貨物車の駐車場所や人と物の通路を、空間的・時間的に分離することによって、路上での荷さばきを減らしたり、人と物がぶつかる危険性を回避でき、景観が向上する。

(3)「減らす（削減）」

「減らす（削減）」計画とは、荷さばきをおこなう貨物車の駐車台数を削減したり、駐車時間を短縮したり、店舗やオフィスなどへの搬送回数を削減することである。

限られた用地や敷地の中で、荷さばき駐車スペースを確保するには、荷さばきをおこなう貨物車の駐車台数を減らしたり、駐車時間を短くする必要がある。

たとえば、都市内では共同配送による貨物車の駐車台数の削減や、建物内の共同配送による店舗やオフィスへの搬入回数の削減、貨物の搬送専用のエレベータの設置による搬送時間の短縮などがある。

このような貨物車の駐車台数や駐車時間の削減によって、駐車待ち行列や路上駐車を減らすとともに、人と物の交通の錯綜も小さくできる。

(4)「換える（転換）」

「換える（転換）」計画とは、荷さばき施設を新設・増改築したり、転用したりすることである。

前述したように、貨物車と乗用車では、駐車ますの大きさや走行に必要な車路の幅員、曲率半径が乗用車とは異なる。また、貨物車は、駐車ます以外にも荷さばきをおこなうスペースが必要である。

このため、貨物車が利用できる大きさの荷さばき駐車スペースを建物内や

7．荷さばき施設の計画

路外に新たに設けたり、乗用車の駐車ますを貨物車用に大きくしたり、荷さばきの搬入時刻を指定して一時的に乗用車の駐車場所を貨物車用に転用する。

　荷さばき施設の新設・増改築や転用によって、貨物車が利用できる荷さばき施設を確保し、路上駐車を減らすことができる。

7-4　荷さばき施設の計画

(1)　荷さばき施設の計画メニュー

荷さばき施設の計画メニューには、以下の3つがある（表7-9）。

「分ける（分散）」計画には、乗用車の駐車場所とは別の荷さばき施設の確保がある。「減らす（削減）」計画には、都市内や建物内での共同配送がある。「換える（転換）」計画には、荷さばき施設の新設・増改築がある。

表7-9　荷さばき施設の計画メニュー

考え方	計画メニュー	概要
分ける	a．荷さばき施設の確保	乗用車の駐車場所とは別に、建物内や路外に荷さばきのための駐車場所を確保する
減らす	b．共同配送	複数の貨物を積み合わせて配送・搬送し、貨物車の駐車台数や駐車時間を短縮する
換える	c．荷さばき施設の新設・増改築	貨物車の大きさや荷さばきスペースを考慮して、駐車ますや車路などの寸法を確保する

(2)　荷さばき施設の計画の立案

1)「分ける」計画

a．荷さばき施設の確保[1]

荷さばき施設を確保することによって、駐車時間の短縮や安全性の維持が

7-4 荷さばき施設の計画

可能になる。荷さばき施設は、建物内もしくは路外に設けることが原則である。

特に大規模な商業施設や業務施設では、多くの貨物車が出入りするため、前述した大規模小売店舗立地法や駐車場法で規定されているように、荷さばき施設を空間的に乗用車の駐車場と分けて、建物内もしくは敷地内（路外）に設けるべきである。

しかし、小さな店舗が密集する中心市街地では、新たに建物内や路外に荷さばき施設を設けることができないことも多いため、路上に荷さばき施設を設けざるをえないこともある（図7-7）。このような場合には、貨物の搬入時刻を店舗の開店時刻前に指定し、乗用車と貨物車が駐車する時間を分けることが必要である。

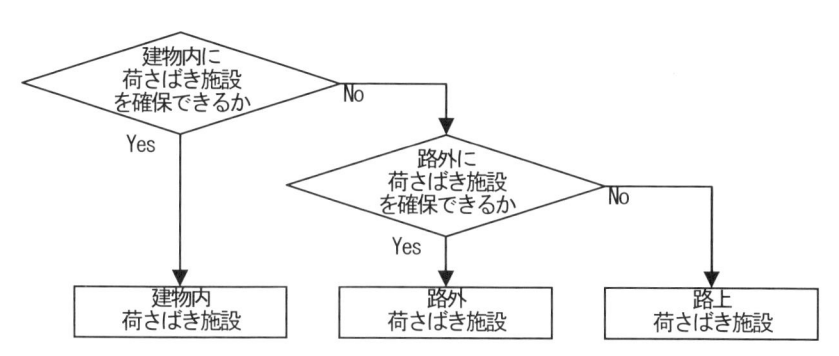

図7-7 荷さばき施設の設置場所の考え方
（出典：苦瀬博仁・高田邦道・高橋洋二「都市の物流マネジメント」2006）

2）「減らす」計画
b．共同配送[8]

共同配送をおこなうことによって、貨物車の台数を減らしたり、荷さばき駐車スペースを減らすことができる。

共同配送には、「都市内共同配送」と「建物内共同配送」の2つがある。

「都市内共同配送」とは、複数の荷主や運送事業者の貨物を集配送拠点で積み合わせて配送することである。「建物内共同配送」は、建物内の荷さばき施設の作業スペースで貨物を階別や届け先別に仕分けし、建物内の届け先

7．荷さばき施設の計画

にまとめて搬送することである。

都市内共同配送をおこなうと、貨物車の台数を減らしたり、貨物車の延べ駐車時間を短縮でき、荷さばき駐車スペースの数を減らすことができる。このため、共同配送の計画においては、荷さばき施設を同時に検討する。

ただし、貨物の積み替えをおこなう集配送の拠点の位置によっては、総走行距離が増加することもある。このため、都市内共同配送の導入にあたっては、納入元と届け先の場所を十分に勘案して集配拠点の位置を設定する。

建物内共同配送をおこなうと、貨物車は荷おろし後、すぐに次の配送先へ出発できるため、駐車時間が短くなる。これにより、駐車ますの利用回転率が上がり、荷さばき駐車スペースの数を少なく抑えることができる。

たとえば、東京都千代田区の大手町・丸の内・有楽町地区（大丸有駐車環境対策協議会）では、通常1台あたり40分の駐車時間とするところを、建物内共同配送を導入すれば1台20分になるとして、荷さばき駐車スペースの必要数を半減している。

なお、建物内で荷役用エレベータの近くに荷さばき駐車スペースを設ければ、搬送時間が短くなり、駐車時間を短縮できる。このため、動線計画も重要である。

3）「換える」の計画
c．荷さばき施設の新設・増改築[1,9]

荷さばき施設を新設・増改築することにより、荷さばき時間や搬送時間の短縮、安全な荷さばきや搬送が可能となる。

荷さばき施設を新設したり増改築したりする場合は、先述したように「車路」、「駐車ます」、「荷さばきスペース」、「作業スペース」、「搬送通路」の計画が必要である（表7-10）。

路上荷さばき施設の場合は、基本的に荷さばき駐車スペースのみの計画であり、限られた道路空間の中での計画でもある。このため、乗用車2台分の駐車ますを貨物車1台分に変更したり、歩道の一部を改築したり、駐車できる時間帯を貨物車と乗用車ごとに指定して時間を換えることも検討する。

また、人の動線と物の動線が交差したり重ならないように、貨物車が駐車ますに駐車し、荷おろしをして、貨物を店舗やオフィスなどへ届けるまでの

搬送経路（動線）の計画をたてる。

動線が長いと搬送に時間がかかり非効率になるため、建物内や路外荷さばき施設では、荷さばき駐車スペースは作業スペースの近くに設けたり、作業スペースを荷役用エレベータの近くに設ける。また、路上荷さばき施設の場合は、貨物の搬送先に近い場所に荷さばき駐車スペースを設ける。

表7-10　荷さばき施設の計画の検討項目と留意点

計画対象		検討項目	検討時の留意点
貨物車通路（車路）		・車路の高さ・幅・内径半径（カーブ）・勾配	・貨物車の大きさにより、車路の寸法が変化
荷さばき駐車スペース	駐車ます	・駐車ますのスペースの大きさ・数	・貨物車の荷室ドアの開閉空間が必要 ・貨物車の大きさにより、駐車ますの大きさが変化 ・ピーク時の集中台数が多いと駐車ますの数が増加 ・平均駐車時間が長いと駐車ますの数が増加
	荷さばきスペース	・荷さばきスペースの大きさ	・荷さばきのためのスペースが必要
作業スペース		・作業スペースの大きさ	・積み込みや荷おろしの量が多いと広い作業スペースが必要
搬送通路		・搬送通路の段差、幅員	・人の通路との分離

イ．車路

車路は、建物の出入口と荷さばき駐車スペースを結ぶ通路である。「駐車場設計・施工指針　同解説」では、この通路を「車路」としているため、本書でも、建物の出入口も含めて「車路」と呼ぶこととする。

車路の高さや幅員、屈曲部での回転半径に十分な余裕がなければ、貨物車は荷さばき駐車スペースにたどりつけない。さらに、地下駐車場などでは、

7．荷さばき施設の計画

車路の勾配が大きいと貨物車が走行できない。このため、出入りする車両の大きさに応じて車路の適正な寸法を導き出して計画する。

「駐車場設計・施工指針　同解説」では、車路の高さ、幅員、内径半径、勾配をそれぞれ定めているが、最低限の基準と捉えて計画する必要がある（表7-11、表7-12、表7-13、表7-14）。なお、同書では車両が駐車する区画を「車室」と呼んでいる。

表7-11　天井の有効高さ（単位：m）

設計対象車両	車路	車室
軽自動車	2.3	2.1
小型乗用車	2.3	2.1
普通乗用車	2.4	2.2
小型貨物車	3.7	3.5
大型貨物車およびバス	4.1	3.9

（出典：社団法人日本道路協会「駐車場設計・施工指針　同解説」平成4年11月）

表7-12　車路の幅員（単位：m）

設計対象車両	車室に面した車路の幅員 望ましい値 歩行者用通路なし	車室に面した車路の幅員 望ましい値 歩行者用通路あり	車室に面した車路の幅員 やむをえない場合 歩行者用通路なし	車室に面した車路の幅員 やむをえない場合 歩行者用通路あり	車室に面していない車路の幅員 対面通行	車室に面していない車路の幅員 一方通行
軽自動車	7.0	6.5	5.5	5.5（対面通行）5.0（一方通行）	5.5	3.5
小型乗用車	7.0	6.5	5.5	5.5（対面通行）5.0（一方通行）	5.5	3.5
普通乗用車	7.0	6.5	5.5	5.5（対面通行）5.0（一方通行）	5.5	3.5
小型貨物車	7.5	7.0	6.5	6.0	5.9	3.7
大型貨物車およびバス	13.0	12.5	11.5	11.0	6.5	4.0

（出典：社団法人日本道路協会「駐車場設計・施工指針　同解説」平成4年11月）

7-4 荷さばき施設の計画

表7-13 車路の内径半径（単位：m）

設計対象車両	内径半径
軽自動車	5.0
小型乗用車	
普通乗用車	
小型貨物車	5.0
大型貨物車およびバス	8.2

（出典：社団法人日本道路協会「駐車場設計・施工指針　同解説」平成4年11月）

表7-14 車路の勾配

設計対象車両	勾配
軽自動車	12%以下
小型乗用車	（やむをえない場合は、17%まで増すことができる）
普通乗用車	
小型貨物車	12%以下
大型貨物車およびバス	

（出典：社団法人日本道路協会「駐車場設計・施工指針　同解説」平成4年11月）

ロ．荷さばき駐車スペース[10]

　荷さばき駐車スペースは、先述したように駐車ますと荷さばきスペースから構成される。

　駐車ますは、貨物車が駐車するスペースである。駐車場では、車体の大きさに加えて、運転席のドアや車体後方の荷室のドアなどの開閉のために前後左右にゆとりを設け、白線で示されている。

　貨物車1台あたりの駐車ますの必要面積（S_1）は、下式で表現される。

　　$S_1 = B_1 \times L_1$

　　　S_1：貨物車1台あたりの駐車ますの必要面積［㎡］
　　　B_1：貨物車の駐車に必要なスペースの幅員［m］
　　　L_1：貨物車の駐車に必要なスペースの長さ［m］

7．荷さばき施設の計画

前述したように、建物の用途や取り扱う貨物の大きさによって、荷さばき駐車スペースを利用する貨物車の大きさが異なる。このため、車両の諸元を確認したうえで、貨物車1台あたりの駐車ますの必要面積を設定する必要がある。

荷さばきスペースは、貨物の積み込みや荷おろしに必要なスペースであり、貨物を搬送する台車やロールボックスの取り出し、およびこれらの移動通路などを含めた広さが必要である。

貨物車1台あたりの荷さばきスペースの必要面積（S_2）は、下式で表現される。

$$S_2 = B_2 \times L_2 + B_3 \times L_3$$

- S_2：貨物車1台あたりの荷さばきスペースの必要面積［m^2］
- B_2：貨物車の側方での積み込みや荷おろしに必要なスペースの幅員［m］
- L_2：貨物車の側方での積み込みや荷おろしに必要なスペースの長さ［m］
- B_3：貨物車の後方での積み込みや荷おろしに必要なスペースの幅員［m］
- L_3：貨物車の後方での積み込みや荷おろしに必要なスペースの長さ［m］

以上から、駐車ますと荷さばきスペースを合計した「貨物車1台あたりの荷さばき駐車スペースの必要面積（S）」は、下式で表現される。

$$S = S_1 + S_2$$

- S：貨物車1台あたりの荷さばき駐車スペースの必要面積［m^2］
- S_1：貨物車1台あたりの駐車ますの必要面積［m^2］
- S_2：貨物車1台あたりの荷さばきスペースの必要面積［m^2］

なお、荷さばき駐車スペースの大きさの一例を示す（表7-15）。

7-4 荷さばき施設の計画

表7-15 荷さばき駐車スペースの大きさの設定例（単位：m）

設定対象	長さ	幅員
最低限必要な大きさ	8.1	5.7
標準的な大きさ	9.2	5.7
最も望ましい大きさ	9.7	5.7
（参考）標準駐車場条例、駐車場設計・施工指針での駐車ますの大きさ	7.7	3.0

（出典：幡谷尚美、苦瀬博仁「配送車両の大きさと配送先での仕分けを考慮した荷さばき用駐車計画に関する研究」平成21年度）

荷さばき駐車スペースの必要数（P）は、以下の式により算出できる。

$P = C × λ × 1/R × F$

 P：荷さばき駐車スペースの必要数
 C：貨物車集中原単位［台/ha］（床面積あたりの集中台数）
 λ：貨物車ピーク率［％］
 R：駐車回転数［回（60分／駐車時間（分））］（1/Rは駐車回転率）
 F：用途別床面積［ha］

この式は、駐車時間を短縮できれば、駐車回転数（R）が増加（駐車回転率1/Rが減少）し、必要な荷さばき駐車スペースの数を削減できることを示している。このため、荷さばき駐車スペースを計画する場合は、荷おろしの機械化や検品の省略、荷役用エレベータの設置位置などの荷さばき作業の効率化もあわせて検討する必要がある。

ハ．作業スペース

作業スペースは、貨物車から荷おろしされた貨物を仮置きしたり、届け先ごとに仕分けをおこなう仕分けスペースと台車やロールボックスなどの置き場から構成される。

作業スペースに関して、「標準駐車場条例」、「駐車場設計・施工指針　同解説」では記述されていない。このため、それぞれの荷さばき施設での利用

7．荷さばき施設の計画

状況に応じて設定することとなる。
　なお作業スペースの大きさの一例として、以下の値が設定されている。
（表7-16）。

表7-16　作業スペースの大きさの設定例（単位：m）

設定対象	長さ	幅員
仕分けスペース	2.9	1.1
ロールボックス・パレットの保管スペース	1.7	1.4
台車の保管スペース	1.5	0.7

（出典：幡谷尚美、苦瀬博仁「配送車両の大きさと配送先での仕分けを考慮した荷さばき用駐車計画に関する研究」平成21年度）

二．搬送通路

　搬送通路は、貨物を台車などで搬送先へ届けるための通路である。
　台車での搬送を容易にするため、スロープを設けて通路の段差をなくしたり、通路の幅を広くして設計する。また、人と物の錯綜を避けるために人の通路と分離して設けることが望ましい（写真7-5）。

写真7-5　搬入通路の事例（東京ミッドタウン）

＜参考資料＞荷さばき施設計画の立案の流れ[11]

　荷さばき施設を整備することで、貨物車の路上駐車の削減とそれにともなう交通機能の確保、渋滞と交通事故の削減が期待できる。
　ここでは、荷さばき施設の計画の立案方法について、荷さばき施設の実態調査から荷さばき施設の計画の立案までの流れとその内容を述べる（図7-8）。

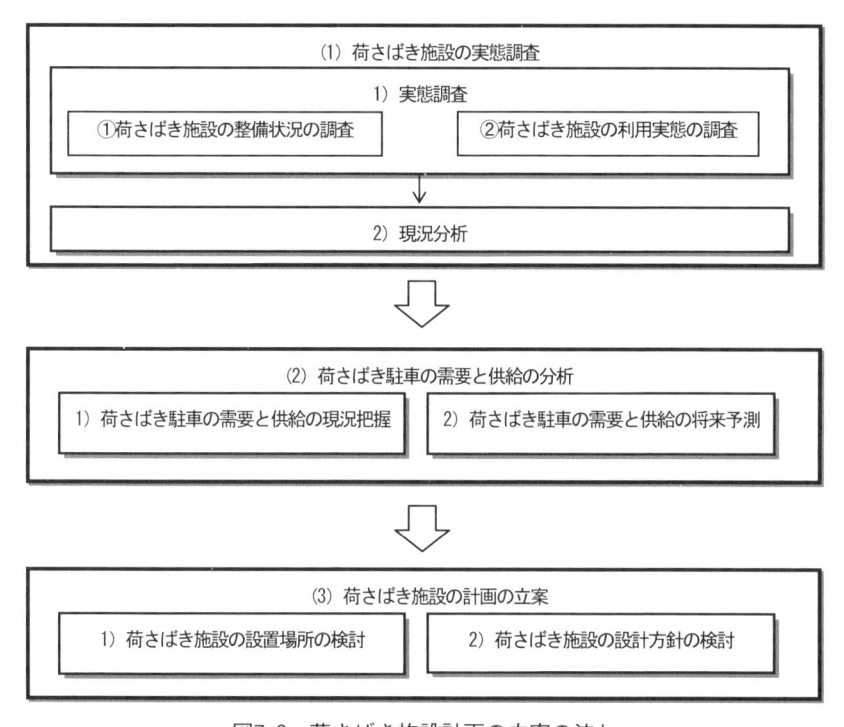

図7-8　荷さばき施設計画の立案の流れ
（資料：社団法人日本道路協会「駐車場設計・施工指針　同解説」平成4年11月をもとに作成）

（1）　荷さばき施設の実態調査
1）実態調査
①　荷さばき施設の整備状況の調査
　対象とする建物や地区の荷さばき施設の整備状況を調査する。自治体や道路管

7. 荷さばき施設の計画

理者、交通管理者等が所有する既存資料の整理や現地踏査によって、以下の項目を調査する（表7-17）。

表7-17　荷さばき施設の整備状況の調査項目

項目	調査内容	路上荷さばき施設	路外荷さばき施設	建物内荷さばき施設
整備場所	住所、位置図	●	●	●
駐車場の種別	道路附属物駐車場、都市計画駐車場、附置義務駐車場など	●	●	●
施設形態	地上、地下、立体など	－	●	●
付帯状況	付帯している建物等の種類、用途	－	●	●
駐車ますの数	駐車ますの数	●	●	●
駐車ますの寸法	駐車ますの長さ、幅員および連続する駐車ますの場合はその前後間隔	●	●	●
荷さばきスペースの寸法	駐車ますの側方や後方での積み込みや荷おろしのスペースの大きさ	●	●	●
車室の高さ	建物内や立体構造の場合、車室の高さ	－	▲	●
車路の寸法	車路の高さ、幅員、勾配、回転半径	－	▲	●
出入口	出入口の位置	－	▲	●
作業スペース	作業スペースの大きさ、駐車ますや荷役用エレベータとの距離	－	▲	●
搬入通路	搬入通路の幅や人の通路との分離の有無	－	▲	●
利用可能時間帯	標識等の記載内容（8:00〜20:00など）、建物内の場合は営業時間	●	●	●

<参考資料>荷さばき施設計画の立案の流れ

利用可能日 (休業日)	標識等の記載内容(日・祝を除くなど)、建物内の場合は休業日	●	●	●
駐車可能時間	標識等の記載内容(15分、30分など)	●	●	●
料金(手数料)	料金徴収箱の記載内容(100円など)	●	●	●
管理者(整備者)	自治体、道路管理者・交通管理者、民間	●	●	●
管理方法	有人、無人(機械)など	●	●	●

【凡例】●：必須項目、▲：荷さばき施設の形態により該当する場合
　　　　―：該当しない項目

② 荷さばき施設の利用実態の調査[12,13]

　荷さばき施設の入出庫台数や駐車時間、入庫待ち台数など利用実態を調査する(表7-18)。また、荷さばき施設を利用せず、路上駐車する貨物車もあることから、路上での荷さばき駐車の実態も調査する。さらに、貨物車のドライバーや商業・業務施設の管理者などへのアンケートやヒアリング調査、ドライバーの追跡調査によって、搬送の実態を調査する(表7-19、図7-9、図7-10)。

　なお、「駐車場設計・施工指針　同解説」では、調査時間帯は路上駐車が多い時間帯として、9:00～20:00を基本とするとある。しかし、貨物車による配送は、商業・業務施設の開店・始業時刻や平日・休日の曜日によってピーク時間帯が異なるため、事前調査をおこなって調査時間帯を設定する。

7．荷さばき施設の計画

表7-18　荷さばき施設の利用実態の調査項目

項目	調査内容	路上荷さばき施設	路外荷さばき施設	建物内荷さばき施設
入出庫台数、駐車時間	各時間帯の入出庫台数、駐車台数、駐車時間	●	●	●
入庫待ち台数、待ち時間	荷さばき施設への入庫待ち台数と入庫待ち時間	−	●	●
路上駐車の位置、台数、駐車時間	荷さばき施設以外の路上で駐車する貨物車の駐車位置、駐車台数、駐車時間	●	●	●

【凡例】●：必須項目　−：該当しない項目

表7-19　搬送実態の調査項目

項目	調査内容	管理者	ドライバー
搬送先	搬送先の場所、ビル名、施設用途など	●	●
搬送貨物	主に搬送する貨物の種類、大きさ、個数	●	●
搬送時間帯	搬送している時間帯	●	●
搬送距離、時間	駐車位置から搬送先への搬送距離や搬送時間	−	●
駐車時間	貨物車を駐車していた時間	−	●
搬送手段	台車や手持ち、ロールボックスなど	−	●
利用意向	今後の利用意向、現在困っていることはないかなど	●	−

【凡例】●：必須項目　−：該当しない項目

<参考資料>荷さばき施設計画の立案の流れ

(調査名　　　　　)
(NO　　　　　)　　　　　　　　　　　　　　　　調査日 2月5日

「八王子商店会エリア　事業所ヒアリング調査」

A. 事業所に関する調査

項目	記入欄
1. 事業所名称	
2. 建物名称（ビル名）	
3. 1フロアの事業所数	事業所

B. 事業所への搬入物資に関する調査

4. 平日一日の総搬入回数(うち宅配便の利用)	回（　　　　回）
5. 主な搬入品目	食料品、衣料品等　記入
6. 一日の総搬入個数　重量でも可	個　　　　kg
7. 全搬入貨物のうち、時刻指定の割合	割
8. 荷物の搬入時間帯 ※複数の搬入がある場合は時間帯の下に数字を記入する。一回の場合は○を記入する。	6時～6時 / 6時～7時 / 7時～8時 / 8時～9時 / 9時～10時 / 10時～11時 / 11時～12時 / 12時～13時 / 13時～14時 / 14時～15時 / 15時～16時 / 16時～17時 / 17時～18時 / 18時～19時 / 19時～

C. 事業所への搬出物資に関する調査

9. 平日一日の総搬出回数(うち宅配便の利用)	回（　　　　回）
10. 主な搬出品目	
11. 一日の総搬出個数　重量でも可	個　　　　kg
12. 全搬出貨物のうち、時刻指定の割合	割
13. 荷物の搬出時間帯 ※複数の搬出がある場合は時間帯の下に数字を記入する。一回の場合は○を記入する。	6時～6時 / 6時～7時 / 7時～8時 / 8時～9時 / 9時～10時 / 10時～11時 / 11時～12時 / 12時～13時 / 13時～14時 / 14時～15時 / 15時～16時 / 16時～17時 / 17時～18時 / 18時～19時 / 19時～

以上

図7-9　事業所ヒアリングの調査票の事例
(出典 : 財団法人駐車場整備推進機構・東京海洋大学「都心における貨物車用駐車施設整備の計画手法の研究」～資料編～平成20年2月)

7．荷さばき施設の計画

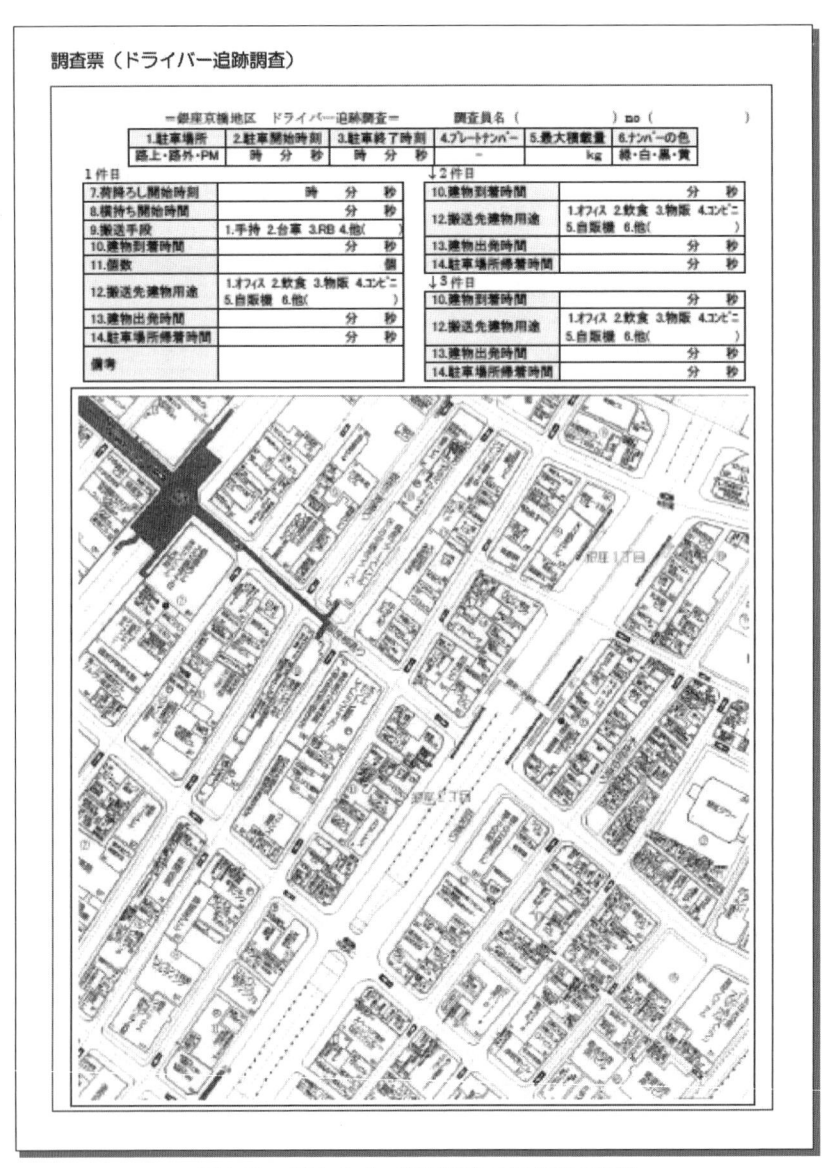

図7-10　ドライバー追跡調査の調査票の事例
（出典 ： 入江直弘、岩尾詠一郎、清水真人、苦瀬博仁「路外の荷捌き施設における荷捌き
　　　　駐車スペース数に影響を及える荷捌き活動時間に関する研究」平成21年5月）

<参考資料>荷さばき施設計画の立案の流れ

2）現況分析

実態調査の結果をもとに、荷さばき施設の現況を分析する（表7-20）。

表7-20　現況分析の項目

項目	分析の視点
荷さばき施設の 整備状況	・施設位置：地区内での荷さばき施設の分布 ・駐車可能台数：地区内での駐車可能台数 ・施設の形態：一時的な転用や将来的な拡張・転用の可能性　など
荷さばき施設の 利用実態	・駐車台数：地区内での荷さばき駐車の台数 ・ピーク時間：荷さばき駐車のピーク時間 ・駐車時間：駐車時間の分布 ・駐車位置：駐車位置の分布 ・滞留・路上駐車台数：入庫待ちや路上駐車の発生場所、時間、台数 ・選択特性：目的施設までの距離と料金の分布　など
地区への影響	・渋滞状況：入庫待ちによる滞留や路上駐車による渋滞の発生状況 ・交通事故状況：路上駐車による車両、歩行者等の交通事故発生状況 ・環境への影響：路上駐車による渋滞にともなう二酸化炭素や騒音等の発生状況　など

（2）　荷さばき駐車の需要と供給の分析

1）荷さばき駐車の需要と供給の現況把握

　荷さばき施設の利用実態と整備状況から、現況の荷さばき駐車の需要と供給のバランスを分析する（図7-11）。

　現在の荷さばき施設のスペース数と、仮定した駐車目標率（1時間あたり1.5～3台）をもとに、1時間あたりの荷さばき可能台数を算定する。そして、ピーク率（15～20％）を仮定し、ピーク時の荷さばき台数を算定する。

7．荷さばき施設の計画

1) 現況の1時間あたりの荷さばき可能台数	2) 現況のピーク時の荷さばき台数
・荷さばき施設のスペース数と仮定した駐車目標率（1時間あたり1.5～3台）をもとに、1時間あたりの荷さばき可能台数を算定	・ピーク率（15～20％）を仮定し、ピーク時の荷さばき台数を算定

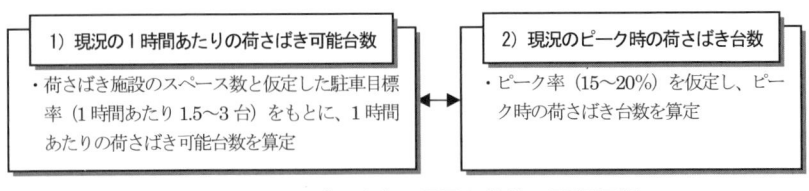

図7-11　荷さばき駐車の需要と供給の現況把握

2）荷さばき駐車の需要と供給の将来予測

　荷さばき施設の計画の立案にあたっては、将来の需要と供給のバランスを踏まえて計画をおこなう。このため、将来の荷さばき可能台数と荷さばき台数の予測が必要である。荷さばき駐車の需要特性とは、対象とする地区における荷さばきの発生場所の分布や駐車時間の長短、駐車台数のピーク時間帯などである。

　将来に必要なピーク時の荷さばき可能台数は、新設・増設される予定の建築物を調べて、その床面積や用途に応じて荷さばき駐車スペース数を予測する。

（3）荷さばき施設の計画の立案
1）荷さばき施設の設置場所の検討

　荷さばき施設を計画するうえで、既存の商店街など小さな店舗が密集する中心市街地では、新たな用地を確保できないことも多い。

　このため、土地利用の高度化が進んでいない地区においては、低層の建築物を高層化したり、平面駐車場を立体化したり、地下空間を活用して荷さばき施設の設置場所を確保すれば、新たな用地取得が不要となる。また、必要に応じて乗用車の駐車場への転用を検討する。さらに、荷さばき施設の設置場所に応じて人の動線との時間的・空間的分離や作業スペースの配置などについて検討する。

　現況に比べて将来に必要となる数がかなり大きい場合は、段階的に荷さばき駐車スペースを増やしていく計画を検討する。

2）荷さばき施設の設計方針の検討

　配送に利用される貨物車に応じた、荷さばき駐車スペースの大きさ、車路の大きさや位置、作業スペースの広さなどについて検討する。また、荷おろしの機械化や検品の省略など、荷さばきの効率化とともに、共同配送についても検討する。

<参考資料>荷さばき施設計画の立案の流れ

【参考文献および引用文献】

1. 苦瀬博仁・高田邦道・高橋洋二「都市の物流マネジメント」pp97-102、勁草書房、2006
2. 文献1、pp83-91
3. 経済産業省商務情報政策局流通政策課「大規模小売店舗立地法の解説〔第4版〕」p8、平成19年5月
4. 経済産業省「大規模小売店舗を設置する者が配慮すべき事項に関する指針」平成19年2月1日経済産業省告示第16号
5. 東京都市圏交通計画協議会「物流からみた東京都市圏の望ましい総合都市交通体系のあり方」p116、平成18年5月
6. 東京都市圏交通計画協議会「端末物流対策の手引き ～まちづくりの中での物流への取り組み～」pp9-10、平成18年5月
7. 社団法人日本道路協会「駐車場設計・施工指針 同解説」pp38-41、丸善、平成4年11月
8. 文献1、pp127-150
9. 文献7、pp42-47
10. 幡谷尚美・苦瀬博仁「配送車両の大きさと配送先での仕分けを考慮した荷さばき用駐車計画に関する研究」東京海洋大学、平成21年度
11. 文献7、pp7-27
12. 財団法人駐車場整備推進機構・東京海洋大学「都心における貨物車用駐車施設整備の計画手法の研究」～資料編～、pp56-61、平成20年2月
13. 入江直弘・岩尾詠一郎・清水真人・苦瀬博仁「路外の荷捌き施設における荷捌き駐車スペース数に影響を与える荷捌き活動時間に関する研究」日本物流学会誌No.17、pp209-216、平成21年5月

8. 災害に備えたロジスティクス計画と道路計画

　平成23年（2011）3月11日（金）に発生した東日本大震災は、戦後最大級の自然災害である。特に地震により発生した津波は、多くの尊い人命を奪ったのみならず、ライフラインやインフラに甚大な被害をもたらした。
　そこで第8章では、東日本大震災を踏まえて、災害に備えたロジスティクス計画と道路計画のあり方について論じる。
　8-1では我が国で発生する自然災害について述べる。8-2では東日本大震災での被害について述べる。8-3では災害に備えたロジスティクス計画について述べる。8-4では災害に備えた道路計画について述べる。

8-1　我が国における災害

（1）　災害の種類と内容（自然災害・人為災害）[1]

　災害には、自然災害と人為災害がある（表8-1）。
　自然災害には、雨、風、雪、雷などの気象変動を誘因として発生する災害と地質変動による災害がある。雨を誘因として発生する災害には、河川洪水、内水氾濫、斜面崩壊、土石流、地すべりがある。風を誘因として発生する災害には、強風、竜巻、高潮、波浪がある。雪を誘因とする災害には、降積雪、なだれがある。雷を誘因とする災害には、落雷による感電や建物火災などがある。地質変動により発生する災害は、地震、津波、噴火がある。
　人為災害には、交通事故、労働災害、犯罪・テロ、武力行使・戦災などがある。

8．災害に備えたロジスティクス計画と道路計画

表8-1　災害の種類

災害の種類		概要
自然災害	気象変動	・雨による災害（河川洪水、内水氾濫、斜面崩壊、土石流、地すべり） ・風による災害（強風、竜巻、高潮、波浪） ・雪による災害（降積雪、なだれ） ・雷による災害（感電、建物火災など）
	地質変動	・地質変動によるもの（地震、津波、噴火）
人為災害		・交通事故（自動車、列車、航空機など） ・労働災害 ・犯罪、テロ ・武力行使、戦災　等

(2)　我が国における自然災害[1]
1) 気象変動による災害
①　雨による災害

　雨による災害には、台風や集中豪雨など、雨が集中的に激しく降って、水かさが急激に上昇したり、堤防が決壊したり、山腹に多量の水が浸透したりして発生する洪水、内水氾濫、斜面崩壊、土石流、地すべりがある。

　洪水や内水氾濫により、家屋への浸水や道路冠水、地下街への雨水流入などが起きる。また、ライフラインへの被害や交通機関へ影響が及ぶこともある。

　斜面崩壊、土石流、地すべりにより、家屋が倒壊したり、押し流されるとともに、道路や鉄道が寸断されることもある。

②　風による災害

　風による災害には、台風による高潮や強風、積乱雲や上昇気流などにより局地的に発生する竜巻、強風による波浪がある。

　強風、竜巻により、樹木や電柱、建物や堤防などの倒壊や、電柱の倒壊による停電がある。また、高潮や波浪は、陸地内部への海水の流入により、家屋浸水を引き起こし、停電を発生させ、交通機関の正常な運行を妨げることがある。

③ 雪による被害

雪による災害には、降積雪や、積もった雪が滑り落ち、また溶けることにより発生するなだれがある。

降積雪やなだれが、道路・鉄道の路線寸断、建物倒壊、電力障害、落雪被害、さらに除排雪にともなう樹木損傷などを発生させることがある。また、降雪は強風をともなって、交通遮断や集落の孤立を引き起こすことがある。

2）地質変動による災害

① 地震

地震は、断層やプレートなどの地殻がその境目で急激にずれ動き、地表面を大きく揺らすことによりもたらされる。

地震による地表面の揺れによって、地上にある建物や構造物が倒壊したり、地盤が液状化したり、地すべりや土砂崩れなどが引き起こされたりすることがある。また、建物や構造物の倒壊により、火災の発生、ライフラインや交通の寸断が引き起こされることがある。

② 津波

津波は、海底下で生じた地震断層の急激な隆起もしくは沈降により、海面の大きな波動が生じて、その波動が陸地まで伝播することによってもたらされる。津波は地震で発生するほか、海底地すべり、火山島の噴火などによっても発生する。

津波による海水の波動は強いエネルギーを持っており、高さ数十メートルにも達する可能性があることから、沿岸部の建物や構造物に大きな被害を発生させたり、集落すべてを流出させる被害を発生させたりすることがある。また、津波は、チリ地震やスマトラ沖地震の際に発生した津波のように、その規模によっては、広範囲に影響を及ぼすことがある。

平成23年（2011）に発生した東日本大震災による甚大な津波被害はいまだ記憶に新しい。

③ 噴火

噴火は、マグマなどの火山物質の地表への噴出や、マグマが地表に噴出しなくとも、爆発が起こって岩石などが吹き飛ばされることにより発生する。マグマの地表噴出や爆発により、降灰、噴石、火砕流、爆風、火山泥流、山

8．災害に備えたロジスティクス計画と道路計画

体崩壊などが発生する。

　噴火による土石流や火砕流、火山灰の降下などは、建物倒壊や構造物の埋没などを引き起こす場合がある。また、空中に拡散した火山灰により、電波障害や航空機の運航が支障をきたすほか、外気吸入をおこなう空調設備などが損壊することがある。

（3）災害による被害

　日本は様々な災害が頻繁に発生する国である。平成以降においても噴火、地震、豪雨、豪雪など自然災害は多発している（表8-2）。

　日本では、人口や施設、産業が都市などの限られた平地に集中しているため、ひとたび平地に洪水や地震が襲いかかった場合、自然災害の被害は甚大になりやすい。

　東日本大震災発生前の世界の自然災害被害額の上位5位をみると、平成17年（2005）のハリケーンカトリーナ（米国：1250億ドル）を筆頭に、阪神・淡路大震災が続いているが、その被害額はハリケーンカトリーナに迫り、3位以下を大きく引き離している。しかも、日本の地震災害は上位5件中2件を占めていることから、日本の自然災害による被害は世界的にみても極めて大きい（表8-3）。

　ちなみに、東日本大震災の被害額は、内閣府（経済財政分析担当）の推計では、最大約25兆円（2,630億ドル[注1]）とされており、ハリケーンカトリーナの2倍に及ぶ極めて甚大な被害であった。

表8-2 平成以降の我が国の主な自然災害の発生状況

年月日	災害名	主な被災地	死者・行方不明者
平成2年11月17日～平成8年6月	雲仙岳噴火	長崎県	44
平成5年7月12日	北海道南西沖地震（M7.8）	北海道	230
平成5年7月31日～8月7日	平成5年8月豪雨	全国	79
平成7年1月17日	阪神・淡路大震災（M7.3）	兵庫県	6437
平成12年3月31日～平成13年6月28日	有珠山噴火	北海道	―
平成12年6月25日～平成17年3月31日	三宅島噴火および新島・神津島近海地震	東京都	1
平成16年10月20日～21日	台風第23号	全国	98
平成16年10月23日	新潟県中越地震（M6.8）	新潟県	68
平成17年12月～平成18年3月	平成18年豪雪	北陸地方を中心とする日本海側	152
平成19年7月16日	新潟県中越沖地震（M6.8）	新潟県	15
平成20年6月14日	岩手・宮城内陸地震（M7.2）	東北（特に宮城、岩手）	23
平成22年12月～平成23年3月	雪害	北日本～西日本にかけての日本海側	128
平成23年3月11日	東日本大震災（Mw9.0）	東日本（特に宮城、岩手、福島）	（死者）　15,270（行方不明者）　8,499
平成23年9月21日	台風第15号	東海・関東・東北地方	（死者）　17（行方不明者）　1

（資料：内閣府「平成23年版防災白書」2011年に加筆）

8．災害に備えたロジスティクス計画と道路計画

表8-3　昭和50年（1975）以降の被害額からみた世界の大災害

年	災害名	発生国	死者 （人）	被害額 （十億ドル）
平成17年	ハリケーンカトリーナ	米国	1,836	125
平成7年	阪神・淡路大震災	日本	6,434	100
平成20年	四川地震	中国	87,476	30
平成10年	揚子江洪水	中国	1,320	30
平成16年	中越地震	日本	68	28

（出典：国際連合「災害リスク軽減に関する地球アセスメント報告」2009年）

8-2　東日本大震災の被害

（1）　東日本大震災の発生状況[2]

東日本大震災をもたらした東北地方太平洋沖地震は、平成23年（2011）3月11日14時46分に発生した。

地震の震源域は牡鹿半島東南東130km付近、深さ24kmであり、そのプレート境界において長さ約450km、幅約200kmにわたる最大20〜30m程度の断層すべりが発生した。

地震のエネルギーを示すマグニチュードは9.0に達し、国内観測史上最大規模であった。この地震にともなう揺れは最大震度7を記録し（図8-1）、津波は最大遡上高が40.5mにまで達し、東北地方から北関東地方の太平洋沿岸地域に甚大な被害を及ぼした。

8-2　東日本大震災の被害

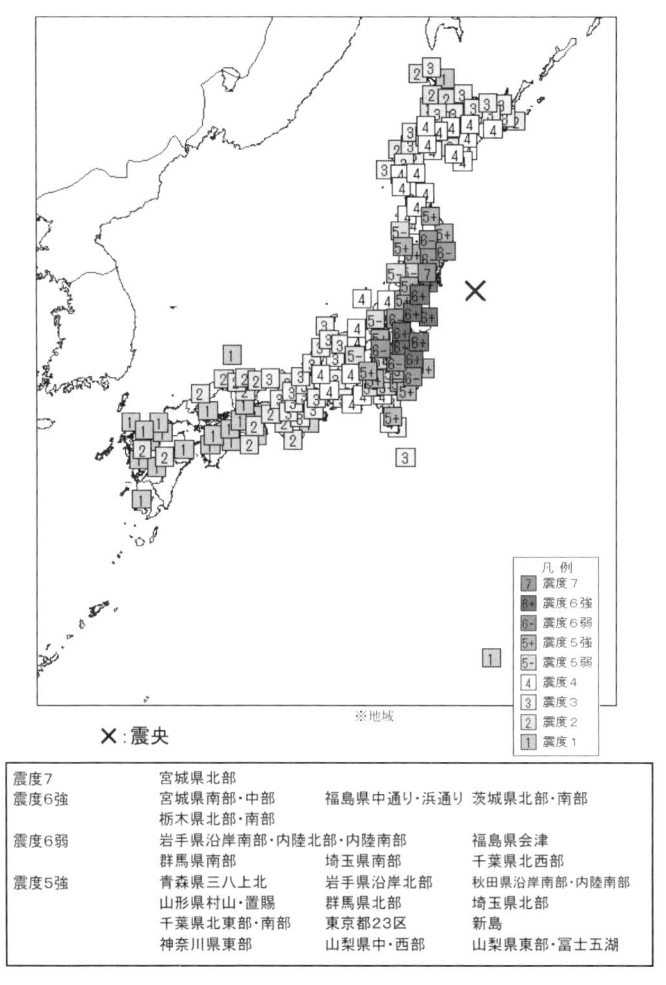

震度7	宮城県北部		
震度6強	宮城県南部・中部	福島県中通り・浜通り	茨城県北部・南部
	栃木県北部・南部		
震度6弱	岩手県沿岸南部・内陸北部・内陸南部		福島県会津
	群馬県南部	埼玉県南部	千葉県北西部
震度5強	青森県三八上北	岩手県沿岸北部	秋田県沿岸南部・内陸南部
	山形県村山・置賜	群馬県北部	埼玉県北部
	千葉県北東部・南部	東京都23区	新島
	神奈川県東部	山梨県中・西部	山梨県東部・富士五湖

図8-1　東日本大震災による震度

(出典：気象庁「報道発表資料」2011年)

8．災害に備えたロジスティクス計画と道路計画

（2） 物流を支えるインフラの被災と復旧[3,4]
1） 道路の被災と復旧状況[5]

　震災直後には、被災地内のみでなく全国いたるところで、高速道路や一般道路が通行止めになった。

　高速道路は、NEXCO東日本管内の65％にあたる35路線、2,300kmが一時通行止めとなり、実際に22路線、約1,200km区間において約5,800箇所の損傷を受けた。

　また、一般道路では、津波警報が全国に発令された影響により、北は北海道から南は沖縄まで沿岸部の道路が一時通行止めとなり、青森県から岐阜県の1都12県で、道路損壊が3,918箇所、橋梁損壊が78箇所発生した。

　復旧に向けての動きは、地震の影響範囲が広かったにもかかわらず、きわめて迅速であった。

　高速道路は、地震発生直後から緊急点検と復旧作業が同時に開始され、20時間後には、東北自動車道、磐越自動車道、常磐自動車道は、緊急災害用車両の標章のある車両や自衛隊、消防、警察等の車両が通行する緊急交通路として復旧した。

　また、3月24日には東北自動車道と磐越自動車道が、4月1日には常磐自動車道（原子力発電所の事故による規制区間を除く）が一般開放された。

　一般道路では、被災の大きい太平洋沿岸部の地域に救援に入るため、後に「くしの歯作戦」と呼ばれる啓開[注2)]作業が実施された（図8-2）。これは、被災した太平洋沿岸部に到達するための輸送路を、内陸部からくしの歯状に復旧させた作業のことである。具体的には、くしの根となる縦軸の東北自動車道および国道4号と、くしの歯にあたる太平洋沿岸に伸びる16の一般道路の集中的な啓開をおこなった。

　これにより、地震発生翌日に11路線、4日後に15路線が復旧（暫定復旧を含む）した。さらに、太平洋沿岸部の国道45号、国道6号が啓開されて、地震発生から7日後には被害の大きかった国道45号の97％の区間の通行が可能になった。

　この迅速な啓開により、避難や復旧・復興の作業が速やかにおこなわれた。

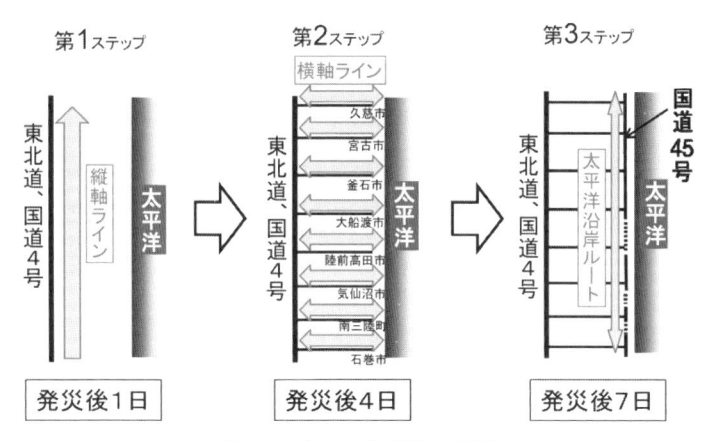

図8-2　くしの歯作戦の概要
(出典：国土交通省「東日本大震災における災害応急対策に関する検討会（第3回）」2011年)

2）阪神・淡路大震災との比較

　阪神・淡路大震災と東日本大震災を比較すると、阪神・淡路大震災はマグニチュード7.3の直下型地震、東日本大震災はマグニチュード9の海溝型地震であり、同じ震災ではあるものの、地震の発生形態、規模（マグニチュード）が異なっているため、被害の様相や規模も異なっていた（表8-4、表8-5）。

　震度6弱以上を記録した都道府県は、阪神淡路大震災が1県に対して、東日本大震災は8県に及び、東日本大震災の被災範囲が大きかった。

　また、人的被害では阪神・淡路大震災は、建物倒壊のための圧死が多く、負傷者が死者を上回っていたが、東日本大震災は、津波による溺死が多く、死者が負傷者を上回った。

　道路被害では、道路の損壊箇所数を比較すると、阪神・淡路大震災に対して東日本大震災は約1/3、橋梁被害箇所数は約1/4であった。また、高速道路の復旧にかかった日数を比較すると、阪神・淡路大震災では2年近くかかったのに対して、東日本大震災では21日と非常に短かった。

　東日本大震災での道路の被害が阪神・淡路大震災に比べて小さかった理由は、阪神・淡路大震災を契機とした構造基準の見直しに基づく設計仕様や耐震補強の効果である[6]。また、東日本大震災の地震動の周期が長く、構造物

8．災害に備えたロジスティクス計画と道路計画

の被害が小さかったとされている[7]。

表8-4　阪神・淡路大震災と東日本大震災の比較（概要）[注3]

	阪神・淡路大震災	東日本大震災
発生日時	平成7年1月17日　5：46	平成23年3月11日　14：46
マグニチュード	7.3	9
地震型	直下型	海溝型
震度6弱以上の都道府県	1県（兵庫）	8県（岩手、宮城、福島、茨城、栃木、群馬、千葉、埼玉）
震度6弱以上を記録した面積	1,140km²	10,712km²
災害救助法適用	25市町（1府1県）	241市区町村（1都9県）

（資料：以下4つの資料をもとに作成）
・内閣府「防災白書」2011年
・内閣府「被災者支援の状況」2011年
・消防庁「平成23年東北地方太平洋沖地震（東日本大震災）の被害の概要（第145報）」2012年
・消防庁「阪神・淡路大震災について（確定報）」2008年

表8-5 阪神・淡路大震災と東日本大震災の比較（主な被害）注3）

		阪神・淡路大震災	東日本大震災
人的被害	死者	6,434人	16,278人
	（圧死、損壊死）	72.6%	4.2%
	（焼死）	7.4%	0.9%
	（溺死）	－	90.6%
	（その他・不詳）	20.08%	4.2%
	行方不明者	3人	2,994人
	負傷者	43,792人	6,179人
避難者（最大）		約32万名	約47万名
住宅被害	全壊	104,906棟	129,198棟
	半壊	144,274棟	254,238棟
	一部損壊	390,506棟	715,192棟
火災被害		7,483棟	1,200棟
道路被害	道路損壊	10,069箇所	3,918箇所
	橋梁被害	320箇所	78箇所
高速道路復旧に要した日数		622日	21日
停電		260万戸	450万戸
被害総額		約10兆円規模	約25兆円規模

（資料：以下5つの資料をもとに作成）
・警察庁「東日本大震災からの復旧・復興に向けての取組」2012年
・消防庁「平成23年東北地方太平洋沖地震（東日本大震災）の被害の概要（第145報）」2012年
・内閣府「東北地方太平洋沖地震を教訓とした地震・津波対策に関する専門調査会 第1回会合 被害に関するデータ集」2011年
・消防庁「阪神・淡路大震災について（確定報）」2008年
・兵庫県「阪神・淡路大震災の死者にかかる調査について」2005年

8．災害に備えたロジスティクス計画と道路計画

3）道路以外のインフラの被災と復旧
① 鉄道[8,9]

東日本大震災において鉄道は、旅客線、貨物線とも東北地方から関東地方にかけて広範囲で被災した。

旅客線では、新幹線および在来線が被災した。東北地方では、駅舎の消滅や線路・橋桁の流失など7線区1,680箇所で被害が発生した。また、運転の見合せが東北から関東にかけて発生し、首都圏では推定で200～300万人の帰宅困難者が発生した。

このような被災にもかかわらず、東北本線が4月21日に、新幹線が4月29日に全通することで、幹線は概ね復旧した。復旧までの間はバスによる代行輸送がおこなわれた。

貨物線では、臨海部に集中する貨物専用線と貨物駅が被災した。この震災にともなう貨物列車の運休は、平成23年（2011）4～6月期に1,885本に及んだ。しかし、貨物線は、旅客線と同様、4月21日の東北本線の復旧により、常磐線の一部を除いて正常化した。復旧までの間、日本海縦貫線を利用した迂回列車による輸送や貨物車、船舶による代行輸送がおこなわれた。

② 空港[10,11,12,13]

空港では仙台空港が、大きく被災した。仙台空港では、津波により施設が損壊し、空港にいた利用客が孤立した。

また、仙台空港をはじめとする東北地方の空港および羽田、成田、新潟を含む13の空港では、航空便の運休はもとより、空港と市街を結ぶ鉄道、バスが運休した。しかし、震災翌日には仙台空港を除く空港で運航が再開され、新幹線が不通となっている期間の被災地への輸送機関として、山形空港や福島空港と羽田空港間に臨時便が就航した。

被災地内にあり、被害の大きかった仙台空港は、震災直後からの迅速な復旧作業により、4月13日に国内線の乗り入れが再開、9月25日になって国際定期便が再開した。また、10月1日に市内への主要交通機関である仙台地下鉄が再開した。

航空各社は地震発生直後から仙台空港の貨物の取り扱いを休止していたが、7月25日より国内航空便の受託が再開された。

③ 港湾[14,15]

青森県八戸港から茨城県鹿島港に至る東北地方太平洋側すべての港湾（国際拠点港湾および重要港湾14港、地方港湾17港）が被災し、うち21港の公共岸壁373バース（水深4.5m以深）が損壊した。このため、旅客・貨物ともに、被災直後より航路の休止や振り替えがおこなわれた。

旅客船では、大洗港、仙台港、八戸港を利用する北海道への航路が休止になり、日本海側の主要港湾と北海道を結ぶ航路の増便によって代替した。

貨物船は、石油製品や配合飼料、輸出入コンテナが秋田港や新潟港などの日本海側の港湾利用に振り替わった。その結果、日本海側の港湾に入港する船舶ならびに貨物量が増加した。また、震災以前に太平洋側の港湾を利用していた外貿コンテナ貨物船の定期航路が、新潟港を中心とする日本海側港湾に一時的にシフトした。

港湾の復旧は、道路の復旧作業である「くしの歯作戦」と一体となって、東北自動車道から太平洋岸まで復旧し終えた一般道路に結ぶ港湾から優先的に進められた。平成24年（2012）10月1日現在、損壊したバースの82％にあたる305バースの暫定利用（一部制限あり）が可能となった。

（3） 物流を支えるライフラインの被災と復旧[16,17,18]

1）電気

発電所および送電施設が被災し、震災発生当日の3月11日に、東北電力管内において約466万戸、東京電力管内において約405万戸が停電した。この復旧に関しては、6月18日までに、原子力発電所の事故にともなう福島県内の立入制限区域等を除き停電はすべて解消した。また、福島第一原子力発電所の事故および火力発電所の被災による電力供給不足から、3月14日から4月8日まで東京電力管内で計画停電が実施された。さらに、国は夏季の電力需要を抑制するため、7月1日から9月9日まで、500キロワット以上の大口需要家に対する電力の使用を制限した。

2）ガス

都市ガスでは、製造設備や導管の破損等により、青森県、岩手県、宮城県、福島県、茨城県、埼玉県、千葉県、神奈川県の約40万戸に対する供給が

8．災害に備えたロジスティクス計画と道路計画

停止、LPガスでは、関東地方から東北地方にかけて10箇所の供給基地が被災し、岩手県、宮城県、福島県にある26箇所の充填所が全半壊したものの、被災したLPガス利用世帯を除き、在庫の活用などにより深刻な供給不足は生じなかった。

なお、都市ガスは5月3日に復旧し、LPガスは被害の大きかった仙台ガスターミナル、岩手オイルターミナルが11月に出荷を再開した。なお、茨城県の供給基地からの出荷を継続させるため、国家備蓄基地のLPガス約4万トンが放出された。

3）上水道[19]

水道施設の被災によって、少なくとも約180万戸の世帯が断水した。

このとき、全国456水道事業者から最大時355台の給水車が派遣され、応急給水を実施した。平成24年（2012）3月23日現在、復旧した総数は約226万戸で、3県で少なくとも約4.5万戸が断水中であった（岩手県約2.1万戸、宮城県約2.1万戸、福島県約0.3万戸）。

津波被害区域については、各地域の復興計画と連携しつつ、上水道の復興・整備を進めることになっている。

4）下水道[20]

下水施設は、1都6県で、下水処理施設48施設、ポンプ施設79施設が被災し、稼働停止となった。また、下水管渠の被災延長は、国土交通省下水道部二次調査結果では131市町村、約665kmであった。

復旧に関しては、各自治体にて復旧作業がおこなわれている。

5）通信

電柱や基地局など通信施設が被災し、NTT固定電話で約100万回線、携帯電話4社で約14,800局が地震発生直後からサービスを停止した。

そして、平成23年（2011）4月末までに、NTT固定電話の交換局、携帯電話の基地局は一部地域を除いて、復旧が完了した。

6）燃料

東北地方と関東地方にある6製油所が被災し（うち2箇所で火災発生）、操業を停止した。操業停止にともない、ガソリンをはじめとする燃料の供給が不足し、被災地のガソリンスタンドの稼働率は、一時は総数1,834の約

53％にまで落ち込んだ（平成23年（2011）3月20日）。

そして、平成24年（2012）3月までに、すべての製油所が操業を再開した。

(4) 支援物資の緊急輸送
1) 被災地外から避難所までの輸送

東日本大震災では、支援物資の輸送は、基本的に被災地外から被災した各県の集積場所まで、県から市町村の集積場所まで、市町村から避難所までの3段階でおこなわれた（図8-3）。また、県の集積場所、市町村の集積場所で、積みおろしや積み替え、仕分け、保管などがおこなわれた。

被災地外から被災県の集積場所までの支援物資の輸送は、政府の緊急災害対策本部あるいは被災を免れた都道府県が、トラック協会を通じて物流事業者に要請した。また、各メーカーや小売業者が、独自に被災地に支援物資を送ることもあった。

被災地に近い関東地方の工場や倉庫が被害を受けたため、関東地方以外の西日本も含めた広い地域から、支援物資が被災県の集積場所に輸送された。各県の集積場所では、支援物資を荷おろしし、市町村の集積場所ごとに支援

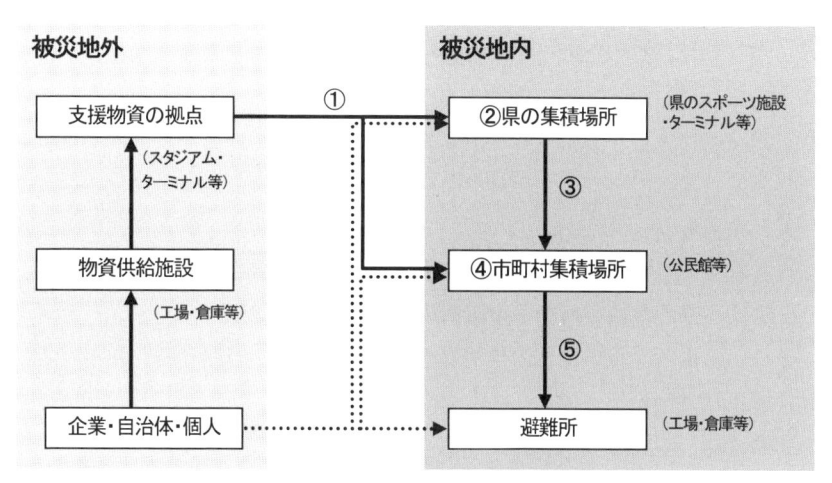

図8-3　東日本大震災における支援物資の輸送状況
（資料：苦瀬博仁「東日本大震災に学ぶ災害時の倉庫の役割」2011年をもとに作成）

물資を仕分けし、貨物車により送りだした。市町村の集積場所では、県の集積場所から送られた支援物資を荷おろしし、避難所ごとに支援物資を仕分けし、さらに小型の貨物車や市町村の公用車などに積み替えて避難所に配送し、最終的に支援物資は被災者に届けられた。

2）支援物資の輸送と保管における問題点
①　被災地外から県の集積場所への輸送

被災地外から県の集積場所への輸送では、燃料不足と情報不足による混乱が発生した。

燃料不足は、製油所や油槽所の被災にともなうガソリンや軽油の供給不足により、車両の手配や輸送が困難な事態を引き起こした。また、情報不足は、必要な物資調達情報の欠落などから、輸送事業者の車両手配の遅滞や、支援物資の輸送中に輸送先の変更などの混乱を引き起こした。

②　県の集積場所での保管

県の集積場所での保管では、適切な集積場所が使えなかったこと、集積場所を運営する人員とノウハウが不足していたこと、支援物資が様々なところから任意に送られてきたことにより、混乱が発生した。

地域防災計画で指定されている集積場所が、被災や他の目的で利用されたために使えなかったり、指定された集積場所が支援物資の保管に適していなかったりした。そのため、新たな集積場所を急遽確保したり、保管に不適切な施設を利用したりして、急場を凌ぐこととなった。

また、県の職員が集積場所を運営することになっていたが、人員不足や集積場所での物流のノウハウを持たないため、支援物資の荷役、仕分けなどの作業に手間取り、混乱が発生した。さらに、企業や団体、個人などから任意に支援物資が送られてくるため、効率的な作業が阻害された。

③　県の集積場所から市町村の集積場所への輸送

県の集積場所から市町村の集積場所への輸送では、道路寸断、燃料不足、輸送力不足、情報不足により混乱が発生した。

道路寸断については、被災直後は大量のがれきなどにより通行困難な道路が多く、市町村の集積場所への輸送が滞った。燃料不足については、前述の通りガソリン、軽油の供給不足から貨物車の運行が困難となった。輸送力不

足については、燃料や車両やドライバーの不足により、支援物資があっても輸送できない事態が起きた。

情報不足については、県と市町村との間の情報共有が十分にできず、被災地で本当に必要とする物資が届かないこともあった。

④ 市町村の集積場所での保管

市町村の集積場所での保管では、集積場所の不足や適切な集積場所が使えなかったこと、集積場所を運営する人員とノウハウが不足していたこと、支援物資が様々なところから任意に送られてきたことにより、混乱が発生した。

特に、市町村は庁舎や集積場所が被災していることも多く、このような市町村では被災地外や県の集積場所から物資が輸送されても、支援物資の入出庫管理ができないため、大量の物資が滞留してしまい、避難所へ届けられないこともあった。

⑤ 市町村の集積場所から避難所への輸送

市町村の集積場所から避難所への輸送では、県の集積場所から市町村の集積場所までの輸送の問題と概ね同じであった。つまり道路寸断、燃料不足、ドライバー不足、情報不足により輸送できないことがあった。

特に、情報把握の面では、多くの被災者が指定された避難所以外の場所に避難したり、自宅にこもったりしたため、支援物資需要が把握できず、適切に配分することができない事態も起きた。

8-3 災害に備えたロジスティクス計画

（1） 災害に備えたロジスティクス計画で考えるべき項目

1） 災害時に重要な2つの項目

災害に備えたロジスティクス計画で考えるべき項目は2つある。一つは、時間経過に応じたロジスティクスである。発災直後には被災者のニーズを把握することは困難であり、ともかくも救命に必要な物資が送られる。次いで、発災時からの時間の経過とともに、被災地からの情報も届き始め、徐々に被災者のニーズにもとづく支援物資が送られるが、被災者のニー

8．災害に備えたロジスティクス計画と道路計画

ズは刻々と変化していくことから、時間経過に応じたロジスティクスを考えるべきである。

もう一つは、関係者の連携や情報の確実な伝達・共有方法である。支援物資が供給者から被災者に確実に届けられるためには、物資の調達や配送などについて専門的な知識やノウハウが必要とされ、かつ調達から輸送、保管、配送が連動することが重要になる。よって、関係者の連携（官官・官民・民民連携）、情報の確実な伝達を考えるべきである。

2）時間経過に応じたロジスティクス

① 緊急避難期（72時間以内）

緊急避難期（発災～3日間程度）は、救命活動を最優先にする時期であり、ロジスティクスとしては被災地に必要不可欠な支援物資を迅速に届けることを目標とする。この時期は行政機能のマヒや情報の途絶等が生じている可能性が大きく、被災者のニーズ把握は困難であるため、あらかじめ被災者が必要としている物資を想定しておき、予想される被災者に行きわたる量をとりまとめて供給する。

② 生活救援期（発生後3日～1ケ月程度）

生活救援期（発生後3日～1ケ月程度）のロジスティクスは、各方面から到着する大量の支援物資を円滑に仕分けし、すべての被災者に効率よく物資を供給することを目標とする。

この時期は、急激に支援物資が増加し、そのための物流が本格化しはじめる一方、被災者のニーズも徐々に伝わりはじめる段階であることから、被災者が必要とする物資を想定して輸送しつつ、輸送する品目の種類を増やしたり、被災者のニーズに対応した支援物資を供給したりする輸送に変化させていく。

③ 生活復興期（発生後1ケ月程度以降）

生活復興期（発生後1ケ月程度以降）のロジスティクスは、支援物資物流の効率化をいっそう進め、多様化する被災者ニーズに対応することを目標とする。

この時期は、被災者の生活が安定しはじめ、それにつれて被災者のニーズがいっそう多様化することが想定されるため、多種多様な物資をタイムリー

に供給する輸送が必要となる。

3）関係者の連携（官官・官民・民民連携）と情報の共有

支援物資の輸送には「道路の復旧状況や被災地の状況把握」、「車両、燃料、ドライバーなどの手配」、「物資の調達」、「輸送先、輸送量、品目、荷姿などの輸送情報の把握」、「保管、仕分け、梱包作業」などの専門的な知識やノウハウが必要であり、しかもそれらを連携する必要がある。そのために官官・官民・民民が連携し、一体となって支援物資の輸送に取り組む必要がある。

また、被災者のニーズが確実に政府の災害対策本部に伝わり、そのニーズをもとに災害対策本部は発注と調達をおこない、この情報が支援物資の集積場所と避難所に伝達され、支援物資が滞りなく供給されなければならない。そのために、関係者間での情報の確実な伝達が必要となる。

（2）災害に備えたロジスティクス計画の提案
1）支援物資が確実に届くロジスティクス

ここでは、(1)災害に備えたロジスティクスで考えるべき項目を踏まえて、支援物資が確実に被災者に届くために必要なロジスティクスを災害に備えたロジスティクスとして提案する。

2）情報断絶時の「プッシュ型輸送」

震災直後（緊急避難期）に支援物資を緊急に届けることは、市民や被災者を災害による兵糧攻めから守る意味で極めて重要である。しかし、通信手段が破壊されたときは、被災者が必要とする物資のニーズを把握することはできない。

通常の生活では、供給者は消費者のニーズを的確に把握して、適切な量と品質の商品を確実に消費者に届けることができる。これを消費者が自分の必要とする商品を引き込むという意味で「プル型」と言う。これに対して、災害時は、情報伝達手段が断絶することもあり、混乱のなかで消費者（被災者）のニーズの把握が難しい。たとえニーズが把握できたとしても、供給体制が非常時に対応していなければ、時間がかかってしまうこともある。まして、家についてから急に買い忘れを思い出すように、被災者が自らのニーズ

8．災害に備えたロジスティクス計画と道路計画

を確実に把握しているとは限らない。

　そのため、被災者が必要とする物資を想定して送り込む「プッシュ型」が重要となる。たとえば人口1万人の町であれば「おにぎり3万個、水2リットル入りペットボトル6万本、・・・」などとあらかじめ想定しておく。医薬品では、「男女は半々で、高齢者は約2割、そのうち糖尿病患者は何割」など、おおまかな想定数値でよい。

　震災直後のプッシュ型輸送では、官民の連携による迅速な輸送と同時に、被災地域や被災者の状況などの情報収集も求められる。

3）支援物資の「セット化」輸送

　支援物資のセット化とは支援物資をバラバラに届けるのではなく、物資を使いやすいように被災地外でセットにして輸送する方法であり、そのセット化の方法は2つある。

　一つは、避難所の環境と被災者の人数を想定したセット化である。たとえば「毛布10枚、タオル20枚、石鹸5個、洗面器2個、バケツ2個、ヒシャク2個など」を10人用セットとして、500人の避難所であれば50セット配布する方法である。

　もう一つは、被災者の人数さえ分からないときのセット化である。このときは、被災状況に加え、必要物資の種類とその量を想定する必要がある。

　セット化の内容としては、食料品では「飲み物、非常用ごはん、おかずの缶詰、はし・スプーン」のセットや「袋詰めラーメン、スチロール製どんぶり、はし、飲料水、コンロ、燃料」のセットなど、生活用品では「毛布1枚、タオル2枚、石鹸1個、歯磨きセット1つなど」のセットや「水のボトル、洗面器、バケツ、ヒシャクなど」のセットなどがあるだろう。乳児用セット、高齢者用セット、高血圧患者用セットなども考えられる。

　セット化した物資が一通り行き渡ってから、情報伝達手段の回復状況にあわせて、セットの種類を少しずつ多様化したり、プッシュ型から被災者のニーズにあわせたプル型へと変化させていく。

4）コンボイ（船団輸送）

　コンボイ（船団輸送）とは、水や食料などを品目別にまとめて輸送することをいう。コンボイ輸送により、まとまって品目を輸送することから、集積

所における仕分け作業も軽減できるほか、必要最低限の物資の不足を防ぐことができる。

　緊急避難期には、救援に最低限必要なセット化した物資をプッシュ型輸送するところから始まるが、72時間以上が経過すると、今度は少しずつ落ち着きはじめた避難生活を支援し、安心感を与えるように救援活動を進めていかなければならない。そのためにも、水や食料といった必要最低限の物資を一度に大量輸送する必要がある。

5）トリアージ（優先順位付け）

　医療の世界には、トリアージ（選別、識別救急）という危機対処方法がある。これは多数の患者を重傷度と緊急性から選別して、最も多くの人を救うように治療の順序を設ける考え方である。一般には、黒（回復の見込みのない者、もしくは治療できない者）、赤（生命にかかわる重傷者でいち早く治療すべき者）、黄（直ちに治療が必要ではないが、赤になる可能性のある者）、緑（緊急の治療が不要な者）に分けられる。

　医療の世界ではトリアージに倫理的な問題を指摘する向きもあるが、大規模な災害発生時のように、限られた数の医師と医薬品で、しかも通常の治療現場には程遠い環境のもとでは、取り入れなければならない方法である。

　このトリアージの考え方にならって、患者を被災者に置き換えてみれば、被災後の時間経過とともに変わる支援物資の内容、支援物資の配分時のランク付け、被災地内に進入させる緊急車両、ガソリン供給の順位付けについても、トリアージ（選別）の導入が有効であると考えられる。

　たとえば支援物資では、被災当初はおにぎりと水が最優先の物資で、次第にサラダなども加わるように、物資の内容や優先順位も変わってくる。また、すべての被災者に同時に同じ物資を配給できないならば、高齢者や遠隔地の避難所を優先して配送するべきである。道路の通行では、一般乗用車を通行禁止にして、救急車を最優先にし、次に物資輸送の貨物車や給水車、建設機械の搬送車を優先することが考えられる。

　これらは一部、既に導入されている考え方であるが、より幅広い分野で導入を図るべきである。

8-4 災害に備えた道路計画

（1） 災害に備えた道路計画で考えるべき項目
1）災害に備えるべき2つの項目

災害に備えた道路計画において考えるべき項目は2つある（表8-6）。

一つめは、災害に強い道路である。災害に強い道路とは、災害時においても確実に拠点間を自動車が往来できる道路網、または災害で壊れない道路のことである。

拠点間を往来するためには、主要都市間や交通拠点間を連絡している道路網として、連絡する道路の代替性の確保、早期の道路復旧を考えるべきである。また、災害で壊れないためには、様々な災害に強靱な道路構造、道路構造を強靱化するための構造基準の見直しを考えるべきである。

もう一つは、災害を防ぐ道路である。災害を防ぐ道路とは、道路空間を活かして災害の発生を防止する道路、または災害による被害を抑制する道路のことである。

災害の発生を防止するために、道路空間を利用したライフラインの維持や避難先としての休憩施設の活用を考えるべきである。また、被害規模を抑えるために、市街地などでの延焼防止に有効な道路構造や緊急避難場所として活用可能な道路構造を考えるべきである。

表8-6 災害に備えた道路計画において考えるべき項目

	災害に強い道路 （災害時に途絶しない道路）	災害を防ぐ道路 （防災・減災に役立つ道路）
道路網	・代替性の確保 ・早期の道路復旧	・ライフライン維持 ・休憩施設の活用
道路構造	・様々な災害に強靱な道路構造 ・道路構造の基準の見直し	・延焼の防止 ・緊急避難場所としての活用

2）災害に強い道路
① 代替性の確保

災害に強い道路とは、主要都市間や交通拠点間の連絡を維持し、災害時に

おいても通常時と同様に、主要都市や港湾、空港、鉄道駅などの交通拠点間の交通を可能にすることである。災害時において道路が主要都市間や交通拠点間を結ぶことによって、避難や支援物資輸送が可能になる。そのためには代替性の確保を検討すべきである。

代替性の確保とは、主要施設や主要都市間を結ぶ道路が被災し、寸断しても、別の道路が被災した道路に代わってそれらの主要都市間の接続を維持するように、複数の道路からなる道路網を形成することである。

災害時の道路の寸断は、孤立集落を発生させ、また救援活動や支援物資の輸送に大きな支障を及ぼすことから、道路はどのような災害が発生しても通行可能であることが望ましい。しかしながら、すべての道路をあらゆる災害に耐えるように整備することは現実的に困難である。そこで、通過地域や構造が異なる複数の道路で主要都市間をつなぐことにより、寸断を回避する。

② 早期の道路復旧

東日本大震災では、「くしの歯作戦」と呼ばれる道路啓開により、早期の救援や復旧が可能となった。大規模災害に備えて、損壊してもすぐに応急復旧する道路構造を採り入れたり、どの道路を優先的に復旧させ、救援活動を展開していくかを、事前に検討したりしておくことが必要である。

③ 様々な災害に強靱な道路構造

多様な災害に屈しない道路構造とは、発生が想定されるあらゆる種類の自然災害を念頭におき、倒壊や崩壊しないように建設された道路のことである。

たとえば、東日本大震災では、道路は津波による横方向や下方向からの荷重を受けたが、これまでの基準はそのような荷重に未対応であったため、被害が甚大になった面がある。

気象変動による災害（河川洪水、内水氾濫など）、地質変動による災害（地震、津波、噴火）など、様々な自然災害を前提とした道路構造や設計基準を考える必要がある[21]。

また、地震による災害については、地震に起因する津波の影響を受けるのか、建物倒壊の影響を受けるのか、液状化の影響を受けるのかなどにより、被害の直接的な要因と様相は異なる。したがって、過去の災害の状況を緻密

8. 災害に備えたロジスティクス計画と道路計画

に調査し、その被害状況からどのような道路構造にすべきかを考えることが重要である。

④ 道路構造の基準の見直し

道路構造の基準の見直しとは、災害の大きさとその発生確率を踏まえて、災害強度のリスクの大きさに対応した道路構造基準を定めることである。

たとえば、地震であっても地域により発生確率や被害規模は異なる。したがって画一的な構造基準を全国の道路に適用することは、極めて非効率である。阪神・淡路大震災後、地震の震度強度の区分を見直して、設計基準を更新し、全国の道路は一律に強度が増した。今後は、地域ごとに災害の発生確率と被害規模を考慮した耐震性ランクを設け、耐震性ランクに応じた道路構造基準を設定することが望ましい。

3）災害を防ぐ道路

① ライフラインの維持

ライフラインとは、主に電気、ガス、上下水道、通信、パイプライン（燃料）の5つがあり、都市生活の維持に不可欠な供給処理網である。

近年は地中への埋設化により、地震災害に対する強化が図られているが、ひとたび被災すると影響が広範囲に及ぶ。そのために、災害発生時に防災拠点や緊急避難場所のライフラインは、多重的に整備することが望ましい。また、ライフラインを収容している道路は、ライフラインが被災しないように、道路構造を強化する。

② 休憩施設の活用

休憩施設とは、高速道路に一定間隔で設置されているサービスエリア（SA）、パーキングエリア（PA）や一般道路に設けられている「道の駅」のことである。これらの施設は一時的な避難場所や防災拠点として活用することができる。

休憩施設は、トイレや駐車場を有するとともに、情報端末が設置されており、道路の復旧情報などの情報収集が容易であることから、最初に逃げ込む一時的な避難場所として有用な施設である。

さらに、倉庫など一時的な物資の仮置きが可能な休憩施設は、支援物資の集積所としての活用が可能となる。

③ 延焼の防止

市街地で火災が発生したときは、一定の道路幅員を確保することにより、延焼を食い止めることができる。

都市部の住宅密集地での延焼の第一の原因は道路閉塞[注4]といわれている。また、道路閉塞は避難や救援・救護などに多大な支障を及ぼす。そのため、市街地の一定区画には幅員12メートル以上の道路を整備することが望ましい。阪神・淡路大震災では、幅員12メートル以上の道路は、道路閉塞の発生が少なく、延焼防止のみならず、避難にも有効であることが確認されている。

④ 緊急避難場所としての活用

緊急避難場所としての活用とは、切土や盛土のような道路構造箇所を緊急的かつ一時的に災害から避難する場所として活用することである。

たとえば、地表面から高く、直接の災害の脅威から距離をおくことができる切土法面上部や盛土区間と、風雨から身を守ることができる地下駐車場やトンネルは、緊急避難場所として利用できる。

ただし、いずれの利用も走行車両に対する安全に留意する必要があり、避難用の通路の設置を考えなければならない。また、地域や学校での避難訓練や教育によって、緊急避難場所として認識をより深めることが必要である。

（2）災害に備えた道路計画の提案

1）リンクとノードの道路計画

ここでは、（1）災害に備えた道路計画で考えるべき項目を踏まえて、リンク（道路）とノード（道路施設）のそれぞれにおいて、救援と避難のために必要と考えられる道路計画を災害に備えた道路計画として提案する（表8-7）。

リンクでは、支援物資の輸送や緊急避難をおこなうために、道路が通行できることが重要である。そのためには、特に高速道路について災害に強い道路の整備が求められる。また、道路に収容されているライフラインの強化も必要である。ノードでは、休憩施設を防災拠点や緊急的な避難場所として活用する。

8．災害に備えたロジスティクス計画と道路計画

表8-7　災害に備えた道路計画

	救援	避難
リンク （道路）	1）高速道路の耐災道路化 2）早期救援を可能にする計画	3）ライフラインの強靱化
ノード （道路施設）	1）高速道路休憩施設の有効活用	2）「道の駅」の有効活用

2）リンク（道路）における防災計画
① 高速道路の耐災道路化

　高速道路の耐災道路化とは、発生が想定されるどのような災害においても断絶が発生しない高速道路にすることであり、道路網の多重化、道路構造の強化、避難路の確保の3つからなる。

　道路網の多重化は、拠点間を複数の高速道路でつなぐことにより、1つの高速道路の被災や途絶が発生しても、他の道路が通行できるように代替性を有した道路網構成にすることである。

　特に、地形条件や気象条件により道路網が脆弱である太平洋側と日本海側を多重につなぐ高速道路は重要な都市や空港、港湾をつなぐばかりではなく、今回の東日本大震災のように長距離の海岸線が被災した際の代替機能を確保するためにも極めて重要である。

　また、早期に高速道路の未整備区間の整備を図ることによって、災害に強い高速道路がつながっていない地域を解消することが必要である。また、未整備区間を早期に供用するため、暫定2車線による供用とする場合は多い。暫定2車線による供用区間においては、万一の被災においても少なくとも上下線いずれかの通行を確保するため、早期に4車線以上の供用を目指して整備を進めるべきである。

　道路構造の強化は、これまでの設計基準を見直し、多様な災害に耐えることができるように道路構造を改築することである。そのためには、設計時に過去の災害発生事例を詳細に分析し、高速道路の被災確率を極めて低くするような対策をおこなうことが必要である。

　さらに、避難路の確保については、被災直後に管理用通路や側道を広域的

な避難路として活用できるように連続的な整備をおこない、歩行避難者が確実に利用できようにすることである（図8-4）。そのためにも、可能であれば上下線分離構造とし、仮に被災しても、上下線のどちらかが活用可能となるようにしておくことである。

　災害の多い我が国においては、いつ、どこで、どのような災害が起きても道路が寸断されることがないように、全国の高速道路を「耐災道路」として指定し、重点的に対策を施すことが重要である（図8-5）。

8．災害に備えたロジスティクス計画と道路計画

図8-4　耐災道路の道路断面

早期整備を図る区間（未供用/計画区間）
早期に4車線化を図る区間（2車線区間）
4車線以上の区間

図8-5　耐災道路網図

② 早期救援を可能にする計画

　大規模災害を想定して、日本全国のすべての地域において早期の救援・救護活動や緊急の支援物資輸送を可能にするために、緊急輸送道路を応急復旧する道路啓開計画を事前に立案することが重要である。そのためには道路が受ける被害状況を橋梁落下、盛土崩壊などに類型化し、その類型ごとに応急復旧工法を決めておくことが重要である。

③ ライフラインの強靱化

　共同溝や電線共同溝に電気、ガス、上下水道、通信、パイプラインを収容する。市街地では、道路網を活用してループ状にライフラインを結び、被災時に一部のラインが断絶しても、別のラインに切り替えるようにする。これにより災害時でも安定的にエネルギー供給を継続することができる（図8-6）。

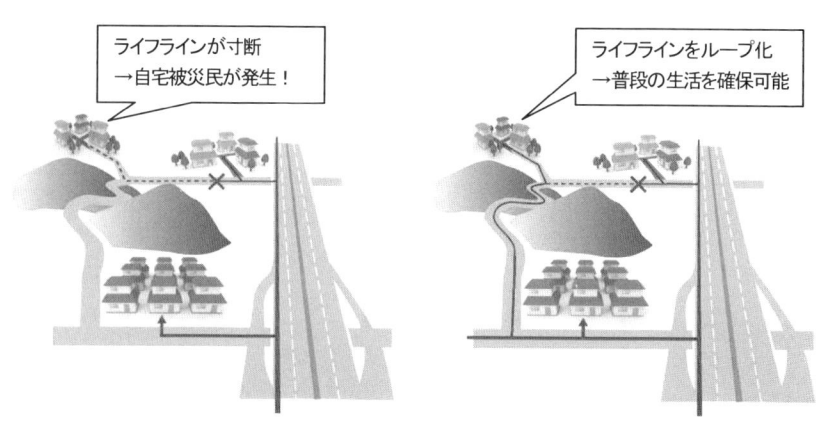

図8-6　ライフラインのループ化イメージ（左：整備なし　右：ループ整備）

3）ノード（道路施設）における防災計画

① 高速道路休憩施設の活用

　情報端末や給油施設のある高速道路休憩施設は、防災拠点として活用することが望ましい。そのためには、施設の耐震性の確保、情報の確保、空間の確保、燃料の確保の4つが求められる。

8．災害に備えたロジスティクス計画と道路計画

　施設の耐震性の確保とは、地震後にも施設や施設内の諸施設を活用できるように、一定規模までの地震には耐えられるように、耐震補強をしておくことである。

　情報の確保とは、サービスエリア（SA）、パーキングエリア（PA）の広域交通情報の端末機器を活用し、災害時においても被災地までの道路の復旧情報などが入手できるように、自家発電機を設置して、広域的な停電時でも途切れなく情報の提供が可能な環境を整えておくことである。

　空間の確保とは、駐車場や園地をヘリポートや救援車両の駐車場として利用し、防災拠点として機能するように整備しておくことである。

　燃料の確保とは、SA、PAにある給油所に、災害時でも安定した燃料供給が可能となるように、優先的に配分することである。高速道路下に埋設されるパイプラインに直接接続することも考えられる。

　② 「道の駅」の活用

　「道の駅」は、トイレや情報端末を有していることから一時的な避難所として有効活用する。そのためには、トイレなど施設の耐震性が求められる。

　現在、耐震化が施されている多くの「道の駅」があることから、一時的な避難場所として有効活用が可能である。さらに情報端末を有する「道の駅」も多いことから、自家発電機の設置により災害情報の提供も可能である。

【注釈】
注1）内閣府（経済財政分析担当）作成の推計値をもとに1ドル＝95円で計算。なお、福島第一原子力発電所による被害は含まない。
注2）ひらくこと。特に、軍隊などで、水路、陸路の障害物、危険物などを取り除いて通行できるようにすること。
注3）阪神大震災の震度6弱の面積は、震度6を観測した神戸市と淡路島の面積。
注4）多くの建物や塀柵が倒壊し、そのガレキによって道路が塞がる現象。

【参考文献および引用文献】
1　独立行政法人防災科学技術研究所自然災害情報室「防災基礎講座基礎知識編～自然災害について学ぼう～」同研究所ホームページ
2　東日本大震災復興構想会議「復興への提言―悲惨のなかの希望―」p1、平成23年6月25日

3 廣原孝一「東日本大震災からの復旧・復興に向けての取り組み」pp160-165、立法と調査、参議院事務局企画調整室、2012.6
4 一般社団法人交通工学研究会「交通工学 vol46 No.5 特集 災害から学ぶこれからの交通工学―東日本大震災の教訓を踏まえて―」pp29-63、丸善、2011年11月
5 東日本高速道路株式会社「東日本大震災による高速道路の被災状況と応急復旧について」道路行政セミナー 道路広報センター、pp2-5、2011.7
6 後藤浩之、高橋章浩、盛岡仁、片岡俊一「土木学会誌 vol.96 No.8 震災特集東日本大震災」pp10-14、公益社団法人土木学会、2011.8
7 国土交通省国土技術政策総合研究所、独立行政法人土木研究所「平成23年（2011年）東北地方太平洋沖地震土木施設災害調査速報」p461、平成23年7月
8 東日本旅客鉄道株式会社「東日本大震災による地上設備の被害と復旧状況について」別紙3、2011年4月5日
9 日本貨物鉄道株式会社「輸送動向について（平成23年度第1四半期）」p1、平成23年7月
10 緊急災害対策本部「平成23年（2011年）東北地方太平洋沖地震について」p16、平成23年3月12日（10:00）現在
11 佐藤清二「東日本大震災と空港の研究課題」平成23年度国土技術政策総合研究所講演会講演集、pp161-164、国土技術政策総合研究所、平成23年12月
12 日本航空株式会社「仙台空港における貨物取扱について」pp1-2、2011年7月22日
13 全日本空輸株式会社「仙台空港貨物・郵便の取扱再開について」全日本空輸ホームページ、2011年7月22日
14 国土交通省「交通関係の復旧状況（11月14日）」pp1-3、平成23年11月14日10時00分現在
15 国土交通省港湾局「災害情報（H24.10.1）港湾局の取り組みについて」平成24年10月1日10時00分現在
16 内閣府「被災者支援の状況」pp13-14、被災者生活支援チームホームページ、平成23年6月24日
17 経済産業省「エネルギー白書2011」（第1部 エネルギーをめぐる課題と対応 第1章 東日本大震災によるエネルギーをめぐる課題と対応）経済産業省ホームページ、2011
18 みずほ情報総研株式会社「東日本大震災を踏まえた今後のLPガス安定供給の在り方に関する調査」pp1-18、平成24年2月
19 厚生労働省「東日本大震災の被害状況及び対応について（116報）」pp1-6、平成24年3月23日14時00分現在
20 国土交通省「東日本大震災（第114報）」pp141-144、平成24年10月1日（月）10:00作成

8．災害に備えたロジスティクス計画と道路計画

21　日比野直彦「交通（道路，鉄道，バス，航空等）およびライフラインについて」東日本大震災復興提言、pp1-4、政策研究大学院大学、平成23年5月16日

用語索引

〜 あ 〜

ISO 規格……………………………73
ITS（高度道路交通システム）……133
アイドリング ……………………176
アイドリングストップ……………76
アウトソーシング…………………39
アクセス……………………………90
アルコールチェッカー……………76
安全性 …………………157, 182
案内標識……………………………121
異常時………………………………120
一般的技術的基準…………………83
一般道路……………………………94
一般トラックターミナル ………141
移転…………………………………157
移動経路……………………………27
インターチェンジ（IC）…………157
迂回列車……………………………212
運行管理……………………………19
運行管理者…………………………73
運送料金……………………………51
運転免許制度………………………84
運輸経済懇談会……………………7
運輸政策審議会都市交通部会……7
営業区域規制………………………75
営業倉庫……………………………149
駅舎…………………………………141

NTT 固定電話……………………214
エネルギー使用の合理化に
関する法律の改正（改正省エネ法）…8
エネルギー転換……………………63
エプロン……………………………140
エレベータ…………………………181
円滑化………………………………116
延焼防止……………………………225
沿道環境……………………………105
応急復旧……………………………229
横断構造……………………………95
大型車混入率………………………96
大型車通行可能道路………………36
置き換え……………………………18
重さ・高さ指定道路 ……………110
重さ指定道路………………………102

〜 か 〜

外郭施設……………………………138
会社管理空港………………………140
海上コンテナ………………………73
廻船航路……………………………1
回転半径……………………………185
改良（交差点の改良）……………110
帰り荷斡旋システム………………134
換える（転換）………106, 126, 155, 181
確保（荷さばき施設の確保）……182

233

用語索引

加工センター	142
滑走路	140
貨物上屋	140
貨物運送取扱事業法	73
貨物駅	49
貨物管理システム	12
貨物自動車運送事業法	73
貨物車	43, 76, 107, 127, 157, 183
貨物車交通	96, 122
貨物車混入率	98
貨物車専用車線	127
貨物車専用道路	107, 127
貨物車優先道路	127
貨物車輸送	53
貨物車用駐車施設	170
貨物車用パーキングメータ	32
貨物専用機（フレーター）	51
貨物追跡管理	19
貨物鉄道	46
貨物輸送機関	43
貨物輸送システム	5
貨物利用運送事業法	76
環境アセスメント調査	108
環境基本法	124
環境空間	90
環境対策	109
環境負荷	86
環境問題	100
環境ロードプライシング	131
完成供用	110
管制塔	140
幹線輸送路	28
関東大震災	56
管理インフラ	13
管理者	91
技術インフラ	13
気象変動	202
規制誘導対策	36
寄託	149
帰宅困難者	212
機動性	44
揮発油及重油販売取締令	57
基盤施設計画	34
休憩施設	224, 229
強化（道路構造の強化）	226
強靭（強靱な道路構造）	223
協同一貫輸送	7
共同配送	183
共同配送導入補助	34
共用空港	139
橋梁損壊	208
認可制	73
拠点空港	139
緊急避難期	218
緊急避難場所	225
緊急輸送	215
空間機能	90
空港	139
空港法	139
くしの歯作戦	208
国管理空港	140
グローバル化	73

軍事輸送……………………………54
啓開 ………………………………208
警戒標識…………………………121
計画交通量…………………………94
計画停電…………………………213
計画メニュー ………106, 126, 155, 182
携帯電話…………………………214
軽薄短小産業………………………68
軽便鉄道……………………………3
係留施設…………………………138
経路選択…………………………114
経路転換…………………………131
原子力発電所……………………213
建築・交通計画……………………33
建築基準法………………………147
建築計画……………………………35
建築限界……………………………47
広域物流……………………………28
広域物流拠点………………………31
工業包装……………………………19
交差点整備計画…………………103
高速道路……………………………91
交通インフラ………………………1
交通管理……………………34, 120
交通管理計画……………………121
交通規制…………………………120
交通機能……………………………90
交通計画……………………………35
交通事故……………97, 123, 150, 176
交通渋滞……………………97, 123
交通需要予測………………………94

交通誘導…………………………120
交通容量……………………………35
高度経済成長期……………………60
高付加価値化………………………21
港湾………………………………138
港湾法……………………………138
小型道路……………………………83
国際拠点港湾……………………138
国際戦略港湾……………………138
国際物流……………………………28
小口貨物……………………………68
国道…………………………………91
国内航空……………………………51
56条港湾…………………………138
国家備蓄基地……………………214
庫内作業……………………………18
コンテナ貨物・車扱貨物取扱
駅…………………………………140
コンテナ貨物取扱駅……………140
コンテナ船…………………………49
コンテナ輸送………………………46
コンビニエンスストア……………72
コンボイ（船団輸送）…………220

～ さ ～

サービスエリア（SA）…………157
災害対策基本法…………………120
在庫管理……………………………22
在庫管理システム…………………12
作業管理……………………………19
作業管理システム…………………12

用語索引

作業スペース	189
サプライチェーン（Supply Chain）	9
サプライチェーン・マネジメント（Supply Chain Management：SCM）	10
産業振興	2
暫定2車線	104
暫定利用	213
JIT輸送	72
支援措置	147
支援物資	215
市街地形成	90
自家倉庫	142
自家用自動車	83
時間制限駐車区間	169
時間帯割引き	130
事業用自動車	83
資源インフラ	13
施設インフラ	12
施設整備対策	36
施設設備基準	149
施設内作業	18
自然災害	201
自然災害被害額	204
事前届出制	73
市町村道	91
実運送事業	73
自動車運搬船	49
自動車ターミナル法	149
自動車登録番号標	81

車扱貨物取扱駅	140
車扱輸送	46
車両基地	140
車両寸法	180
車両制限令	77
車両手配	216
車路	185
舟運	3
集荷	17
住居系用途地域	150
重厚長大産業	68
集積場所	215
渋滞対策	108
収容空間	90
重要港湾	138
種級区分	95
受発注	15
受発注システム	12
商業地域	129
商業包装	19
上下線分離構造	227
上限認可	76
商取引流通	15
商品管理	22
情報	19
情報インフラ	13
情報提供	130
情報提供システム	133
情報不足	216
乗用車	107, 127, 157, 183
乗用車交通	17, 109

商流 …………………………………15
人為災害 ……………………………201
人材インフラ ………………………13
新設・増改築 ………………………184
振動対策 ……………………………109
進入規制 ……………………………36
水域施設 ……………………………138
水運 …………………………………2
数量管理 ……………………………19
スピードリミッター ………………76
生活救援期 …………………………218
生活復興期 …………………………218
生活物資 ……………………………2
制度インフラ ………………………13
製油所 ………………………………214
積載率 ………………………………134
設計速度 ……………………………95
接続 …………………………………108
セット化輸送 ………………………220
専用線 ………………………………49
専用道路 ……………………………94
専用トラックターミナル …………141
騒音対策 ……………………………109
倉庫 …………………………………142
総合効率化事業 ……………………147
総合物流施策大綱 …………………7
倉庫管理主任者 ……………………149
倉庫業法 ……………………………149

～ た ～

第1次石油ショック ………………63

大気汚染対策 ………………………109
大規模小売店舗立地法 ……………173
大規模地震対策特別措置法 ………120
代行輸送 ……………………………212
第2次石油ショック ………………67
耐災道路 ……………………………226
代替性 …………………………44, 222
太平洋戦争 …………………………56
代用燃料車 …………………………57
大量一括輸送 ………………………46
高さ指定道路 ………………………102
宅配便 ………………………………68
多重化 ………………………………226
縦持ち ………………………………30
建物内共同配送 ……………………183
建物内荷さばき施設 ………………166
多頻度小口輸送 ……………………72
端末物流 ……………………………30
地域間物流 …………………………28
地域内トラックルート
 (Local Truck Route) …………133
地域内流入規制 ……………………133
地域防災計画 ………………………216
地区物流 ……………………………29
地質変動 ……………………………203
地方管理空港 ………………………139
地方港湾 ……………………………138
着発線 ………………………………141
着工棟数 ……………………………152
中央線変移システム（リバーシブルレーン）………………127

用語索引

駐車時間規制 …………………129
駐車場整備地区 ………………170
駐車場法 ………………………169
駐車取締り ……………………169
駐車ます ………………………167
中心市街地 ……………………129
長距離大量輸送 …………………49
貯蔵型物流施設 ………………158
直結（高速道路と物流施設の
直結）……………………………157
通過トラックルート
(Thru Truck Route) ………133
通行………………………………90
通行規制 …………………………36
通行時間規制 …………………128
通常時 …………………………120
積み換え ………………………18
積み込み ………………………17
TC（トランスファーセン
ター）…………………………142
DC（ディストリビューショ
ンセンター）…………………142
ディーゼル車規制 ………………76
定期航路 ………………………51
停止（滞留）……………………90
鉄道国有法 ……………………54
鉄道小荷物 ……………………69
鉄道事業法 ……………………75
鉄道敷設法 ……………………54
デポ ……………………………143
電子データ交換システム ………12

ドア・ツー・ドア ………………68
東北地方太平洋沖地震 ………206
東名高速道路 …………………63
道路運送車両法 …………………81
道路運送法 ……………………73
道路規格 ………………………92
登録制 …………………………76
道路計画 ………………………35
道路構造令 ……………………83
道路交通計画 …………………23
道路交通法 ……………………168
道路交通法の一部を改正する
法律 ……………………………8
道路整備計画 …………………94
道路整備特別措置法 …………91
道路線形 ………………………95
道路損壊 ………………………208
道路復旧 ………………………223
道路法 …………………………91
特殊車 …………………………77
特殊車両 ………………………78
特定経路割引き ………………130
特定地方管理空港 ……………140
特定流通業務施設 ……………147
特別小口扱い（宅扱）…………68
特別積合せ貨物運送 …………141
特別用途地区 …………………156
都市計画法 ……………………144
都市内共同配送 ………………183
都市内集配拠点 …………………31
都市内物流 ………………………28

土地利用計画·················35
都道府県道···················91
トラックターミナル ·············141
トラックルート
(Truck Route) ················132
トラックレーン
(Truck Lane) ················132
トリアージ ··················221

～ な ～

内航海運···················49
荷扱場····················142
荷おろし···················17
荷さばき計画·················35
荷さばき施設···········32, 139, 163
荷さばき施設計画··············191
荷さばきスペース··············167
荷さばき駐車スペース ············187
荷さばき用パーキングメーター ·······164
荷役·····················17
荷役線···················141
入庫・在庫・出庫管理·············19
入在出庫計画·················35
認可制····················73
燃料不足··················216
ノウハウ··················216
ノード····················23
NO$_x$・PM法···············76

～ は ～

パーキングエリア（PA）··········157
パーキング・チケット ············169
パーキング・メーター ············169
パーソントリップ···············25
配送·····················17
配送センター················142
配送路····················30
配慮すべき事項に関する指針 ········174
バスストップ ················157
バルク船···················49
阪神・淡路大震災··············209
搬送通路··················190
搬送路····················30
ピーク時間帯················104
PC（プロセスセンター）···········142
東日本大震災················206
被災····················208
被災者···················219
避難路···················226
標準駐車場条例···············170
品質管理···················19
VICS····················133
複合一貫輸送·················73
附置義務··················170
復旧····················208
物資調達情報················216
プッシュ型輸送···············219
物資輸送····················3
物資流動···················16
物的流通···················15
物流·····················15

用語索引

物流機能……………………………17
物流三法……………………………75
物流二法……………………………73
物流ネットワーク…………………27
物流不動産ファンド……………152
物流マネジメント…………………33
不定期航路…………………………51
プラザ合意…………………………73
プル型……………………………219
減らす（削減）………105, 125, 155, 181
ベリー輸送…………………………51
保安道路…………………………140
防災空間……………………………90
包装…………………………………19
放置車両…………………………169
保管…………………………………18
保管施設…………………………138

〜 ま 〜

マーキング………………………164
道の駅……………………………230
見直し（用途地域の見直し）………156
見直し（構造基準の見直し）………224
名神高速道路………………………62
免許制………………………………73
モータリゼーション………………65
モード………………………………23

〜 や 〜

郵便小包……………………………69
有料道路……………………………94

輸送…………………………………17
輸送管理システム…………………12
輸送路………………………………30
ユニットロードシステム …………7
輸配送計画…………………………35
用途地域…………………………156
横持ち………………………………30
4車線………………………………104

〜 ら 〜

ライフライン ………………224, 229
ラストワンマイル・ロジスティクス………………………………11
ランプウェイ……………………152
リードタイム・ロジスティクス………………………………10
リーマン・ブラザーズ……………73
立地誘導…………………………157
流通加工……………………………18
流通型物流施設…………………158
流通業務市街地の整備に関する法律（流市法）………………145
流通業務団地………………………7
流通業務地区……………………145
流通業務の総合化及び効率化の促進に関する法律（物効法）……146
流入規制…………………………129
料金徴収……………………………94
料金割引き………………………130
旅客貨物ターミナルビル ………140
リンク………………………………23

臨時便 …………………………212
連携（関係者の連携）………………219
ローディングベイ……………………32
路外荷さばき施設 …………………165
ロジスティクス（Logistics） ………10
ロジスティクス・インフラ…………12
ロジスティクス・システム…………12
ロジスティクス計画…………………33
路上駐車 ……………………………177
路上荷さばき施設 …………130, 164
路線トラック…………………………63
路線便 …………………………………5
路体構造………………………………95

～ わ ～

分ける（分散）………105, 125, 154, 180

図表索引

第1章

表1-1	江戸期の廻船航路開発での整備内容	2
表1-2	貨物輸送システムの改善目標の変化	6
表1-3	戦後の日本の物流政策の変遷	9
図1-1	サプライチェーンとロジスティクスと輸送システム	11
図1-2	ロジスティクス・システムとロジスティクス・インフラ	14
表1-4	ロジスティクスのインフラ	15
図1-3	ロジスティクスと物流（物的流通と物資流動）	17
表1-5	物流機能の内容	20
図1-4	商品の高付加価値化	22
図1-5	物流の高付加価値化	22

第2章

図2-1	貨物輸送におけるノード・モード・リンク	25
表2-1	人の交通と比較した物流の特徴	25
図2-2	都市の物流ネットワーク	29
図2-3	都市生活を支える土地利用計画と道路計画	33
図2-4	都市の物流マネージメントの3段階	34
図2-5	基盤施設計画のソフトとハードな対策	37
図2-6	都市の物流マネージメントの3つの対策（分ける、減らす、換える）	39
表2-2	都市の物流マネージメントにおける対策立案の流れ	40

第3章

表3-1	輸送機関別の輸送量と輸送ロット（平成22年度（2010））	44
図3-1	輸送機関別の輸送トン数および輸送トンキロ（平成21年度（2009））	45
表3-2	貨物車の輸送量の品目別シェア（平成21年度（2009））	45

図3-2	輸送距離帯別輸送機関分担	46
写真3-1	コンテナ輸送	47
写真3-2	車扱輸送	47
図3-3	1トンの貨物を1キロ輸送するのに必要なエネルギー消費量の比較（平成19年度（2007））	47
図3-4	1トンの貨物を1キロ輸送する際に排出されるCO_2の比較（平成22年度（2010））	48
表3-3	貨物鉄道の輸送量の品目別シェア（平成22年度（2010））	48
写真3-3	内航海運の船舶（499型RORO船）	50
表3-4	内航海運の輸送量の品目別シェア（平成23年度（2011））	50
表3-5	国内航空の輸送量の品目別シェア（平成22年度（2010））	52
写真3-4	三井呉服店の商品配送用自動車	53
図3-5	貨物車台数の推移（大正4年度～昭和10年度）	54
表3-6	自動車保有台数の推移（大正4年度～平成21年度）	55
図3-6	貨物車台数の推移（昭和10年度～昭和20年度）	56
図3-7	貨物車台数の推移（昭和20年度～昭和30年度）	57
表3-7	輸送機関別国内貨物輸送トンキロの推移（昭和21年度～平成21年度）	59
図3-8	輸送機関別国内貨物輸送トンキロの推移（昭和21年度～昭和30年度）	60
図3-9	貨物車台数の推移（昭和30年度～昭和40年度）	61
図3-10	輸送機関別国内貨物輸送トンキロの推移（昭和30年度～昭和40年度）	62
図3-11	輸送機関別国内貨物輸送トンキロの推移（昭和40年度～昭和50年度）	64
図3-12	貨物車台数の推移（昭和40年度～昭和50年度）	64
図3-13	国道（実延長・舗装済延長）、高速道路延長の推移（昭和40年度～昭和50年度）	65
図3-14	乗用車台数・貨物車台数の推移（昭和30年度～昭和50年度）	66
表3-8	東京における貨物車の運行効率の低下状況	66
図3-15	輸送機関別国内貨物輸送トンキロの推移	

図表索引

	（昭和50年度～昭和60年度）………………………………	67
図3-16	貨物車台数の推移（昭和50年度～昭和60年度）………………	68
図3-17	宅配便の仕組み……………………………………………………	69
図3-18	宅配便取扱個数の推移（昭和59年度～平成23年度）…………	70
図3-19	輸送機関別国内貨物輸送トンキロの推移	
	（昭和60年度～平成7年度）………………………………………	71
図3-20	貨物車台数の推移（昭和60年度～平成7年度）………………	72
図3-21	輸送機関別国内貨物輸送トンキロの推移	
	（平成7年度～平成21年度）………………………………………	74
図3-22	貨物車台数の推移（平成7年度～平成21年度）………………	74
図3-23	貨物自動車運送事業への新規参入・退出等の推移……………	75
表3-9	貨物車の分類………………………………………………………	77
表3-10	車両制限令の一般的制限値………………………………………	78
図3-24	特殊車両の分類……………………………………………………	79
表3-11	特例5車種の車両総重量の制限値………………………………	80
表3-12	特例5車種、特例3車種の長さの制限値………………………	80
写真3-5	「貨物が特殊」な例（道路上を輸送されるN700系新幹線車両）……	81
表3-13	道路運送車両法による分類………………………………………	82
表3-14	ナンバープレートの分類…………………………………………	83
表3-15	設計車両の諸元……………………………………………………	83
表3-16	運転免許制度による分類（貨物車に関係する内容のみ）……	84
表3-17	貨物車と乗用車の違い……………………………………………	85
図3-25	車両の寸法・重量の違いの例……………………………………	85

第4章

図4-1	本書における道路整備計画の位置づけ…………………………	89
表4-1	物流のための道路整備計画（概要）……………………………	89
表4-2	道路の機能とその役割……………………………………………	91
表4-3	道路法による道路の分類と管理者………………………………	92
表4-4	規格による道路の分類……………………………………………	92
表4-5	第1種の道路の分類………………………………………………	93

244

表4-6	第2種の道路の分類	93
表4-7	第3種の道路の分類	93
表4-8	第4種の道路の分類	94
図4-2	道路整備計画の流れ	95
表4-9	道路の基本構造	96
表4-10	道路整備の課題	97
図4-3	地域別貨物車の混入率	98
図4-4	都市部（ＤＩＤ内）における貨物車の混入率	98
図4-5	国道23号（愛知県内）の地域別貨物車混入率	99
写真4-1	都市内での大型貨物車による交通事故	99
図4-6	拠点的な空港・港湾への接続率（10分カバー圏）	100
図4-7	騒音、大気への影響の比較	101
図4-8	振動への影響の比較（基準点における振動レベル予測値）	101
図4-9	名古屋都市圏の指定道路の不連続	102
図4-10	港湾周辺道路における貨物車と乗用車の交通集中	104
表4-11	物流のための道路整備計画の考え方	105
表4-12	物流のための道路整備の計画メニュー	106
表4-13	既設構造物の荷力強化方法	111
図4-11	物流のための道路整備計画の立案の流れ	112
表4-14	道路の調査項目	113
表4-15	物流関連施設の調査項目	114
表4-16	貨物車交通流動の調査方法	114
表4-17	課題に対応した調査項目例	115
表4-18	貨物車の特徴を踏まえたモデルの設定条件	116

第5章

図5-1	本書における交通管理計画の位置づけ	119
表5-1	物流のための交通管理計画（概要）	119
表5-2	交通管理方法	121
図5-2	交通管理計画立案の流れ	122
表5-3	物流のための交通管理の課題	123

図表索引

表5-4	物流のための交通管理計画の考え方	125
表5-5	物流のための交通管理計画メニュー	126
図5-3	貨物車専用・優先車線	128
図5-4	優先車線と中央線変移システム（リバーシブルレーン）の組み合わせ	128
図5-5	規制地区・優先地区等の設定イメージ	129
図5-6	特定経路の割引きによる経路転換	131
図5-7	ニューヨーク市のトラックルート	132
写真5-1	トラックルートの標識（ニューヨーク市）	132
図5-8	交通規制地域	134
図5-9	帰り荷斡旋システム	135

第6章

図6-1	本書における物流施設の位置づけ	137
表6-1	物流施設の計画（概要）	137
表6-2	港湾法による港湾の分類	138
表6-3	港湾の施設	139
表6-4	空港の分類	140
表6-5	空港内の施設	140
表6-6	鉄道貨物駅の分類	141
表6-7	鉄道貨物駅内の施設	141
表6-8	トラックターミナルの分類	141
表6-9	トラックターミナル内の施設	142
表6-10	物流施設の立地に関係する法令	144
表6-11	用途地域の種類	145
表6-12	物効法による支援措置	146
表6-13	建築基準法における基準	147
表6-14	用途地域別の立地可能施設	148
表6-15	物流施設の立地上の課題	150
図6-2	東京都市圏における大型貨物車利用の物流施設立地状況	151
図6-3	倉庫建築の着工棟数と平均床面積の推移（全国）	152
図6-4	倉庫建築の着工棟数と平均床面積の推移（東京を除く関東6県）	153

図6-5	倉庫建築の着工棟数と平均床面積の推移（東京）		153
図6-6	東海環状自動車道整備の延伸と工業団地・工場立地状況		154
表6-16	物流施設の計画の考え方		154
表6-17	物流施設の計画メニュー		156
表6-18	従来型の施設と最近の施設の比較		159

第7章

図7-1	本書における荷さばき施設の位置づけ		163
表7-1	荷さばき施設の計画（概要）		163
図7-2	荷さばき施設の種類		164
写真7-1	路上荷さばき施設の事例		165
写真7-2	路外荷さばき施設の事例		166
写真7-3	建物内荷さばき施設の事例		166
図7-3	荷さばき施設の構成		167
表7-2	荷さばき施設の設置を規定する法令		168
表7-3	標準駐車場条例での駐車施設の基準		171
表7-4	荷さばきのための駐車施設の附置基準		172
図7-4	大規模小売店舗立地法における貨物の搬出入に関係する項目		175
表7-5	荷さばき施設の課題		176
写真7-4	貨物車の路上駐車による影響（船橋市）		177
図7-5	大規模商業施設に接する道路での路上荷さばきの駐車台数（町田市）		178
図7-6	貨物車が利用できない建物内荷さばき施設の事例		179
表7-6	「駐車場設計・施工指針　同解説」での駐車場の設計対象車両		179
表7-7	「駐車場設計・施工指針　同解説」での駐車ますの大きさ		180
表7-8	荷さばき施設の計画の考え方		180
表7-9	荷さばき施設の計画メニュー		182
図7-7	荷さばき施設の設置場所の考え方		183
表7-10	荷さばき施設の計画の検討項目と留意点		185
表7-11	天井の有効高さ		186
表7-12	車路の幅員		186

表7-13	車路の内径半径	187
表7-14	車路の勾配	187
表7-15	荷さばき駐車スペースの大きさの設定例	189
表7-16	作業スペースの大きさの設定例	190
写真7-5	搬入通路の事例（東京ミッドタウン）	190
図7-8	荷さばき施設計画の立案の流れ	191
表7-17	荷さばき施設の整備状況の調査項目	192
表7-18	荷さばき施設の利用実態の調査項目	194
表7-19	搬送実態の調査項目	194
図7-9	事業所ヒアリングの調査票の事例	195
図7-10	ドライバー追跡調査の調査票の事例	196
表7-20	現況分析の項目	197
図7-11	荷さばき駐車の需要と供給の現況把握	198

第8章

表8-1	災害の種類	202
表8-2	平成以降の我が国の主な自然災害の発生状況	205
表8-3	昭和50年（1975）以降の被害額からみた世界の大災害	206
図8-1	東日本大震災による震度	207
図8-2	くしの歯作戦の概要	209
表8-4	阪神・淡路大震災と東日本大震災の比較（概要）	210
表8-5	阪神・淡路大震災と東日本大震災の比較（主な被害）	211
図8-3	東日本大震災における支援物資の輸送状況	215
表8-6	災害に備えた道路計画において考えるべき項目	222
表8-7	災害に備えた道路計画	226
図8-4	耐災道路の道路断面	228
図8-5	耐災道路網図	228
図8-6	ライフラインのループ化イメージ	229

執筆者の分担

1.	物流の役割と内容	苦瀬
2.	道路交通と物流マネジメント	苦瀬
3.	貨物輸送と貨物車	
3-1	国内の貨物輸送機関の種類とその特徴	内田・岩崎
3-2	我が国における貨物車輸送の変遷	小澤・岩崎
3-3	貨物車の分類	内田
3-4	貨物車と貨物車交通の特徴	内田・江守
4.	物流のための道路整備計画	
4-1	道路と貨物車交通	安達
4-2	物流のための道路整備の課題	安達
4-3	物流のための道路整備計画の考え方	安達・江守
4-4	物流のための道路整備計画	安達・江守
	参考資料	安達
5.	物流のための交通管理計画	
5-1	交通管理と貨物車交通	井上
5-2	物流のための交通管理の課題	井上・江守
5-3	物流のための交通管理計画の考え方	井上・江守
5-4	物流のための交通管理計画	井上・江守
	参考資料	井上
6.	物流施設の計画	
6-1	物流施設	増山・安達
6-2	物流施設の課題	安達・江守
6-3	物流施設の計画の考え方	江守
6-4	物流施設の計画	江守
	参考資料	江守
7.	荷さばき施設の計画	
7-1	荷さばき施設	大井・岩崎
7-2	荷さばき施設の課題	大井
7-3	荷さばき施設の計画の考え方	大井
7-4	荷さばき施設の計画	大井

参考資料　　　　　　　　　　　　　　　　　大井
8．災害に備えたロジスティクス計画と道路計画
　　8-1　我が国における災害　　　　　　　　内田・江守
　　8-2　東日本大震災の被害　　　　　　　　内田
　　8-3　災害に備えたロジスティクス計画　　苦瀬・江守
　　8-4　災害に備えた道路計画　　　　　　　江守

苦瀬　博仁（東京海洋大学大学院海洋科学技術研究科流通情報工学部門　教授）
株式会社建設技術研究所物流研究会
国久荘太郎（株式会社建設技術研究所　技術顧問）
渡部　　幹（東京海洋大学　特任教授／株式会社建設技術研究所　特任技師長）
江守　昌弘（株式会社建設技術研究所　東京本社　道路・交通部部長代理）
岩崎　順一（株式会社建設技術研究所　中部支社　総合技術部次長・道路室長）
内田　大輔（株式会社建設技術研究所　東京本社　道路・交通部主幹）
大井　孝通（株式会社建設技術研究所　東京本社　道路・交通部主幹）
小澤　俊博（株式会社建設技術研究所　東京本社　道路・交通部主幹）
井上　恵介（株式会社建設技術研究所　中部支社　総合技術部・道路室主幹）
安達　弘展（株式会社建設技術研究所　中部支社　総合技術部・道路室主任）
増山　　淳（株式会社建設技術研究所　中部支社　総合技術部・道路室技師）
（所属、肩書は発行時）

物流からみた道路交通計画

2014年2月1日　第1版第1刷発行

監　修　苦　瀬　博　仁
編　著　（株）建設技術研究所物流研究会
発行者　松　林　久　行
発行所　株式会社 大成出版社
東京都世田谷区羽根木 1 ― 7 ― 11
〒 156-0042　電　話 03（3321）4131 ㈹
http://www.taisei-shuppan.co.jp/

©2014　㈱建設技術研究所物流研究会　　印刷　信教印刷
落丁・乱丁はおとりかえいたします。

ISBN978-4-8028-3102-4